KB122108

동양철학 50
철학이 있는 저녁

《一本书读懂中国智慧》
作者：李晓东

동양철학 50

철학이 있는 저녁

리샤오둥 지음 | 이서연 옮김

추천하는 글

— 신창호(고려대학교 교육학과 교수, 前 한국교육철학학회 회장)

동양철학과 서양철학은 태생부터 다르게 태어났습니다.

서양철학이 '인간과 우주에 대한 호기심'에서 세상이치를 묻기 위한 철학으로 탄생했다면 동양철학은 '지금 이곳에서의 삶의 태도'에 관심을 갖고 '어떻게 살지'를 고민하기 위한 철학으로 태어났습니다.

그래서 동양철학은 '자연의 이치'를 따져 어떻게 자신을 수양할지에 관심이 많습니다.

살면서 한번쯤은 들어보셨을 '공자님 말씀'이나 '맹자', '순자'의 철학에는 다 '사람의 도리'에 관한 재미있는 이야기들이 들어 있습니다.

아마도 '이기일원론'이니 '사단칠정', '인의예지신' '음양오행' 하면 머리가 지끈거리고 긴 수염 나부끼는 초로의 훈장 선생님이 떠오르시겠지만 사실 동양철학만큼 흥미진진하고 멋진 신세계를 다룬 스토리도 별로 없을 것입니다.

세상 누가 뭐래도 자기 멋대로 유유자적하며 살았던 노자와 장자의 황홀한 세상도 있고, 예수보다 더 만인을 사랑했던 묵자의 세상 구하기도 있습니다. 그뿐입니까. 치열한 전쟁터에서 승리하기 위한 손무와 손빈의 뛰어난 전략 구사와 검은말 흰말을 비유하며 천하의 세치 혀를 다투었던 공손룡과 혜시 같은 논리의 대가들의 한 판 승부도 있습니다.

《철학이 있는 저녁》에선 동양철학자들의 변화무쌍한 철학적 논점들이 의미심장하게 펼쳐집니다. 유학의 문을 연 공자로부터 맹자, 순자, 한비자, 육가의 준열한 '인간의 도리'에 관한 궁구는 동양인의 삶의 자세인 '어떻게 살 것인지'에 대한 뚜렷한 해법을 제시합니다. 그런가 하면 송명대의 이학과 현학을 다룬 정호, 정이, 주희, 육구연의 '우주와 인간세상'에 대한 치열한 탐구는 동양 유학의 새로운 경지를 보여주기도 하지요. 무엇보다 시대를 앞서갔던 왕안석, 캉유웨이, 량치차오 같은 개혁주의자들의 세상을 향한 외침은 언제나 진보를 향해 나아갔던 선구자들의 눈물겨운 삶을 떠올리게 합니다.

이 책의 미덕은 동양정신의 결정체인 유명한 철학명제를 통해 철학자의 삶과 사상적 궤적을 추적해 나가는 데 있습니다. '어진 사람은 남을 사랑한다'(공자)나 '의로움을 위해서라면 목숨도 버릴 수 있다'(맹자), '천리를 보존해 인욕을 없애야 한다'(주희)와 같은 명언은 공맹의 도를 선명히 드러내고 있습니다. 그런가 하면 '행운 속에 불행이 숨어 있다'(노자)거나 '삶이 있기에 죽음이 있고, 죽음이 있기에 삶이 있다'(장자)는 명제 속엔 소요하는 노장철학이 숨 쉽니다. 또한 '죄를 벌하는 데는 대신도 피할 수 없다'(한비자), '살아 있는 것은 반드시 죽음을 맞고, 시작이 있으면 반드시 끝도 있다'(양웅)는 법가사상가들의 한마디엔 준열한 법의 정신이 살아 숨 쉽니다. 그밖에도 위진남북조시대의 현학철학을 내세운 '큰 은거자는 조정에 있다'(완적), '소리에는 슬픔과 기쁨이 없다'(혜강), '인의仁義 그 자체가 인간의 성정이다'(곽상) 등의 명제는 예와 악의 지극한 경지를 느끼게 합니다.

결국 동양철학은 동양에서 살아온 인간이 '사계의 변화'와 '우주만물의 이치'에 순응하면서 '어떻게 살아야 할지'를 궁구한 인간 삶의 근본적 물음과 대처방식이라고 할 수 있습니다. 그리고 그 오랜 사유의 흔적은 곧 '나의 인생과 삶'에 지향점이 되고 나침반이 되게끔 자신에게 지적인 물음을 던지는 길이기도 합니다. 철학은 결국 내 삶의 방향을 제시하는 것이자 내 삶의 목표나 지향성에 기여하는 어떤 것이기도 합니다.

어질고, 사랑하고, 수양하고, 연구하고, 나누며 살아가는 동양적 삶의 자세는 오늘의 우리에게 많은 것을 깨닫게 합니다. 어쩌면 이 땅에서 살아온 수많은 선인들의 이 확철대오하고 촌철살인했던 수많은 물음과 해답이 우리에게 제시하는 것은 또다시 원점에서 '어떻게 살아야 할 것인가'에 대한 자신만의 현명한 선택을 바라는 것일 수도 있겠지요. 사랑과 우정, 앎, 삶, 죽음, 행복, 배움, 욕망, 진리에 관한 수많은 물음표 앞에 나는 어떤 생각으로 유연하게 나만의 방법을 찾을 것인가? 철학은 바로 이런 나만의 물음에 지혜롭게 나만의 대답을 찾는 길입니다.

《철학이 있는 저녁》은 편안하고 여유로운 마음으로 그윽한 커피 한 잔을 마시는 내 삶의 철학카페 같은 사색의 시간이고 성찰의 공간입니다. 이 책을 통해 이 아름답고 그윽한 사색의 시공간에서 당신만의 삶의 지혜와 교양의 아우라를 찾는 의미 깊은 시간을 갖으시기를 진심으로 기원합니다.

들어가는 글

　인류 문명의 한 줄기인 동양문화는 세계가 발전하는 데 많은 역할을 하며, 서양문화와 함께 인류 문화의 한 맥락을 책임져 왔다.

　동양과 서양은 각각 오랜 역사를 지닌 만큼 철학에서도 차이가 있다. 공자와 노자를 높이 평가하는 서양인들도 많긴 하지만, 연구와 문제를 바라보는 방식 면에서 서양철학과 동양철학은 상당한 차이점을 보인다. 또한 이러한 차이점이 때로는 숱한 오해를 낳기도 한다. 그렇기에 둘 중 어느 것이 옳다고 섣불리 단정 지을 수는 없다.

　내가 보기에 이 문제의 핵심은 '철학' 혹은 사상의 흐름에 있는 것이 아니라, 인류 역사의 흐름 속에서 찬란히 빛나며 세계에 많은 영향을 준 업적들에 있다. 인류 사상과 지혜는 이미 우리의 의식 속에 깊숙이 자리 잡아 문화의 한 부분을 차지하고 있다. 공자의 "어진 사람은 남을 널리 사랑한다.", 노자의 "도를 도라 말하면 영원한 도가 아니다.", 장재의 "앞서간 성인들을 위해 끊어진 학문을 잇고, 만세를 위해 태평성대를 연다." 등의 말들은 철학의 범주를 넘어 이미 우리들의 의식 속에 자연스레 깃들어 있다. 이런 점에서 뛰어난 인물이나 사상을 배우는 것은 매우 중요하다.

그러므로 동양의 지혜는 서양의 철학 기준에 따라 평가될 수 없다. 동양의 지혜는 우리에게 깨우침을 주는 사상가, 문학가, 정치가 등의 말 속에 담겨 있다. 그렇기에 셀 수 없을 만큼 많은 영역에 분포해 있는데, 바로 이것이야말로 이 책이 부딪친 난제이기도 하다.

우리는 모든 영역의 지혜들을 한꺼번에 습득할 수 없다. 그러니 자신의 지식 범위에 따라 중요한 순서대로 지식의 시야를 점차 넓혀 나가야 한다. 이에 이 책은 동양철학을 대표하는 인물들을 우선 다루고 있다.

이 책에서 다루고 있는 인물들과 그들의 사상을 알아가면서 독자들은 동양문화에 대한 시각을 한층 넓힐 수 있을 것이다. 노자는 "큰 나라를 다스리는 것은 작은 생선을 삶는 것과 같다."라고 말한 바 있다. 이 말의 뜻인즉 큰 나라를 다스리는 이치와 작은 생선을 다루는 이치가 같다는 것으로, 요즘 말로 하자면 모두 하나의 법칙에 기인한다는 뜻이다. 즉 철학은 '큰 나라'라고 할 수 있고, 이 책에서 다루는 몇 가지 이론들은 '작은 생선'이라 할 수 있다. 비록 범위의 차이가 있을지라도 동양철학이라는 큰 맥락을 다루는 만큼 하나의 법칙을 따르는 것이다.

그러니 서두를 것 없이 우리 함께 역사의 두루마리를 펼쳐 천천히 동양철학의 지혜를 음미해 보도록 하자.

차례 CONTENTS

변화하는 시대를 유연하게 사는 법

노자老子
― 행운 속에 불행이 숨어 있다

노자의 소박한 변증법 사상을 대표하는 명제.
변화를 읽어 급변하는 현실에 대응하라는 노자철학의 정수.

우리가 자주 사용하는 새옹지마塞翁之馬라는 말에는 다음과 같은 옛이야기가 담겨 있다.

중국 국경지방에 미래를 내다볼 줄 아는 식견을 가진 노인이 살고 있었다. 그런데 어느 날 노인이 기르던 말이 사라졌다. 하지만 노인은 낙심하지 않고 오히려 이 일이 복이 될 거라고 생각했다. 아니나 다를까, 얼마 뒤 노인의 말이 다른 준마를 데리고 돌아왔다. 이렇게 말을 두 필 얻게 되었지만 이번에 노인은 오히려 이 일이 화가 될 거라고 걱정했다. 그리고 얼마 뒤 노인의 아들이 말 위에서 떨어져 다리가 부러졌다. 하지만 노인은 이번에는 또 이 일로 복이 들어올 것이라고 말했다. 그리고 얼마 지나지 않아 아들에게 징집명령이 내려졌고, 노인의 아들은 다리가 부러진 덕분에 징집에서 제외되어 목숨을 보존할 수 있었다.

노인의 식견이 증명된 셈이었다. 여러 상황 속에서도 노인의 예측은 정확했다.

이처럼 새옹지마라는 말에는 '행운과 불행이 늘 함께 있다'는 의미가 담겨 있는데, 한 번 곰곰이 생각해 볼 만하다.

동양철학을 다루면서 맨 처음으로 소개하는 명제는 《도덕경道德經》에 나오는 "불행은 행운이 기대는 곳이고, 행운은 불행이 숨는 곳이다."란 구절이다. 그리고 이 책의 저자는 동양의 신선처럼 신비로운 색채로 휘감긴 노자老子이다.

《사기史記》에 "노자는 초楚나라 고현苦縣 여향厲鄕의 곡인리曲仁里 사람이다. 성은 이李이며, 이름은 이耳, 자는 담聃이다."라고 적혀 있다. 여기서 곡인리는 현재 중국 허난성河南省 루이현鹿邑縣 동쪽에 위치해 있는 곳이다.

노자의 생김새와 삶에 대해서는 기이하고 신비한 이야기들이 여럿 전해진다. "8척 8촌 장신에 노란색의 아름다운 눈썹, 길게 늘어진 귀와 큰 눈, 넓은 이마와 듬성한 치아, 네모난 입에 두툼한 입술을 가지고 있었다. 이마 중앙은 두드러지고, 코에는 두 개의 코

뼈가 있었으며, 귀에는 세 개의 구멍이 있고, 발에는 다섯 글자가 새겨져 있었으며, 손에는 열 가지 문양이 그려져 있었다." 실로 신화이야기에나 나옴직한 도사 같은 풍모의 비범한 모습을 지녔던 노자는 탄생도 예사롭지 않았다. "노자의 어머니는 임신한 지 81년 만에 자두나무 아래를 거닐다가 왼쪽 옆구리를 가르고 노자를 낳았다.", "노자의 어머니가 아침저녁으로 오색 구슬을 보았는데 그 크기가 탄환만 했다. 하늘에서 내려와 이를 삼키니 임신하게 되었다." 이 말들이 정말 사실인지는 알 수 없다. 또 그는 160살 혹은 200살까지 살았다고 전해지는데, 이 역시 정확히 고증할 수 없어 수수께끼로 남아 있다.

신비로운 존재감에서 벗어나 철학자로서 노자를 조명한다면 그가 도가道家철학의 창시자로서 후세에 '태상노군太上老君'이라 불리며 사람들의 존경을 받았다는 사실이다. 자줏빛 기운을 풍기며 푸른 소를 탄 채 나타나는 신선의 모습은 후세 사람들이 묘사하는 노자의 모습이다. 그리고 이러한 묘사 속에는 노자를 존경하고 흠모하는 후세 사람들의 마음이 담겨 있다.

노자는 원래 주周나라 관리였다. 그는 일찍이 주나라 왕실의 장서를 관리하는 '수장사守藏史'였으나, 주나라가 더 이상 가망 없다는 사실을 깨달아 관직을 버리고 서쪽으로 떠나기로 결심한다. 그렇게 길을 떠나 함곡관函谷關에 이르렀을 때, 그곳을 지키고 있던 윤희尹喜가 노자의 비범함을 알아보고 길을 막으며 가르침을 청했다. 그러자 노자는 상·하편으로 된 책을 지어 도道와 덕德의 의미를 5천여 자로 설명하고 떠났는데, 그 이후로는 아무도 그의 마지막을 알지 못했다. 이렇게 《도덕경》은 윤희에 의해 세상에 전해지게 되었다. 이후 서쪽으로 떠난 노자의 말년에 대해서는 여러 가지 추측성 이야기들이 전해지고 있다.

도가학파를 창시한 노자의 사상은 매우 심오하다. 이러한 노자 사상의 가장 핵심적인 주제는 '도'에 대한 인식과 소박한 변증법 사상이라 할 수 있다.

노자는 도를 우주의 본체이자 객관적 존재로 보고, 천도天道에 대한 자신의 관점을 세웠다. 도란 이 세상의 궁극적 실재로써 말로 표현할 수 없다고 생각한 노자는 '도'에 대해 다음과 같이 설명했다. "이것은 저절로 이루어져 천지보다 먼저 생겼다. 비록 적막하여 소리가 없으나 독립되어 영원토록 변하지 않고, 끊임없이 순환하며 멈추지 않으니 천지의 어머니라고 할 만하다." 또 도에 대해 정의하기를 "나는 이것을 뭐라 불러야 하는지 알지 못해, 억지로 도라고 칭했다."라고 말했다. 노자는 이렇듯 뭐라 이름 지을 수 없는 도가 출현한 이후 세상 만물이 움직이기 시작했다고 주장한다.

그는 만물이 형성되는 모습을 다음과 같이 묘사했다. "도는 유일무이한 존재로 음양을 가지고 있다. 음양이 서로 합해져 균등한 상태를 형성하면 만물이 형성된다. 만물은 음을 등 뒤에 업고 양을 안고 있어서 혼연히 합하여 조화를 이룬다." 또 이러한 과정은 '도'가 변화 발전하는 과정이라 할 수 있다. 이에 후대 사람들은 그가 말한 '도'가 물질적인 것인지, 정신적인 것인지를 두고 여러 차례 쟁론을 벌여야 했다. 그리고 이와 같은 우주 근원에 대한 고민은 우리에게 더 많은 것들을 깨닫게 한다. 이처럼 도가 끊임없이 변화 발전하는 과정에서 노자는 소박한 변증법 사상을 역동적으로 제시한다.

예를 들어 "되돌아가는 것은 도의 움직임이고, 유약하다는 것은 도의 작용이다.", "불행은 행운이 기대는 곳이고, 행운은 불행이 숨는 곳이다.", "흰 것을 알고 검은 것을 지키면 천하의 모범이 된다." 등의 말들은 모두 끊임없이 변화하고 발전하는 '도'의 작용에 대해 설명하는 것이다. 이러한 관점은 《주역周易》에 담긴 변증법 사상을 한층 더 발전시킨 것으로 사물의 운동, 발전과 변화를 더욱 깊이 인식함으로써 이후 세계의 변화와 운용에 관한 사상이 발전하는 데 심대한 영향을 미쳤다.

이와 같은 노자의 사상에서 또 하나 언급해야 할 점은 그가 사회와 정치 방면에서 상당히 자연발생적인 순환의 입장을 취했다는 점이다. 기본적으로 '청정무위淸靜無爲'를 주장한 노자는 '아무것도 하지 않아야 국가가 제대로 통치될 수 있다.'고 보았다. 이에 그는 아무것도 하지 않아야 백성이 스스로 문명의 수준에 오르고, 가만히 있어야 백성이 스스로 공정한 원칙을 지켜가며, 아무 일도 하지 않아야 백성이 스스로 부귀를 누리고, 아무런 욕심도 품지 않아야 백성이 스스로 착실하게 살아가게 된다고 주장했다. 즉 "큰 나라를 다스리는 것은 작은 생선을 삶는 것과 같다."는 말로, 작은 생선을 삶으면서 자꾸 뒤집고 펴면 생선 살이 모두 뭉개져 버리듯이 나라를 다스릴 때에도 너무 간섭하면 안 된다고 주장했다.

이처럼 아무것에도 얽매이지 않는 유유자적한 삶을 강조한 노자 사상에는 많은 시사점이 담겨 있다. 또 노자는 이러한 정치 목적을 이루기 위해서 '절성기지'(絶聖棄智 : 성스러움을 끊고 지혜를 버린다)라는 우민정책을 실행해 대중이 무지함 속에서 진정한 자신을 찾게 해야 한다고 주장했다. 하지만 이 이론은 이후 통치자들이 정권을 강화하고 우민정책을 실행하는 명목을 제공해 줌으로써 여러 부정적인 영향을 초래한다.

"불행은 행운이 기대는 곳이고, 행운은 불행이 숨는 곳이다."라는 말은 노자의 소박한 변증법 사상을 대표하는 명제라 할 수 있다. 불행 속에는 행운이 숨어 있으며, 행운 뒤에는 불행이 따라온다는 뜻을 담고 있는 이 명제는 행운과 불행이 언제든지 뒤바뀔 수 있다는 점을 알려준다.

노자는 여기서 변화의 가능성과 중요성을 인식하는 능력을 길러야 한다고 강조하고 있다. 그의 관점에 따르면 우리가 마주치는 모든 재난 속에는 더 좋게 변화할 수 있는 씨앗이 자라고 있으며, 아름답고 화려한 것들 뒤에는 위기와 재난이 숨어 있다고 할 수

있다. 이는 변화를 강조한 노자의 인식과 일맥상통하며, 세상을
바라보는 매우 중요한 가치관인 것이다.

마음가짐을 바꾸면 모든 것은 변할 수 있는가?

사람들은 모두 자신이 바라는 일이 실현되기를 원하며, 모든 일들이 자신의 바람대로 이루어지기를 바란다. 그렇게 사람들은 모두 원만하고 행복한 결말을 꿈꾼다.

하지만 현실은 우리의 바람대로 이루어지지 않는다. 여러 가지 이유와 조건 그리고 원인으로 인해서 현실은 우리의 바람을 저버리거나, 심지어 우리가 가장 원치 않은 방향으로 흘러가곤 한다.

바람대로 이루어지는 경우를 우리는 '행운'이라 부르며, 그렇지 않은 경우를 '불행'이라고 부른다.

하지만 행운이건 불행이건, 일단 발생하면 돌이킬 수 없는 객관적 현실이 된다. 인간은 자연과 비교해 봤을 때 보잘것없는 존재이며, 더욱이 매우 복잡한 사회관계를 형성하고 있다.

그러나 우리가 마음가짐을 바꾼다면 모든 것들은 변할 수 있다. '행운'을 얻었을 때 경거망동하지 말고 평안한 마음상태를 유지해야 한다. 그리고 '불행'을 만났을 때도 좌절하지 말고 침착하게 대응해야 한다. 이렇게 행동할 수 있다면 행운이 지나간 이후에도 안정되게 생활할 수 있으며, 불행이 찾아왔을 때도 자신을 잃지 않을 수 있다. 그리고 이런 경험들은 인생의 소중한 자산이 된다.

남과 어울려 잘살고 싶다면

공자孔子
— 어진 사람은 남을 사랑한다

'인'의 타인 존중과 자기 관리를 말한 명제.
유가 사상의 핵심인 인(仁) 사상의 넓고 심오한 경지에 관한 한마디.

　　공자의 먼 조상은 은대殷代 귀족의 후예였다. 그러나 공자가 태어났을 때, 그의 가계家系는 이미 몰락하여 빈천하였다. 전해 내려오는 말에 의하면 공자는 용모가 특이해서 정수리의 중간이 낮고 주위가 높았으며, 신장이 9.6척(2.2m)이나 되었다고 한다. 그래서 당시 사람들은 모두 그를 장인長人이라고 불렀다. 그는 어려서부터 전통적인 의례제도를 좋아했고, 소꿉친구들과 놀 때도 항상 상과 식기를 차려 놓고 전례의식을 연습했다고 한다. 그는 15세 때에 공부에 뜻을 두어 사회와 인생의 근본 도리를 공부하기로 결심했다.

그러나 그는 실제 업무를 경시하지 않았다. 그가 회계[委吏]를 맡았을 때는 관리 회계업무에 매우 성실했고, 그가 소와 양을 관리하는 작은 관직[乘田]을 맡았을 때는 업무에 매우 책임감 있게 임했다고 한다.

공자는 대략 30여 세에 가르치는 것을 직업으로 삼았다. 그가 당시에 유일하게 사학私學을 세운 사람은 아니었지만, 가장 큰 규모로 제자들을 가르쳤던 교육가였다. 그는 가르치는 데는 종류가 없다[有敎無類]며 학생을 불러 모으는데 사회적 지위를 고려하지 않았다. 그래서 그의 학생 중에는 귀족의 자제도 있었고, 빈천한 학생도 있었다. 그는 3천 명이 넘는 제자를 거느린 오늘날로 치면 강남의 큰 학원 원장 같은 인물이었다. 그는 《시》, 《서》, 《예》, 《악》, 《역》, 《춘추》 등의 책을 제자들에게 가르쳤는데, 그중에 뛰어난 성취를 한 제자로는 자로, 자공, 자하 등 72인의 학자들이 있었다.

어릴 때부터 친구들을 모아놓고 전례의식을 연습하고, 당대 최고의 사학을 운영했던 시대를 앞서갔던 인물이 바로 중국 역사상 가장 존경받는 사상가이자 교육가이며 정치가인 공자孔子이다.

공자(기원전 551~479)의 이름은 구丘이고 자는 중니仲尼이다. 춘추春秋시대 노魯나라 추읍(陬邑: 지금의 산둥성(山東省) 취푸시(曲阜市) 동남부에 위치한 작은 지방) 사람이다. 우리가 현재 부르고 있는 '공자'라는 칭호에는 '높은 성취를 이룬 큰 사람'이라는 뜻의 존경의 의미가 담겨 있다.

이처럼 공자는 존경을 받을 만한 인물이다. 중국 고대의 위대한 사상가이자 교육가이며 정치가인 그는 유가학파를 창시해 세계문화 발전에 커다란 공헌을 했다. 이에 걸맞게 동양문화권에서 공자의 철학 및 교육정신은 후대에 최고 성인으로 추앙받게 된다.

이처럼 높은 성취를 이룬 공자였지만 그의 삶은 순탄하지 못했다. 몰락한 귀족 가문 출신인 그는 많은 사랑을 받고 자라진 못했다. 《사기》에는 "숙량흘叔梁紇이 안씨顔氏의 딸과 야합野合하여 공자를 낳았다."라고 기록되어 있다. 많은 사람들이 '야합'이란 표현에 대해 다양한 설명을 내놓고 있지만, 분명한 점은 공자는 정실부인에게서 낳은 아이가 아니었다는 점이다.

이렇듯 불우한 가정환경으로 인해 그는 이른 나이부터 직접 사회를 겪었고 그러면서 세상을 더욱 잘 이해할 수 있었다. 《논어》에서 제자가 공자에게 "어떻게 그리 다재다능할 수 있습니까?"라고 묻자 "나는 젊어서 비천했기 때문에 비천한 일을 잘할 수 있다."고 한 말도 바로 이런 성장배경을 설명하는 것이다. 또 역사 기록에 공자가 창고를 담당하는 '위리委吏'와 가축을 기르는 '승전乘田'과 같은 하급관리로 일했다고 전해지는데, 이 과정에서 하층민들의 괴로움을 직접 체험했을 것으로 보인다.

공자는 30세 때부터 제자들을 가르치기 시작했다. 《사기》에 따르면 "공자는 시詩·서書·예禮·악樂을 가르쳤는데, 제자가 약 3천명에 달했으며, 그중에서 육예六藝에 정통한 사람이 72명이나 되었다."고 적혀 있다. 그의 제자들은 각기 다양한 분야에서 재능을 뽐내며 역사에 많은 흔적을 남겼다.

공자는 웅대한 정치적 포부를 지녔던 인물이다. 그는 여러 제후국을 두루 돌아다니면서 제후와 귀족들에게 당당히 자신의 정치적 이상을 설명하고 충고했다. 때로는 벼슬을 지내며 자신의 능력을 드러내 보일 때도 있었지만, 대부분의 경우에는 그와 제자들은 '상갓집 개' 같거나 '그물을 빠져나간 물고기'처럼 궁핍한 생활을 해야 했다. 제후국을 돌아다니면서 그는 배척당하거나 모욕을 받아야 했고, 심지어는 생명의 위협까지 느껴야 했다. 이에 그는 결국 정치적 이상을 실현시킬 수 없었다. 하지만 그럼에도 그는 포기하지 않고 평생 동안 자신의 정치적 이상을 실현시키기 위해 노력했고, 후세에 막대한 영향을 끼쳤다.

공자는 세상을 떠난 뒤에야 사람들에게 인정받기 시작했다. 한漢나라 무제武帝 때부터는 유가 사상만 숭상하며 다른 제자백가 사상들은 배척하기 시작했고, 그럴수록 공자의 위상은 갈수록 높아만 갔다. 당唐나라 때는 '문선왕文宣王'이란 존칭을 받게 되었고, 송宋나라 때는 '지성문선왕至聖文宣王'이라 일컬어지며 성인으로 존경받았다. 또 원元나라 때는 '대성지성문선왕大成至聖文宣王'이라 불렸고, 명明나라 때는 '지성선사至聖先師'로, 그리고 청淸나라 때는 '대성지성문선선사大成至聖文宣先師'란 존칭으로 불렸다.

공자가 창시한 유가 사상은 '인仁'을 중심으로 한 매우 넓고 심오한 이론이다. 그리고 유가 사상의 핵심이라 할 수 있는 '인'은 "어진 사람은 남을 사랑한다.[仁者愛人]"는 뜻을 담고 있다.

공자는 '인'을 윤리적인 요구이자 이상적인 인격과 정신의 경지로 보았다. 《논어》에는 사람에 대한 공자의 태도와 관점이 많이 기록되어 있다. 예를 들어 〈안연편顏淵篇〉에서 "번지樊遲가 인에 대해 묻자 공자가 '사람을 사랑하는 것이다.'라고 답했다."라는 부분이나, 〈학이편學而篇〉에서 "널리 사람을 사랑하고, 인을 가까이한다.", 〈팔일편八佾篇〉에서 "어질지 않다면 예를 가지고 무엇을 할 것인가?" 등의 말들은 모두 인에 대한 공자의 관점을 잘 말해주고 있는 대목이 아닐 수 없다.

이러한 점을 볼 때 '인'을 이루는 것은 우리가 삶에서 추구해야 할 가장 높은 경지이며, '인'은 '사람을 사랑하는 것'임을 알 수 있다. 즉 '인'은 다른 사람을 사랑하고 존중하면서 자신은 엄격히 다스리는 삶의 자세이다. 공자는 "어진 사람은 자신이 서고자 할 때 다른 사람을 세워 주고, 자신이 나아가고자 할 때 다른 사람도 나아갈 수 있도록 도와주는 사람이다. 가까운 것을 통해서 깨달음을 얻을 수 있다면 그것이 바로 인의 경지에 이르는 방법이다."라고 말했다. 이 말은 "어진 사람은 남을 사랑한다."는 명제가 담고 있는 의미를 자세히 설명해 준다.

올바른 인간관계는 어떻게 맺을 것인가?

인간관계의 문제는 예로부터 지금까지 항상 중요한 문제로 받아들여져 왔다. 이를 둘러싸고 다양하게 논의되어 왔지만, 대체로 개인과 환경의 두 가지 관점에서 살펴볼 수 있다.

개인의 관점에서 살펴보자면, 다른 사람과 어울리지 않고 혼자서 살아갈 수 있는 사람은 없다. 나라를 팔아먹은 간신이라고 일컬어지는 진회(秦檜)에게도 옆에서 도와주는 사람들이 있었듯이, 다른 사람들을 무시한 채 혼자서 살아갈 수는 없다. 물론 생활 리듬이 빨라지는 현대 사회에서 인간관계가 점차 소외될 것이라고 예상하는 사람들도 있지만, 이는 정확한 관점이 아니다. 세계화가 빠르게 진행되면서 혈연이나 지연으로 맺어진 인간관계는 점차 약화되겠지만, 직업이나 경제이익 등으로 형성된 인간관계는 점점 더 강화될 것이다. 그리고 한 명의 지도자가 권력을 독점하고 지시하는 풍토도 사라지고, 많은 사람들이 서로 힘을 합쳐 협력하며 조화롭게 사회를 이끌어나가는 추세로 나아갈 것으로 보인다.

반면 환경의 관점에서 살펴보자면, 어떠한 조직의 분위기는 그 조직에 속한 모든 구성원들에 의해 결정된다. 그렇기에 조직 구성원들이 공통의 가치기준을 따르며 일치된 방식으로 문제를 해결해 나가야만 화목한 분위기를 형성할 수 있다. 만약 다른 사람에게는 '어진 사람이 남을 사랑하듯이' 행동하라고 요구하면서 정작 자신은 다르게 행동한다면 이러한 분위기를 절대 이루지 못한다.

원칙을 지킨다는 것은

손무孫武

― 병법은 속임수다

《손자병법》의 전쟁과 전쟁기술에 관한 핵심명제.
병법사상가의 인생관계에 대한 묘수.

오자서伍子胥는 초나라 평왕에게 아버지와 형이 죽임을 당한 뒤 오吳나라로 망명했는데, 복수를 위해 지속적으로 초나라 정벌을 주장했다. 그러자 오나라 왕 합려闔閭는 초나라를 정벌하기로 마음먹고 기원전 512년 군대를 일으킨다. 계속되는 승리에 고무된 합려가 적국의 수도까지 진격하려 하자 어느 한 병법가가 나서서 말했다. "백성들이 지쳐 있으니 잠시 기다려야 합니다."

병법가의 말대로 군사를 돌린 뒤 때를 기다리던 합려는 초나라가 채나라, 당나라와 갈등을 빚기 시작하는 것을 보고 대대적인 전투를 일으켰다. 오나라 군대는 며칠 만에 초나라 수도를 함락했고, 오자서는 이를 부득부득 갈며 평왕의 무덤을 찾아 시신을 꺼낸 뒤 채찍질을 하며 묵은 원한을 풀 수 있었다.

이처럼 상황을 냉철하게 판단해 과감한 직언으로 초나라 정벌에 대대적인 공을 세운 병법가가 바로 손무孫武이다. 또 그는 '세계에서 가장 오래된 병법서'라 일컬어지는《손자병법孫子兵法》의 저자이기도 하다.

손무의 자는 장경長卿이며 제齊나라 사람이다. 손무의 조상은 원래 진陳나라 왕실 후손으로 성이 진陳씨였다고 전해진다. 그런데 왕실에서 권력 다툼이 벌어지자 진여공陳厲公의 아들인 진완陳完은 제나라로 도망쳤고, 제나라 환공桓公에게 중용되었다. 그리고 4대 진무우陳無宇에 이르자 관직이 상대부上大夫로까지 높아졌다. 진무우의 차남 진서陳書는 제나라 경공景公에게 공로를 인정받아 낙안(樂安: 지금의 산둥성 북부 후이민(惠民), 보싱(博興), 광라오(廣饒) 일대)에 봉해지고 손孫씨 성을 하사받았다. 이로써 손씨는 진씨 성으로부터 분리되었으며, 이후 그 자손의 벼슬은 다시 경卿으로 승진했다고 한다. 이처럼 손무는 대대적으로 왕실에 공을 세운 고귀한 귀족 집안에서 태어났다.

손무가 태어났을 무렵 제후국 사이의 전쟁은 갈수록 극심해지고 있었으며, 모든 나라가 군사력을 강화시키는 데 집중하고 있었다. 손무는 18살 때 이미 상당한 학식을 쌓았다고 한다. 하지만 당시 제나라는 권력 암투가 끊이질 않았고, 왕인 경공은 무능하기만 했다. 그래서 손무는 관직에 뜻을 버리고 제나라를 떠나 궁륭산^穹隆山에 은거하며 《손자병법》 13편을 완성한다.

한편 오나라 왕 합려는 즉위한 이후, 군사를 이끌 뛰어난 장군을 절실히 찾고 있었다. 이에 오자서가 적극적으로 손무를 추천했고, 합려는 손무를 궁에 불러 가르침을 청했다. 그러자 손무는 자신의 책을 바쳤다. 합려는 그 책에 적힌 전술을 보고 매우 기뻐하면서도, 실제 상황에 들어맞을지 의문이 들었다. 합려는 그 전술이 실제로 쓸모있는지 시험해 보기 위해 손무에게 후궁과 궁녀 180명을 데리고 훈련을 시켜보라고 했다.

궁녀들을 두 부대로 나눈 손무는 합려가 아끼는 두 후궁을 각 부대의 대장으로 임명했다. 그러고는 군법을 알려준 이후, 호령에 맞추어 따라 움직이라고 명령했다. 하지만 아무리 호령을 보내도 궁녀들은 웃고 떠들 뿐 명령을 따르려 하질 않았다. 이에 손무는 군법과 방법을 재차 알려줬지만 궁녀들은 명령을 따르지 않았다.

결국 손무는 화를 내며 "군령이 분명하지 않고 호령에 익숙하지 않은 것은 장수의 잘못이지만, 여러 번 알려 군령이 이미 분명한데도 호령대로 따르지 않는 것은 병사들의 상관인 대장의 잘못이다."고 했다. 그리고는 대장을 맡은 두 후궁의 목을 베라고 명령한 뒤, 다시 두 부대의 대장을 임명하고 훈련을 시작했다. 그러자 궁녀들은 더 이상 웃고 떠들지 않고 명령에 따라 나아가고 물러가며 신속하게 행동했다. 아끼는 두 후궁의 죽음은 슬펐지만 그럼에도 합려는 바로 단을 쌓아 제사를 지내고 손무를 장군으로 임명했다. 이로써 손무의 병법도 널리 알려지게 되었다.

손무의 군사 사상은 주로 《손자병법》에 담겨 있다. 이 책은 당시의 군사이론을 근거로 전쟁 상황을 체계적으로 연구함으로써 혁신적인 이론 발전을 이루었다. 이처럼 전쟁, 군대, 군사훈련, 지휘관의 역할, 전략, 전투, 전법 등 여러 방면을 체계적으로 다루고 있는 《손자병법》은 완성도 높은 이론으로 세계적으로 찬사를 받아왔다. 세계 최초의 병법서인 《손자병법》은 내용 면에서도 완벽하여 으뜸가는 병법서로 손꼽히고 있다.

이와 같은 《손자병법》에는 매우 풍부한 사상이 담겨 있다. 후세에 영향을 미친 중요한 사상으로는 다음의 세 가지를 들 수 있다.

우선, 전쟁에 대한 관점이다. 손무는 다음과 같이 말했다. "모름지기 용병의 방법은 적국을 손상시키지 않으면서 승리하는 것이 최선이고, 적국을 격파하는 것이 차선책이다. 또 적군을 온전히 얻는 것이 최선이고, 격파를 하는 것이 차선책이다. 적의 여단을 온전히 얻는 것이 최선이고, 격파를 하는 것이 차선책이다. 적의 졸卒을 온전히 얻는 것이 최선이고, 격파를 하는 것이 차선책이다. 적군의 오伍를 온전히 얻는 것이 최선이고, 격파를 하는 것이 차선책이다.", "싸우지 않고 적을 굴복시키는 것이 최선의 방법이다.

그러므로 최상의 방법은 적의 전략을 무너뜨리는 것이고, 그 다음은 적의 동맹관계를 끊어버리는 것이며, 그 다음은 적의 군사를 치는 것이며, 최하의 방법은 적의 성을 공격하는 것이다." 이처럼 전쟁에 대한 관점을 통해서 손무의 깊이 있는 지략과 탁월한 식견을 엿볼 수 있다.

다음으로, 전쟁을 결정하는 요건이다. 전쟁이 가져오는 영향을 매우 중요시했던 손무는 "전쟁은 국가의 중대한 일이다. 국민의 생사와 국가의 존망이 달려 있으니, 신중히 살피지 않으면 안 된다."고 말했다. 그러면서 그는 전쟁을 하기 전에 도(道: 단결된 마음), 천(天: 기후와 같은 시간적 조건), 지(地: 지리적 조건), 장(將: 장수의 능력), 법(法: 군사 규율 및 제도)의 다섯 가지 요건을 검토해야 한다고 설명했다.

마지막으로, 군사기술에 대한 이해이다. 손무는 다음과 같이 말했다. "상대를 알고 나를 알면 백번 싸워도 위태롭지 않다.", "적에게 미끼를 내보여 유인하고, 혼란한 틈을 이용해 취한다. 적의 군비가 충실하면 서두르지 않고 대비한다. (중략) 적이 무방비한 곳을 공격하고, 적이 예상하지 못했던 곳을 노려야 한다.", "모든 전쟁은 정공법으로 대치하고, 기습 공격으로 승리한다." 이처럼 그는 '속임수'를 승리를 위한 방법으로 생각했다.

손무의 말년에 대한 확실한 기록은 남아 있지 않다. 다만 가장 신빙성 있는 것은 기원전 503년, 42세의 나이에 가족을 만난다는 핑계로 오나라를 떠나 산 속으로 은거한 이후 소식이 끊겼다는 점이다.

이처럼 사상가이자 전략가였던 손무는 미스터리한 이야기들만 남긴 채 감쪽같이 사람들의 시야에서 사라졌다. 하지만 그의 저서 《손자병법》만은 세상에 남아 사람들에게 많은 칭송을 받고 있다.

현실과 정신에서의 지혜의 중요한 의미는?

　뛰어난 사상가이자 전략가인 손무는 《손자병법》을 통해 우리들에게 영원히 기억되고 있다. 후세에 미친 영향을 볼 때 이 책은 이미 중국의 병법서를 넘어서 세계적인 자산이 되었다. 일상생활, 국가적 대사 그리고 전쟁이나 사업적인 부분에 이르기까지 다방면에서 손무의 이론이 쓰이고 있다.

　반면 이러한 점은 지혜가 가지고 있는 의미에 대해 다시 한 번 생각해 보게 한다. 지혜는 개인의 삶이나 시대적 한계, 역사적 조건을 뛰어넘어 오래도록 한결같이 우리들을 일깨워 준다. 이러한 지혜는 '나만 옳다는 고집'이나 '유아독존'의 아집을 뛰어넘어 인류 문명의 유산으로 자리 잡은 결과라 할 수 있다. 모든 사람들이 자신의 방식으로 알고, 깨닫고, 응용하고, 실천함으로써 지혜는 현실과 정신의 귀중한 자산이 되어간다.

누군가를 진심으로 사랑하고 싶을 때

묵자墨子
— 모두를 똑같이 사랑함으로써, 서로를 이롭게 한다

묵자의 핵심이론인 '겸애(兼愛)'의 대표명제.
차별하지 않고 평등하게 살기를 염원한 대사상가의 한마디.

《장자·천하편》에서는 묵자를 "배우기를 좋아하여 식견이 넓다."
고 기록하고 있다. 확실히 묵자는 천문과 과학, 수학, 건축 등에 특
별한 재능을 지닌 인물이었다. 묵자의 생애와 사상을 기록한 《묵
자》라는 책에는 대단히 풍부한 논리학, 수학, 자연과학 그리고 기
술지식이 담겨 있다. 묵가 사상가들은 다른 철학자들이 철학이나
정치, 윤리의 논술을 산만하게 한 것과는 달리, 독자적으로 편과
장을 나누어 논술하였다. 묵가의 논리학, 수학, 자연과학, 그리고
인식론은 〈경상〉, 〈경하〉, 〈경설〉 상, 〈경설〉 하, 〈대취〉,

〈소취〉 등 6편에 집중되어 있으며, 이것을 통칭하여 〈묵변〉이라 한다. 묵가의 구체적 과학기술 지식은 당시에 대단히 뛰어난 성과였으니, 오늘날 우리가 일상에 활용하는 과학상식이 이미 이때에 마련되었다는 점에서 실로 놀랍기까지 하다. 묵가의 과학에서의 공헌은 '의, 리'를 통일하고 '덕, 력'을 중시하는 가치관이 함께 긴밀한 관계가 있다는 것을 논리적으로 밝히고 있다는 점과 논리학, 수학, 자연과학, 공예기술이 함께 긴밀하게 결합된 과학적 학풍이 서로 밀접한 관계에 있다는 것이다.

전국戰國시대의 유가 사상과 쌍벽을 이루며 과학적인 사유체계를 지녔던 유명한 철학자가 바로 묵자墨子이다.

묵자의 이름은 적翟이며, 기묘한 이야기가 많이 전해지는 인물이다. 묵자가 어느 나라 출신인지에 대해서는 송나라(지금의 허난성 동쪽과 산둥성 서쪽 일대) 사람이라는 주장과 노나라 사람이라는 주장이 있다. 또 그의 생몰 연대에 대해서도 명확하지 않다. 대략 기원전 468년에서 376년 사이에 활동한 것으로 보인다. 《사기》에는 묵자에 대해 간단하게 "송나라 대부大夫로 성을 방어하는 전술이 뛰어났으며, 비용을 절약할 것을 주장했다. 어떤 이는 공자와 같은 때 사람이라 하고, 어떤 이는 그 후의 사람이라 한다."고 적혀있다.

묵자의 사상이 담겨 있는 자료로는 《묵자》가 있다. 《묵자》는 그의 제자들이 그의 사상과 묵가학파의 사상을 모아 정리해 만든 책으로, 원래 71편으로 이루어져 있었으나 현재는 53편만 남아 있다. 묵자가 창시한 묵가학파는 당시 공자의 유가학파와 어깨를 견줄 만큼 명성을 떨쳤고, 상당히 존경받았다.

묵자는 규율이 매우 엄격하고 단결력이 강한 집단을 만들었는데 주로 사회 하층민들로 구성되어 있었고, 군사행동을 할 수 있었다고 한다. 이 집단의 지도자는 '거자鉅子'라 불렸고, 논변을 책임지는 사람은 '묵변墨辯', 전문적으로 무장행동을 하는 사람은 '묵협墨俠'이라고 불렸다. 지도자인 '거자'는 모든 구성원들의 생사를 결정할 만큼 최고의 권위를 가지고 있었다.

전국시대 후기에 이르자 묵가 연구가 무르익었는데, 이를 후기 묵가라고 부른다. 또 전문적으로 무장행동을 하며 세상을 떠돌던 묵가학파 사람들은 진한秦漢시대에 이르러 유협游俠으로 변모하게 된다.

묵자의 풍부한 사상 중에서 후세에 지대한 영향을 끼친 부분으로는 "모두를 똑같이 사랑함으로써, 서로를 이롭게 한다."는 사회 윤리관이 있다.

모두를 똑같이 사랑한다는 '겸애兼愛'는 묵자의 핵심이론이다. 묵자는 "세상은 서로 사랑하면 다스려지고, 서로 미워하면 어지러워진다."고 말하며, 이로써 "서로를 이롭게 할 수 있다."고 주장했다. 그는 겸애에 대해 다음과 같이 덧붙였다. "다른 사람을 사랑하는 자는 반드시 다른 사람의 사랑을 받으며, 다른 사람을 이롭게 하는 자는 반드시 다른 사람들에게 이로움을 받는다." 묵자는 사람들이 서로를 사랑하고 이롭게 하면 잔인하게 서로 싸우는 일이 저절로 사라져 세상이 평화롭게 다스려질 수 있다고 보았다. 바로 이 때문에 묵자는 겸애 사상을 주장하며 '차등 없이 사랑해야' 한다고 강조했다.

이러한 '겸애 사상'을 기반으로 묵자는 '상현尙賢', '상동尙同', '비공非攻'의 정치관을 제시했다.

'상현'은 능력 있는 현인을 신분과 상관없이 발탁해야 한다는 주장이며 이에 대해 이렇게 말했다. "비록 농사를 짓거나 물건을 만들어 파는 사람이라 할지라도 능력이 있으면 높은 작위와 무거운 녹을 주며 임무를 맡겨 결정하고 명령할 수 있게 했다. ……. 그러므로 관료라고 항상 존귀하지 않으며, 백성이라고 끝내 천하지는 않다." '상동'은 천하를 통일해 태평성대를 이룰 수 있는 권위를 세워야 한다는 주장이다. 묵자는 아무런 조건 없이 널리 인재를 등용해 현명함으로써 천하를 통일하면 사람들이 행복하게 살아갈 수 있다고 보았다. 그리고 이러한 관점에서 묵자는 전쟁을 반대하는 '비공'을 주장했다.

묵자는 수학과 자연과학 방면에서도 업적을 남겼다. 그는 '배수培數', '같은 길이[同長]', '중中', '원圜', '정방형正方形' 등과 같은 개념을 제시했는데 여러 수학자들의 관점과 일치한다. 또 그는 '힘[力]', '움직임[動]', '멈춤[止]' 등의 개념을 자세히 설명하고, 빛과 그림자 간의 관계, 지렛대의 원리, 기하학과 광학 등에 대해 분석했다. 이러한 그의 이론을 통해서 우리는 신비로운 색채가 가득한 이 사상가의 과학자로서의 면모를 새삼스럽게 확인하게 된다.

진정으로 사랑한다는 의미는 무엇일까?

세상에는 사랑과 관련된 감동적인 이야기들이 많이 있다. 그리고 사랑을 찬미하는 노래는 항상 울려 퍼지며, 사람을 사랑해야 한다는 격언은 많은 사람들의 공감을 얻고 있다.

그렇다면 사랑한다는 것은 무엇일까? '차별 없이 모두를 똑같이 사랑해야 한다'는 묵자의 주장은 박애주의 사랑에 대한 포이어바흐(Ludwig Feuerbach)의 관점을 저절로 떠올리게 한다.

하지만 적을 사랑하면 반역자가 되고, 죄악을 사랑하면 악인이 되며, 도박을 사랑하면 노름꾼이 된다.······. 아이의 응석을 지나치게 받아주면 오히려 재능을 망칠 수 있고, 너무 지나치게 사랑할 경우 아이에게 잘못된 가치관을 심어줄 수 있다. 또 잘못된 사랑의 끝은 언제나 비극이다.

그러니 사랑에 대해 가볍게 말할 수 없고, 모든 문제를 사랑으로 해결할 수도 없다. 또 후회하거나 원망하는 일이 생기지 않으려면, 사랑할 만한 가치가 있고 사랑이 필요할 때 진심을 다해 사랑해야 한다. 그리고 '겸애 사상'을 실현하기 위해서도 기준은 필요하다. 한편 차별 없는 이러한 사랑은 단순한 남녀관계의 사랑을 넘어서서 널리 사람을 아끼는 자비이자 자애라 할 수 있다.

승리하는 인생을 살고 싶다면

손빈孫臏
— 의로써 군사를 다스려야 한다

대병법가의 '전쟁의 목적'에 관한 핵심명제.
전쟁에 이기기 위한 다양한 용병술을 소개한 병법서.

강한 팀, 중간 팀, 약한 팀 이렇게 세 그룹으로 나누어 줄다리기 시합을 하는데, 상대방 그룹들이 자신의 그룹들보다 더 강하다면 이길 수 있는 방법은 무엇일까?

방법은 간단하다. 우선 상대방의 강한 팀과 자신의 약한 팀이 대결하게 해서 진다. 그리고 상대방의 중간 팀과 자신의 강한 팀을 대결하게 해서 이기고, 다시 상대방의 약한 팀과 자신의 중간 팀을 대결하게 해서 이기면 2대 1로 승리할 수 있다.

이것이 역사적으로 유명한 '전기새마田忌賽馬'라는 고사에서 소개된 '강한 상대를 이기는' 방법이다. 전국시대 제齊나라 장군이었던 전기田忌는 어느 책략가의 도움으로 이 방법을 써서 제나라 위왕威王과의 경마시합에서 승리를 거둘 수 있었다.

여기에서 전기가 경마시합에서 이기게 만든 어느 책략가가 바로 전국시대의 저명한 전략가인 손빈孫臏이다.

손빈(약 기원전 380~310)은 제나라 사람이다. '병법의 성인[兵聖]'이라 일컬어지는 손무의 후손인 그는 탁월한 군사적 재능과 뛰어난 전쟁 성과로 인해 이후 사람들에게 '손무에 버금가는 병법의 성인[兵家亞聖]'이라 불리며 추앙받았다. 전쟁에서 손빈이 펼친 전략들, 이를테면 위魏나라를 포위해 조趙나라를 구한 '위위구조圍魏救趙', 진영의 솥 숫자를 줄여 적을 속인 '감조유적減灶誘敵' 등은 지금까지도 전장戰場에서의 뛰어난 전술로 기록되고 있다. 또 손빈의 사상이 담긴《손빈병법孫臏兵法》은 손무의《손자병법》이론을 계승 발전시킨 군사이론서이다.

기원전 354년 위나라가 조나라에게 전쟁을 일으키자 조나라 왕은 제나라에게 구원을 요청했다. 그러자 제나라 위왕은 장군 전기와 전술가인 손빈을 보냈다. 전기가 군사를 모아 서둘러 조나라의 수도 한단邯鄲으로 진격하려 하자 손빈이 만류하며, '방비가 견고한 곳은 피하고 약한 곳을 공격해야 하니[避實擊虛] 상대적으로 방비가 약해져 있는 '위나라를 포위해 조나라를 구해야 한다.'는 책략을 내놓았다. 이에 제나라 군사들은 적의 날카로운 칼끝을 피해 위나라의 수도인 대량大梁을 포위했다. 당시 위나라 장군이었던 방연龐涓은 조나라의 수도 한단을 공격하던 중에 자국의 수도 대량이 포위되었다는 소식을 듣게 되었다. 이에 수도가 함락될까 걱정된 그는 결국 군수품과 마차를 버린 후 소수의 병력만 이끌고 밤낮으로 달려 수도 대량에 이른다.

사실 방연과 손빈은 함께 공부한 동문이었다. 손빈의 재능을 질투한 방연은 항상 손빈이 자신을 앞지를까 봐 걱정하였고, 결국 손빈을 속여 위나라로 불러들였다. 그리고는 자신의 권력을 이용해 손빈을 첩자로 몰아넣음으로써 빈형(臏刑: 무릎 아래를 잘라내는 형벌)을 받게 만들었다. 이후 손빈은 그런 내막을 알고는 미친 척 연기하며 기회를 틈타 제나라로 도망쳤던 것이었다.

방연이 회군했다는 소식을 들은 손빈은 계릉(桂陵: 지금의 허난성 창위안현(長垣縣) 서남쪽 부근)에서 매복해 기다리고 있다가 공격해, 위나라 군대를 대패시키고 방연을 생포했다. 이로써 조나라는 자연히 전쟁의 위협에서 벗어날 수 있었다. 얼마 지나지 않아 방연은 석방되어 위나라로 돌아갔다.

그 뒤 기원전 343년 위나라와 제나라 사이에 또다시 전쟁이 일어났다. 이에 손빈은 방연을 현혹시키기 위해 첫째 날에는 진영에 솥을 10만 개 준비시키고, 둘째 날에는 절반으로, 셋째 날에는 3만 개만 두도록 시킨 뒤 군사들이 도망치는 것처럼 퇴각하도록 명령했다.

이에 방연은 제나라 군사들이 도망치고 있다고 생각하여 급히 뒤쫓았다. 적진의 솥 숫자가 날로 줄어들자 그는 적군이 10만에서 3만으로 줄어들었다고 판단했고, 승리를 확신하고 있었다.

하지만 그는 손빈의 군사들이 일찌감치 제나라 변방인 '마릉(馬陵: 지금의 산둥성 탄청(郯城) 마링산)'에 매복해 있다는 사실은 알지 못했다. 밤중에 마릉에 도착한 방연은 나무에 새겨진 '방연은 이 나무 아래에서 죽는다.'라는 글을 보고 급히 "함정이다!"라고 외쳤지만 이미 늦은 뒤였다. 오만했던 방연은 제나라 군사들이 비처럼 쏟아내는 화살에 그 자리에서 목숨을 잃는다. 이 전투에서 위나라 군대는 모조리 전멸했고, 위나라 태자 신申은 포로로 잡혔으며, 손빈은 명성을 떨치게 되었다. 이후 제나라는 위나라의 뒤를 이어 당시 중국에서 가장 강력한 나라가 된다.

《손빈병법》은 손빈의 대표작이다. 《한서漢書》에는〈오손자병법吳孫子兵法〉82편과〈제손자병법齊孫子兵法〉89편이 전해진다고 기록되어 있는데 전자는 《손자병법》을, 후자는 《손빈병법》을 가리킨다. 하지만 《손자병법》의 저자에 대해서는 논쟁이 일어났으며, 여러 가지 추측이 난무해 왔다. '손무와 손빈은 원래 같은 사람으로 무武는 이름이고, 빈臏은 별칭이다', '《손자병법》은 삼국시대의 조조曹操가 쓴 책'이라는 주장까지 여러 가지 추측들이 있어 왔다.

이처럼 일치된 결론 없이 여러 주장이 분분한 상황에서 마침내

1972년, 오랫동안 수수께끼로 감추어졌던 진실이 밝혀졌다. 그해 4월 산둥성 린이시臨沂市 인췌산銀雀山에 위치한 한나라시대 무덤을 발굴하던 중 서한西漢시대 죽간이 출토되었는데, 그중에 《손자병법》 13편과 《손빈병법》 일부가 발견되었다. 소실된 지 1천7백여 년 만에 《손빈병법》은 다시 한 번 세상에 모습을 드러냈고, 이로써 《손자병법》과 《손빈병법》의 저자가 서로 달랐다는 게 증명되었다.

손빈은 "경솔하게 무력을 사용해 전쟁을 즐기는 사람은 패망하고, 승리를 탐하는 사람은 치욕을 당한다."라고 말하며, 전쟁은 단지 정의를 보호하기 위한 수단이라고 주장했다. 손빈은 과거 요(堯)임금과 순(舜)임금도 '인의를 쌓고 예악을 사용해 천하를 태평하게 다스리고 전쟁을 금하는' 정책을 펼치고 싶어 했으나, 단지 말로만 해서는 천하를 다스릴 수 없었기에, 어쩔 수 없이 '군대를 일으켜 바로잡아' 전쟁을 통해 다툼을 멈추게 했다고 말했다. 하지만 또 전쟁이 정치 싸움의 도구로 이용되어서는 안 된다고 경고했다.

손빈은 "병법에는 포진[陳], 군세[勢], 임기응변[變], 권모[權]의 4가지 방법이 있다."고 말했다. 그는 전쟁은 '도道'를 알리는 수단이 되어야 하며, 또 반드시 '의義'에 부합해야 한다고 주장했다. 이에 "내세울 대의명분[義]도 없이 전쟁하면 천하의 어떤 나라도 견고하게 수비하거나 강력하게 싸울 수 없다."고 말했다. 이 말에는 "의義로써 군사를 다스려야 한다."는 그의 기본 관점이 담겨 있다.

　이처럼 《손빈병법》에는 갈등을 이용해 승리하는 방법, 적극적으로 주도권을 쟁취하는 방법, 백성을 풍족하게 하는 방법 등 전쟁에 이기기 위한 다양한 용병술이 담겨 있다. 즉 이 책에는 손빈의 전략과 그가 전략을 연구하고 실현한 과정이 기록되어 있다.

'의'의 중요성을 강조하며 올바른 이익을 얻는 법은?

　인간은 사회적 동물이다. 그리고 사회를 형성하는 인간관계는 매우 복잡하다. 이러한 사회 속에서 사람들이 협력하거나 경쟁하는 이유는 대부분 이익 때문이다. 이익 때문에 친구 사이가 원수지간이 되거나 집안싸움이 벌어지는 상황을 적지 않게 볼 수 있다. 이런 점을 보면 '이익이 모든 걸 결정한다.'는 관점은 논박할 수 없는 진실인 것만 같다.

　하지만 오늘날까지도 전해지는 여러 경전들 속에서 이익을 부추기는 내용은 매우 적다. 심지어 무력으로 승리를 쟁취하는 전략가조차 오히려 '의'의 중요성을 거듭 거듭 강조하고 있다. 그리고 지금까지 '의'를 무시한 채 오만하게 안하무인으로 행동해 왔던 사람들은 대부분 대가를 치러 왔다. 방연이나 히틀러(Adolf Hitler)가 이와 같은 사례라고 할 수 있으며, 과거 자신들의 무력을 뽐내며 침략전쟁을 즐겼던 정복자들 역시 마찬가지이다.

　이러한 관점에서 '군사'를 '의'의 부속품 정도로 생각했던 손빈의 관점은 그가 뛰어난 전략가라는 사실을 다시 한 번 증명해 줄 뿐만 아니라, 사상가로서의 그의 면모를 뚜렷이 부각시킨다.

정의로운 삶을 살고 싶다면

맹자孟子
— 의로움을 위해서라면 목숨도 버릴 수 있다

'인정(仁政)'과 '왕도(王道)' 사상을 대표하는 대사상가의 정의철학!
군주의 올바른 도리에 관한 철학가의 일갈!

　맹자는 평생 공자를 흠모했고, 일찍이 공자의 손자인 자사의 제자에게서 배웠다. 그는 마음속으로 공자의 학문을 매우 숭상했고, 자기가 직접 공자에게서 가르침을 받지 못한 것을 유감으로 여겼다. 맹자는 공자에 대한 존중이 지극하여 "사람이 태어난 이래로 공자보다 성盛한 이는 없다.", "진실로 원하는 바는 공자를 배우는 것이다."라고 말하였다.

　맹자는 확고한 믿음과 박학한 학문을 가지고 당시에 매우 큰 영향을 끼쳤다. 맹자는 위, 제, 송, 등나라 등을 약 20년 동안 유세하며 돌아다녔지만, 결국 정치적 포부는 펴지 못했다. 그가 위나라 왕과 제나라 왕에게 유세하러 다닐 때는 "수십 대의 수레가 뒤따랐고, 따라다니는 사람이 수백 명이었다."는 것을 보면 위세가 대단했음을 알 수 있다. 그는 자기의 인정仁政 학설로 당시의 임금이 다스리는 큰 나라를 보좌하기를 희망했고, 나아가 '인정'으로 천하를 통일하기를 희망하였다. 그러나 당시 몇몇 대 제후국은 모두 정벌에 바빴고, 일부의 소국은 어떻게 대국 사이에서 생존할 수 있을까 근심하고 있었다. 맹자의 학설은 통치계급의 장구한 이익을 반영하고 있지만, 당시 각 제후국의 시급한 필요에 적응하지 못했기 때문에 멀고 쓸모없는 것으로 여겨졌다.

환경이 자녀 교육에 미치는 영향에 대해 이야기할 때 으레 언급되는 고사가 바로 '맹모삼천지교孟母三遷之敎'이다. 이 밖에도 맹자의 어머니의 교육을 강조하는 일화는 학문을 중단해선 안 된다는 의미로 '베를 끊어버렸다[孟母斷機]'는 일화 등 여러 이야기들이 전해진다. 지금의 산둥성 쩌우청시鄒城市가 바로 맹자의 고향이다. 이곳에는 맹자의 어머니가 '베를 끊어버렸던 곳'과 '서당 옆에 위치했던 고택'이 아직도 남아 있다. 이처럼 맹자의 어머니와 관련된 장소들을 지금도 소중히 간직하고 있는 이유는 그녀가 후세에 막대한 영향을 미친 사상가 맹자孟子를 키워냈기 때문이다.

맹자(약 기원전 372~289)의 이름은 가軻이며, 자는 자여子輿로 전국시대 추(鄒: 지금의 산둥성 쩌우청시 동남쪽)나라 사람이다. 어릴 적에 아버지를 여읜 맹자는 어머니에게 사랑과 교육을 받으며 성 장했다. 비록 궁핍한 가정환경 속에서 성장했을망정 그는 성실히 노력한 덕분에 뛰어난 사상가가 될 수 있었다.

《사기》의 기록에 따르면 맹자는 "자사子思의 문인에게서 수업했 다."고 전해진다. 이러한 맹자는 공자 이후로 가장 많은 업적을 남 긴 유가학파 사상가이다. 이에 후세 사람들은 맹자를 공자에 버금 가는 성인이라는 뜻으로 '아성亞聖'이라 불렀다. 그리고 공자와 그 를 합쳐 '공맹孔孟'이라 불렀으며, 유가학파를 '공자와 맹자의 도孔 孟之道'라고 일컬었다. 이러한 칭호들은 모두 맹자가 철학사에 남 긴 업적의 의미를 보여주는 것이다. 이러한 맹자의 사상은 주로 그의 저서《맹자》에 집중되어 있다.

맹자는 웅대한 포부를 지닌 사상가였지만, 여러 차례의 시련과 좌절 속에서 자신의 이상을 실현시키지 못했다. 이러한 맹자의 정 치이상은 '인정仁政'과 '왕도王道'를 이루는 것이라 할 수 있다.

맹자는 "백성이 가장 중요하고, 국가의 사직은 다음이며, 군주 가 가장 가볍다."라고 보았다. 이에 그는 "도를 얻은 사람은 도와 주는 사람이 많지만, 도를 잃은 사람은 도와주는 사람이 적다."라 고 지적하며, 뛰어난 통치를 하기 위해서는 반드시 '인을 베푸는 정치仁政'를 해야 한다고 주장했다.

또 왕도에 대해서는 다음과 같이 말했다. "농사철을 어기지 않으면 다 먹을 수 없을 만큼 곡식이 많아질 것이고, 지나치게 촘촘한 그물을 호수에 넣지 않으면 다 먹을 수 없을 만큼 많은 물고기가 자랄 것이며, 도끼를 가지고 산에 갈 때 시기를 맞춰 가면 다 쓰지 못할 만큼 목재가 많아질 것이다. 이처럼 곡식과 물고기와 자라를 도저히 다 먹지 못하고, 아무리 써도 목재를 다 쓰지 못하면 백성이 산 사람을 봉양하고 죽은 사람을 장사 지내는 데 걱정이 없게 된다. 이처럼 산 사람을 봉양하고 죽은 사람을 장사 지내는 데 걱정이 없도록 하는 것이 바로 왕도의 시작이다."

하지만 전쟁이 난무하는 무도의 시대에 맹자의 주장은 받아들여질 수 없었다. 결국 맹자는 "어쩔 수 없이 물러나 제자 만장萬章의 무리들과 함께 《시경詩經》과 《서경書經》을 순서대로 정리하고, 공자 사상의 뜻을 밝히기 위해 《맹자》일곱 편을 지었다." 우리는 이와 같은 기록들을 통해서 맹자의 정치이상이 당시 상황과 맞지 않음으로써 그가 곤경에 처했었다는 사실을 알 수 있다. 이처럼 제후국들이 서로 다투는 상황에서 인을 통해 정치하는 '인정'이나 백성들을 위한 '왕도 정치'는 근본적으로 실현될 수 없었다. 또 군주 스스로 자신을 단속하길 기대하는 것은 순진한 생각일 뿐이었다.

한편 맹자의 이러한 주장은 인간의 본성에 대한 그의 관점과 연관된다. 맹자는 인간의 본성은 선하다고 보고 다음과 같이 말했다. "인간의 본성이 선한 것은 물이 아래로 흘러가는 것과 같다.

인간 중에 선하지 않은 사람이 없고, 물 중에 아래로 흘러가지 않는 경우가 없다."

그렇다면 사람이 악행을 저지르는 이유는 무엇일까? 이 질문에 대해서 맹자는 다음과 같이 답했다. "측은하게 여기는 마음은 사람이면 누구나 가지고 있으며, 부끄러워하고 미워하는 마음도 사람이면 누구나 가지고 있다. 공경하는 마음도 사람이면 누구나 가지고 있으며, 옳고 그름을 가리는 마음도 사람이면 누구나 가지고 있다. 측은하게 여기는 마음은 인仁이고, 부끄러워하고 미워하는 마음은 의義이며, 공경하는 마음은 예禮이고, 옳고 그름을 가리는 마음은 지智이다. 인의예지는 외부에서 이루어진 결과가 아니라, 우리가 원래부터 내면에 가지고 있는 것이다. 단지 그것을 의식하지 않고 있었을 뿐이다. 그러므로 말하기를 '구하면 얻고, 놓아두면 잃게 된다.'고 하는 것이다." 이로써 맹자는 자신의 철학 사명을 '잃어버린 마음을 찾는 것'에 두었으며, 사람들이 잃어버린 '선한' 본성을 찾을 수 있도록 도와주려 하였다.

맹자는 성선설과 군주의 올바른 방향에 대해 여러 사상을 펼치면서 궁극적으로 모범이 되는 인격을 갖춘 사람을 다음과 같이 묘사했다. "천하의 넓은 집에 살고, 천하의 바른 자리에 서며, 천하의 큰 도를 행하여 뜻을 얻으면 백성과 함께 도를 행하고, 뜻을 얻지 못하면 홀로 도를 행하며, 부귀가 마음을 어지럽히지 못하게 하고, 가난함과 천함이 뜻을 바꾸지 못하게 하며, 권력과 무력이 지조를 굽히게 할 수 없는 것을 대장부라 한다." 이처럼 삶을 버리고 의로움을 선택하고자 했던 그의 사상은 후세 사람들에게 인정받으며 높이 평가받았다.

인간이 삶보다 더 중요한 문화성을 추구한다는 것은 어떤 의미인가?

생명은 매우 소중하다. 하지만 때로는 생명도 선택해야 하는 순간을 맞이하기도 한다.

나는 이런 점을 떠올리면 다음과 같은 시 한 구절이 떠오른다. "생명도 정말 귀하지만, 사랑이 더 가치 있다. 하지만 만약 자유를 위해서라면 둘 다 포기할 수 있다!"

인간은 인간이기 때문에 생명체이면서도 자유로운 의식 및 '사물'과 '자아'에 대한 생각을 가지고 있다. 생명체로서 인간은 자연과 어떠한 차이도 없다. 인간은 위대한 자연 앞에서 보잘것없이 나약한 존재일 뿐이다. 하지만 인간이 가진 의식면에서 보면 인간은 그 무엇보다 높은 지위에 서게 된다. 의식은 인간이 근본적으로 가지고 있는 것이다. 그리고 만약 이를 어떠한 말로 불러야 한다면 인간의 '문화성(文化性)'이라고 할 수 있다.

'문화성'은 무척 광범위한 내용을 포함한다. 자유, 정의, 권리, 감정, 의식, 의지 등등. 이처럼 인간의 존재와 관련된 의식이나 결과들은 모두 '문화성'에 속한다고 볼 수 있다. 그리고 이러한 '문화성'은 추구하는 사람의 인격을 반영하거나 결정한다.

삶을 버리고 의로움을 선택한다는 말은 생명을 가볍게 생각한다는 뜻이 아니라, 삶보다 더 중요한 것이 있음을 알려주는 경구이다. 그것은 인간이 인간이기 위한 기본 조건으로서 바로 인간의 '문화성'이라 할 수 있다.

나와 다른 상대를 인정할 때

혜시惠施

— 두께가 없어서 쌓아 올릴 수는 없지만 크기는 천 리나 된다

명가학파의 대표 사상가가 말하는 인간 존재의 '상대성'에 관한 명제.
'합동이(合同異)' 관점의 대표 철학자가 일갈하는 세상 이치의 묘수.

'호량지변濠梁之辯'이라는 유명한 이야기가 있다.

어느 날 장자莊子가 친구와 함께 호濠라는 강가에서 놀고 있었다. 두 사람은 다리 위에서 아름다운 풍경과 흘러가는 푸른 강물을 감상했다. 그때 장자가 강물에서 헤엄치는 물고기를 보며 말했다. "물고기들이 즐겁게 헤엄치는군!" 이에 옆에 있던 친구가 말했다. "자네는 물고기도 아니면서 어떻게 물고기의 즐거움을 아는가?" 그러자 장자가 되물었다. "그러는 자네는 내가 아니면서 어떻게 내가 물고기의 즐거움을 모른다는 것을 아는가?" 친구가 답했다. "나는 자네가 아니니, 자네가 물고기의 즐거움을 아는지 알 수 없다네. 하지만 자네 역시 물고기는 아니니, 물고기의 즐거움을 알 수 없지 않은가." 이에 장자가 답했다. "나는 강물 위에서 즐거웠고, 그래서 물고기가 강물 아래에서 즐겁다는 것을 알았네!"

위의 이야기에서 장자와 대화를 나누는 사람이 바로 명가名家학파의 대표 인물이자 장자의 오랜 친구인 혜시惠施이다.

혜시(기원전 약 390~310)는 전국시대의 송나라(지금의 허난성) 사람이다. 그는 일찍이 위나라 혜왕에게 재상으로 등용되었고, 학문으로 명성을 떨쳤다. 그의 저서는 모두 소실되어 전해지지 않지만 《장자》, 《순자荀子》, 《한비자韓非子》, 《여씨춘추呂氏春秋》 등에 단편적으로 기록된 그의 사상을 통해 연구해 볼 수 있다. 그중에서도 《장자》〈천하편天下篇〉에는 혜시의 철학 관점이 비교적 명확하게 기록되어 있는데, 후세 연구자들은 이를 '역물십사(歷物十事: 사물을 바라보는 열 가지 명제)'라고 부른다.

혜시는 변론에 뛰어났다. 심지어 장자도 "내가 보기에 혜시의 말솜씨가 가장 뛰어나다."고 평가했다.

《장자》〈천하편〉에 기재된 내용들 중에는 우리가 주목해 볼 만한 이야기가 담겨 있다. "남방에는 자연에 대해 연구하기 좋아하는 황료黃繚라는 기인이 살고 있었다. 혜시의 명성을 들은 그는 가르침을 받고자 일부러 북방으로 찾아갔다. 그가 물었다. '하늘 위에 있는 태양과 달과 별들은 어째서 땅으로 떨어지지 않는 것입니까? 땅 위의 높은 산은 어째서 무너지지 않는 것입니까? 그리고 바람과 비와 번개는 어떻게 생겨나는 것입니까?' 그러자 혜시는 질문을 거절하지 않고 고민도 하지 않은 채 대답했다. 모든 만물의 이치를 설명하는 데 거침이 없었다." 비록 혜시가 답한 내용을 정확히 알 수 없을지라도, 장자의 글을 통해서 우리는 우주와 자연의 이치를 거침없이 설명하는 그의 모습을 어렵잖게 떠올려 볼 수 있다.

혜시와 장자의 관계는 서로 학문을 겨루며 경쟁하는 친구 사이라고 할 수 있다. 두 사람은 근본적으로 다른 철학관점을 가지고 있었지만 그럼에도 깊은 우정을 나누었다. 당시 장자와 혜시는 송나라 몽현蒙縣에서 살면서 천재라 불리었다. 혜시는 관직이 높았고, 장자는 학식이 높았기에 사람들은 두 사람을 모두 칭송했다.

장자는 혜시를 '함께 이야기를 나눌 수 있는 가장 가까운 친구'로 생각했다.

"두께가 없어서 쌓아 올릴 수는 없지만 크기는 천 리나 된다."는 말은 '역물십사'에 언급된 말 중 하나이다. 이 말은 쌓아 올릴 수 없을 만큼 얇은 사물이라도 면적으로 보았을 때 클 수 있다는 의미이다. 이처럼 '크고 작음'의 상대성에 대한 인식은 혜시의 철학을 구성하는 일부분이다.

이 때문에 혜시는 철학사에서 같음과 다름을 함께 생각하는 '합

동이合同異' 관점의 대표 인물로 평가받고 있다. 이에 평유란馮友蘭
은 "혜시와 공손룡은 명가학파의 두 가지 관점을 대표한다. 혜시
는 사실의 상대성을 강조하였고, 공손룡은 이름의 절대성을 강조
하였다."고 지적한 바 있다.

절대로 변하지 않는 '진리'란 존재할까?

명가학파는 뛰어난 변론으로 명성을 떨쳤다. 물론 과거 등석(鄧析)이 이럴 수도 저럴 수도 있다는 '양가론(兩可論)'을 펼침으로써 후세 사람들에게 '말도 안 되는 궤변을 늘어놓는다.'는 비판을 받기도 했다. 하지만 궤변과 명가학파는 근본적으로 차이가 있다. 명가학파가 중요시 하는 것은 변론 그 자체가 아니라, 사물의 이름과 본질을 밝히는 데 있기 때문이다. 이는 개념 과 그 대상 사이의 관계라고 할 수 있다. 그리고 우리는 이러한 관계를 통해 앞에 소개된 명제 를 이해해 볼 수 있다.

사물에 대해 절대적으로 불변하는 고정된 인식을 유지하는 건 불가능하다. 이에 혜시는 부 피와 넓이의 차이를 통해 이러한 점을 설명하려 했다. 그리고 우리는 이 점을 또 다른 각도에 서 생각해 볼 수 있다. 바로 인류 역사는 편견을 깨는 과정을 통해 많은 발전이 이루어져 왔다 는 점이다.

절대로 뒤엎을 수 없는 불변하는 진리는 없으며, 크고 작음, 남과 북, 옳고 그름도 마찬가지 이다. "진리는 한 걸음만 내딛으면 오류가 된다."는 말도 바로 이런 관점에서 나온 것이다. 물 론 이러한 변화 또한 일정한 규칙과 법칙을 가지고 있다. 그리고 드넓은 세상을 인식하는 우리 의 관점은 이러한 거짓과 진실, 옳고 그름 사이에서 발전해 가는 것이다.

생각의 각도를 바꾸면 전혀 새로운 세계를 발견할 수 있다.

유유자적하며 관조하고 싶을 때

장자莊子
─ 삶이 있기에 죽음이 있고, 죽음이 있기에 삶이 있다

도가철학을 대표하는 사상가의 생사관!
사물의 대립과 통일의 각도로 모순된 관점을 하나로 보는 모순론의 핵심명제.

루쉰魯迅은 과거 산문집 《들풀野草》에서 자신의 재미있는 꿈에 대해 이야기했다. 그는 꿈 속에서 자신이 "초등학교 교실에서 글짓기를 하려 하면서, 선생님에게 생각을 표현하는 방법에 대해 묻고 있었다."라고 묘사하며 바로 선생님의 이야기를 하기 시작한다.

"어느 집에 사내아이가 태어났단다. 아들을 얻어서 가족들은 매우 기뻐했지. 그래서 태어난 지 한 달이 되었을 때, 덕담을 듣고자 손님들을 초대했단다. 한 손님이 아이를 보고 말했어. '이 녀석 커서 부자가 되겠는데요.' 그의 말을 들은 가족들은 모두 기뻐하며 감사해 했단다. 그러자 또 다른 손님이 말했지. '이 녀석 나중에 분명 죽을 겁니다.' 이 말에 화가 난 가족들은 그를 흠씬 두들겨 패고 쫓아냈단다."

선생님은 끝으로 다음과 같이 말했다. "사람은 누구나 죽으니, 둘째 손님이 거짓말을 한 건 아니지. 하지만 부자는 누구나 되는 것이 아니니, 첫째 손님의 말은 거짓말이라 할 수 있단다. 하지만 거짓말을 한 사람은 보답을 받고, 사실을 말한 사람은 매를 맞아야 했어. 너는……."

이 말을 이해하지 못한 어린 루쉰이 말했다. "저는 거짓말도 하기 싫고 매도 맞기 싫은데, 그럼 어떻게 말해야 하나요?"

선생님이 대답했다. "그럼 이렇게 말하면 된단다. '이야! 이 녀석 좀 보게! 이것 좀 봐봐! 어쩜 이렇게……. 아이고! 하하! 하하! 허허 허허!'"

위의 이야기에서 둘째 손님이 매를 맞은 이유는 무엇일까? 바로 사람이라면 누구나 살고 싶어 하지, 죽고 싶지 않기 때문이다. 그래서 죽음에 대해 말하는 것을 사람들은 좋아하지 않는다. 하지만 "삶이 있기에 죽음이 있고, 죽음이 있기에 삶이 있다."는 명제를 설명하기 위해서는 삶과 죽음을 함께 언급해야만 한다. 그리고 이 명제를 말하는 사람은 도가철학을 대표하는 사상가인 장자莊子이다.

장자(약 기원전 369~286)의 이름은 주周이며 자는 자휴子休이다. 전국시대 송나라 몽현(지금의 허난성 상추(商丘), 일설에는 산둥성 차오현(曹縣) 일대라는 말도 있다) 사람으로, 속세에서 벗어나 초탈한 삶을 살았던 저명한 사상가이다. 장자는 '도'를 핵심으로 한 노자 사상을 계승해 발전시켜 "천지는 나와 함께 태어났고, 만물은 나와 하나이다."라는 초연한 정신경지를 이루어냈다. 이에 후세 사람들은 장자와 노자를 합쳐 '노장'으로 불렀고, 도가철학은 '노장철학'으로 불리게 되었다.

장자는 어지러운 시대에 태어났다. 가난한 환경 속에서도 그는 공부를 포기하지 않았다. 어린 시절 몽현의 장章선생의 서당에서 공부한 장자는 이후 20대 때부터 초나라, 위나라, 노나라, 조나라 등 여러 나라를 떠돌며 살아갔다. 이렇듯 장자는 여러 곳을 떠돌아다니는 과정에서 자신의 철학을 완성했다. 30대에 이르러 그는 칠원리(漆園吏 : 칠원을 관리하는 사람으로 관직은 아니다)를 지냈는데, 몇 년도 채 안 되서 그만두고 몽현으로 돌아갔다. 그리고 전국시대의 다른 사상가들과 마찬가지로 제자를 가르치고 저술활동을 하며 후세를 위한 귀중한 유산을 남겼다.

문헌을 살펴보면 장자가 얼마나 특이한 사람이었는지 알 수 있다. 그는 생계가 어려워 감하후監河侯에게 곡식을 빌리러 간 적이 있었는데. 감하후가 대충 얼버무리며 빌려주지 않으려 하자 그가 말했다. "수레바퀴 자국에 괸 물에서 겨우 목숨을 붙잡고 있는 붕어가 살려달라고 했다네. 그러자 길을 가던 행인이 '내가 남쪽의 오나라와 월나라로 유세를 떠나는데, 가는 길에 서강西江의 물을 길러다 주겠네.'라고 말했다네." 그렇게 말을 마친 장자는 부끄러워하는 감하후를 뒤로하고 당당하게 자리를 떠났다.

장자는 국왕에게도 거리낌이 없었다. 초나라 위왕이 장자의 명성을 듣고는 사자를 보내 많은 예물을 주면서, 재상으로 임명하려 했다. 사자의 말을 들은 장자는 높은 벼슬이나 많은 녹봉에도 흔들리지 않고 담담히 말했다. "천금이면 적지 않은 재산이고, 재상은 존귀한 자리요. 그런데 그대는 제사를 지낼 때 쓰는 소를 본 적이 없소? 사람들이 주는 좋은 음식으로 몇 년간 잘 먹은 뒤, 아름답게 수놓은 옷을 걸치고 태묘太廟의 제물로 끌려가오. 그때가 되어서야 후회한들 이미 늦었소! 그러니 이만 가시오. 나는 초나라에서 관직을 할 생각이 없소!"

장자에 대해 깊이 알기 위해서는 그의 유유자적한 인생관을 살펴보아야 한다. 이렇듯 유유자적한[逍遙] 모습은 두 가지 방면에서 나타난다.

하나는 《장자》〈소요유逍遙遊〉에서 자신의 이상적인 삶을 설명하는 부분이다. 이 부분은 매우 유명한데, 장자는 여기서 신비로운 동물을 묘사했다. "북쪽 바다에 물고기가 있다. 그 이름은 곤鯤이라 한다. 곤의 크기가 몇 천 리가 되는지 알 수 없다. 이 물고기가 변해서 새가 되면 그 이름을 붕鵬이라 한다. 붕의 등 넓이가 몇 천리가 되는지 알 수 없다. 그 새가 힘차게 날아오르면 펼쳐진 두 날개는 하늘을 뒤덮은 구름과 같다." 이것은 "작은 지혜는 큰 지혜에 미치지 못하고, 짧은 수명은 긴 수명에 미치지 못한다."는 것으로 장자의 유유자적한 인생관이라 할 수 있다.

또 하나는 '장자의 나비꿈'이다. 이 이야기는 《장자》〈제물론齊物論〉에 실려 있다. "과거에 장자는 나비가 되는 꿈을 꾸었다. 나비처럼 훨훨 날아다니며 즐겁게 즐기면서도 너무 생생해, 자신이 장자라는 것을 깨닫지 못했다. 그리고 순간 깨어나 보니 분명히 장자가 아닌가. 하지만 도무지 알 수 없는 것은 장자가 꿈 속에서 나비가 된 것일까, 아니면 나비가 꿈 속에서 장자가 된 것일까? 장자와 나비는 분명 다르다. 그리고 이것을 사물[物]과 나[我]의 연결과 변화라 한다."

후세 사람들은 '장자가 꿈 속에서 나비가 된 것인지, 나비가 꿈 속에서 장자가 된 것인지'를 두고 여러 가지 해석을 내놓으며 장자의 유유자적한 모습에 대해 평가했다. 예를 들어 당나라시대 시인인 이백李白은 〈고풍古風〉에서 "장자가 꿈 속에서 나비가 되니, 나비는 꿈 속에서 장자가 되네. 한 몸이 다시 변하고 바뀌니 만사가 참으로 아득하구나."라고 읊었다.

"삶이 있기에 죽음이 있고, 죽음이 있기에 삶이 있다."는 명제는 〈제물론〉에 실려 있다. 장자는 "저것은 이것 때문에 생겨나고, 이것은 저것 때문에 생겨난다. 저것과 이것은 상대적으로 생겨난다는 말이다. 삶이 있기에 죽음이 있고, 죽음이 있기에 삶이 있다. 가능한 것이 있기에 불가능한 것이 있으며, 불가능한 것이 있기에 가능한 것이 있다. 옳음이 있으면 그름이 있고, 그름이 있으면 옳음이 있다."

이러한 관점은 사물이 가진 본질적인 특성을 제거한 것일 뿐만 아니라, 사물이 가진 차이점으로 사물을 인식하는 태도를 포기한 것이라 할 수 있다. 그러니 사실상 사물의 객관적인 존재를 부인한 채 '상대주의'로만 지나치게 나아간 셈이다. 하지만 이를 사물의 대립과 통일의 각도에서 본다면 모순되고 대립되는 두 가지를 '하나'로 볼 수 있으며, 또 모순과 대립의 각도에서 본다면 더 깊은 생각을 통해 많은 것들을 깨달을 수 있을 것이다.

죽음은 삶을 풍요롭게 하는 방향계

죽음을 두려워하는 사람들에게는 아마도 이 명제가 반갑지 않을 것이다. 탄생이 곧 죽음이라면 삶은 우리에게 어떤 의미가 있는 걸까?

사실 또 다른 각도에서 생각해 보면, 이 명제의 의미와 가치는 '우리는 태어나는 순간부터 죽음을 향한 여정을 시작한다.'는 데 있다고 할 수 있다.

이 세상에 늙지도, 죽지도 않는 사람은 없다. 아무리 재산이 많아도, 높은 인품을 지니고 있어도 마찬가지이다. 물론 '불로장생(不老長生)'을 이루려 골몰하며, 평생 동안 '단약(丹藥)'과 '비방(秘方)'을 찾아 헤맸던 사람들은 많이 있다. 하지만 이 사람들 역시 죽음을 피하진 못했다. 막강한 권력을 누리며 만리장성을 쌓은 진시황(秦始皇) 역시 마찬가지였다. 우리가 원하든, 원치 않든 죽음은 언제나 우리들의 앞에 있다.

이렇듯 죽음 때문에 삶은 더욱 중요하고, 귀중한 가치를 지닌다. 우리는 죽음을 향해 나아가고 있으며, 이것을 바꿀 방법도 없다. 그럼 이 과정을 좀 더 즐기면서 나아갈 순 없을까? 삶에서 느끼는 모든 경험과 감정들을 소중히 간직해 보자. 그렇게 한다면 죽음은 더 이상 예상할 수 없는 두려운 미래가 아닌, 우리의 삶을 더욱 풍요롭게 만들어주는 방향계가 될 것이다.

무엇이 맞는 말인가?

공손룡公孫龍
— 흰색 말은 말이 아니다

인류의 사상에서 발전된 관점을 제시한 명제.
명가학파의 '백마비마론'의 주제어로 논리학 발전에 큰 역할을 한 명제.

다음과 같은 재미있는 이야기가 있다.

성문을 지키는 문지기가 오고 가는 사람들을 감시하고 있었다. 이 문지기 옆에는 커다란 경고판이 붙어 있었는데, 거기에는 큰 글자로 다음과 같은 글이 적혀 있었다.

"말을 탄 사람은 성에 들어갈 수 없다."

그런데 멀리서 흰색 말이 나는 듯이 빠른 속도로 달려오고 있었는데, 말 위에는 차분하고 느긋한 표정의 선비가 앉아 있었다.

"내려라! 경고문을 보지 못했는가!"

66

문지기가 큰 소리로 꾸짖었다.

이에 말을 탄 사람이 경고문을 보고는 말했다. "자네 뜻은 말을 탄 사람은 성에 들어갈 수 없다는 것인데, 내 말은 흰색 말이네. 흰색 말은 말이 아니지. 그러므로 나는 성에 들어갈 수 있네!" 그러고는 의기양양하게 성문을 지나갔다.

그 모습을 지켜보며 어리둥절해 하던 문지기가 가까스로 입을 떼더니, 지나가는 사람에게 물었다.

"그럼 저 경고문이 틀린 겁니까?"

위의 이야기에서 말을 타고 의기양양하게 성문을 지나간 사람은 전국시대의 중요한 사상가로 뽑히는 공손룡公孫龍이다.

공손룡(약 기원전 320~250)의 자는 자병子秉이며 전국시대 조나라 사람이다. 그는 과거 평원군平原君 조승趙勝의 문객으로 있으면서 궤변으로 명성을 널리 떨쳤다. 위에 소개한 이야기는 그의 궤변들 중 하나이다. 공손룡은 백가쟁명 시기에 명가학파를 대표하는 인물 중 한 명으로, '이견백론(離堅白論: '단단한 흰 돌'이란 없고, 단단함과 흰색은 분리하여 이해해야 한다는 논의 – 역주)' 관점을 처음 소개한 사람이다.

공손룡의 변론에 대해서는 다음과 같은 고사가 있다.

공손룡이 평원군의 문객으로 있던 때였다. 공천孔穿이라는 한 유생이 비웃는 말투로 말했다. "만약 당신이 흰색 말은 말이 아니라는

'백마비마론白馬非馬論'을 포기한다면 스승으로 모시겠습니다."

그러자 공손룡이 대답했다. "자네는 말을 반대로 했군. 나는 이미 '백마비마론'으로 명성을 얻었는데 지금 와서 이 관점을 포기한다면 내가 자네에게 뭘 가르쳐줄 수 있으며, 자네가 나를 어떻게 스승으로 삼을 수 있겠는가? 하물며 '백마비마론'은 자네가 몸담은 유가학파를 세운 공자도 주장했던 바가 아닌가."

이 말을 들은 공천은 의아한 마음에 유가학파의 경전을 샅샅이 훑으며 공부했다. 하지만 공자가 '백마비마론'을 주장했다는 부분은 어디에도 찾을 수가 없었다. 이에 공손룡을 다시 찾아가 따져묻자 그가 말했다.

"초나라 소왕昭王이 운몽雲夢에서 사냥을 하고 돌아오는 길에 보궁寶弓을 잃어버렸다네. 신하들이 찾아오려 하자 소왕이 말했지. '초나라 사람이 활을 잃어버렸으니, 그 어떤 초나라 사람이 얻을 것이네. 그러니 굳이 찾을 필요 없네.' 그 소문을 들은 공자가 이렇게 논평했다네. '초나라 소왕은 어진 군왕이 되고자 했으나 그러지 못했다. 만약 그가 사람이 잃어버린 활이니 사람이 얻을 것이라고 말했더라면 인의仁義를 품은 그의 마음이 드러났을 것이다.'

여기서 공자가 '초나라 사람'과 '사람'을 구분한 것은 내가 말한 '백마비마론'과 같은 것이다. 자네는 유가학파를 계승했으면서도 공자의 이러한 관점을 알지 못하고, 나를 스승으로 모시겠다고 하면서도 나에게 이 관점을 포기하라고 말하니, 이것이야말로 생각의 혼란이 아닌가. 그러니 내가 자네에게 뭘 가르쳐줄 수 있겠는가?"

이 말을 들은 공천은 깊이 탄복하며 공손룡을 스승으로 삼았다.

공손룡의 핵심논제는 크게 '이견백론'과 '백마비마론'에 집중되어 있다.

먼저, '이견백론'에서 공손룡은 돌의 단단함[堅]과 흰색[白]은 서로 다른 두 가지 속성이라고 보았다. 그리고 이 두 가지는 통일될 수 없으므로 서로 분리된다고 주장했다. 그는 다음과 같이 말했다. "돌을 볼 때 돌이 희다는 것은 알 수 있지만, 단단하다는 것은 알 수 없다. 그리고 돌을 만질 때 단단하다는 것은 촉감으로 알 수 있지만, 희다는 것은 알 수 없다." 그는 단단함과 흰색은 사물의 공통성이나 일반적 개념을 가리키지만, 그 두 가지는 서로 다르다고 보았다. 이러한 그의 관점은 한편으로 일리가 있다. 하지만 감각기관과 감각기관, 감각기관과 감각, 감각과 감각 사이의 연관성을 분리하는 그의 논증 방식에는 오류가 있다.

다음으로, '백마비마론'은 공손룡의 이론을 가장 대표하는 관점이다. 그는 이 관점을 명확히 하기 위해서 다음과 같은 세 가지 방식으로 논증을 진행했다.

첫 번째, "말은 형태를 일컫는 것이고, 흰색은 색깔을 일컫는 것이다. 색깔을 일컫는 것은 형태를 일컫는 것이 아니다. 그러므로 흰색 말은 말이 아니다."

이를테면 '말', '흰색', '흰색 말'이 가지고 있는 개념이 모두 다르다는 뜻이다. 즉, '말'은 동물을 가리키는 개념이고, '흰색'은 색깔을 가리키는 개념이다. 그리고 '흰색 말'은 동물과 색깔을 겸한 개념이다. 그렇기에 세 가지는 모두 다른 개념이다. 이렇듯 형태의 개념과 색깔의 개념이 서로 다르므로, 흰색 말은 말이 아니다. 이것은 개념의 뜻과 그것이 가리키는 대상이 서로 다르다는 의미를 담고 있다.

두 번째, "말을 구할 때는 누런 말이든 검은 말이든 모두 상관없지만, 흰색 말을 구할 때는 누런 말이나 검은 말을 구할 수 없다. ……. 그러므로 누런 말이나 검은 말을 하나로 보고 말이 있다고 할 수는 있지만, 흰색 말이 있다고는 할 수 없다. 그러니 흰색 말은 말이 아니라는 것이 명확하다.", "말은 색깔로 선택하지 않으니, 누런 말이나 검은 말이나 모두 가능하다. 하지만 흰색 말을 선택한다면 그것은 색깔로 선택하는 것이니, 누런 말이나 검은 말이 아닌 오직 흰색 말만 가능하다. 그러므로 흰색 말은 말이 아니다."

한 필의 말을 구해야 한다면 누런 말이나 검은 말 모두 가능하지만, 흰색 말을 구해야 한다면 누런 말이나 검은 말은 요구를 만족시키지 못한다. 그러므로 누런 말이나 검은 말은 모두 말이라고 말할 수 있지만, 흰색 말은 그렇지 않다. 그러니 '개념의 외연'이라는 시각에서 보자면, 흰색 말은 말이 아니라는 논리가 성립된다.

마지막으로 "말은 색깔을 가지고 있다. 그러므로 흰색 말도 존재한다. 만약 말에게 색깔이 없다면 말 그 자체만 있게 될 것이다. 그런데 어떻게 흰색 말을 구할 수 있겠는가? 그러니 흰색은 말이 아니다. 흰색 말은 말에 흰색을 더한 것이다. 말에 흰색을 더하였으므로 말이라 할 수 없다. 그러므로 흰색 말은 말이 아니다."

말은 원래 색깔을 가지고 있다. 그래서 흰색 말도 있다. 만약 말에게 색깔이 없다면 말이라고 부를 수는 있지만, 흰색 말이라고는 할 수 없지 않을까? 그러므로 흰색은 말이 아니다. 말과 흰색 말은 보편적으로 같지 않다. 말의 보편성은 모든 말이 가지고 있는 본질적 속성이며, 그것은 색깔을 포함하지 않는다는 논리로 '일반과 개별의 구분'을 통한 관점이다.

관념론에서 이 명제는 연구해 볼 만한 충분한 가치가 있다. 이렇듯 이 명제는 인류의 사상에서 발전된 관점을 제시함으로써 후세 논리학 등의 발전에 중요한 역할을 했다.

일반과 개별의 구별은 가능한가?

개념, 그중에서도 추상적 개념들은 철학을 어렵게 만드는 원인이다. 원래의 명제가 언급한 바 '일반과 개별의 구분' 문제는 단지 방대한 개념체계의 한 귀퉁이일 뿐이다.

하지만 만약 우리가 철학에 대한 선입견을 버리고 철학이 제시하는 문제들을 곰곰이 생각 해 본다면, 딱딱한 개념들 사이에 가려져 있는 '철학의 진정한 매력'을 발견할 수 있다.

흰색 말은 정말 말이 아닐까? 종으로 본다면 당연히 말이다. 또 누군가 사슴을 가리키면서 말이라고 한다면 미친 사람으로 여겨지거나, 무언가 다른 속셈이 있다고 보일 것이다.

하지만 개념의 각도에서 보면 다르게 생각해 볼 수 있다. 이렇듯 인간의 관념에는 신비로운 부분들이 있고, 그래서 개념의 관계를 통해서 우리들은 실제 현실에서는 마주할 수 없는 여러 수수께끼들과 조우할 수 있다. 공손룡의 업적은 바로 그 시대에, 실제 감각에는 어긋나지만 반 박하기는 어려운 명제를 제시했다는 점에 있다.

그리고 인간의 관념이 가지고 있는 가치는 바로 여기에 있다.

공부의 중요성

순자荀子
— 천명을 다스려 이용하라

'천도(天道)'를 자연화, 객관화, 규율화한 성악설 철학가의 명제.
'화성기위'(化性起僞 : 본성을 변화시켜 인위를 일으킨다)의 관점을 제시한 핵심명제.

"내가 일찍이 하루 종일 골똘히 생각해 본 적이 있었으나, 잠깐 동안 배운 것만 못하였다. 나는 일찍이 발돋움을 하고 멀리 바라보려 하였으나, 높은 곳에 올라가 널리 내다보는 것만 못하였다. 높은 곳에 올라서서 손을 흔들면, 팔이 더 길어진 것도 아닌데 멀리서도 보인다. 또 바람 부는 방향을 따라 소리를 지르면, 목소리가 더 커진 것도 아닌데 멀리까지 잘 들린다. 수레나 말을 이용하면, 발이 빠르지 않아도 천 리에 이를 수 있다. 배나 노를 이용하는 사람은 물을 잘 견디지 못해도 강을 건널 수 있다. 군자는 타고난 성품이 다른 사람들과 다르지 않지만, 사물을 잘 이용할 줄 안다."

"흙이 쌓여 산을 이루면 바람과 비가 일고, 물이 모여 깊은 못이 되면 이무기와 용이 살며, 선을 쌓아 덕을 이루면 신명을 통해 저절로 성인의 마음이 갖추어지게 된다. 그러므로 한 걸음씩 쌓아가지 않으면 천 리를 갈 수 없으며, 작은 물줄기가 모이지 않으면 강이나 바다를 이룰 수 없다. 빠른 천리마라도 한 번에 열 걸음을 갈 수는 없고, 걸음이 둔한 말이라도 열흘 길을 갈 수 있는 것은 포기하지 않고 끝까지 걸었기 때문이다. 새기다가 멈추면 썩은 나무도 자를 수 없고, 멈추지 않고 계속 새기면 쇠와 돌도 새길 수 있다. 지렁이는 발톱도 어금니도 없고 강한 근육과 뼈도 없지만, 그럼에도 땅 위에서 진흙을 먹고 땅 속에서 진흙물을 마실 수 있는 것은 의지가 한결같기 때문이다. 게는 발이 여덟 개이고 집게발이 두 개나 있지만, 뱀장어가 만든 굴이 아니면 몸을 맡길 데가 없는 것은 마음이 산만하기 때문이다. 그러므로 안 보이는 어둠 속에서 힘을 기울일 뜻이 없는 사람은 뚜렷하게 알려질 명성이 없고, 정성들여 일하지 않는 사람은 눈부시게 빛나는 공이 없다."

위의 글은 꾸준한 공부의 중요성을 일깨워주는 내용으로,《순자》〈권학勸學〉에 실려 있다. 그리고 이 글을 쓴 사람은 전국시대 유가학파를 대표하는 인물인 순자荀子이다.

순자(약 기원전 313~238)의 이름은 황況이나, 당시 사람들이 존경의 의미로 순경苟卿 또는 손경孫卿이라 불렀다. 조나라(지금의 허베이성(河北省)과 산시성(山西省) 남쪽 부근) 사람인 그는 공자와 맹자의 사상을 계승한 유가학파의 대표적 인물로 꼽힌다.

순자는 뛰어난 인재였다. 그가 직하학궁(稷下學宮: 제나라의 최고 교육기관 – 역주)에 있었던 기간이야말로 직하학궁이 가장 융성했던 시기였다. 이렇듯 그는 뛰어난 학식으로 널리 환영을 받았다. 《사기》를 보면 순자는 직하학궁에서 "가장 나이가 많은 스승이었다.", "세 번이나 제주祭酒가 되었다."고 나오는데, 당시 그의 학술적 지위와 영향이 상당했음을 알 수 있다.

순자는 뛰어난 철학가이자 스승이었다. 그는 대단한 사상을 남겼을 뿐만 아니라, 이사李斯와 한비자韓非子라는 두 명의 걸출한 인재를 길러냈다. 이 두 제자는 중국 역사에 상당히 중요한 영향을 끼쳤다. 이사는 이후 진나라 승상丞相이 되어, 진시황이 무력으로 중국을 통일하는 데 많은 도움을 주었다. 또 법가철학을 대표하는 인물인 한비자의 경우 사상을 발전시키는 데 많은 공헌을 했다. 비록 두 사람이 이룬 업적에 대해서는 오늘날에도 많은 논쟁이 있지만, 두 사람이 순자의 사상을 계승했다는 점만은 부인할 수 없는 명백한 사실이다.

이러한 순자의 사상은 유가학파에 뿌리를 두고 있다. 그리고 동시에 법가학파와 도가학파 등의 여러 학설도 받아들여 자신만의 독특한 사상을 이루어냈다.

순자는 자연은 이성, 의지, 선악을 가지고 있지 않다고 보았다. 그는 '천天', '천명天命', '천도天道'를 자연화, 객관화, 규율화로 이해했다. 이에 "하늘에는 일정한 운행 법칙이 있지만, 그것이 요堯임금 덕분에 존재하는 것도 아니며, 걸桀임금 때문에 사라지는 것도 아니다."라고 말하며 천명에 대한 관점을 드러냈다. 그렇기에 일종의 자연법칙인 천도는 인간의 감정이나 의지로 변하는 게 아니며, 인간의 선악과는 완전히 무관하다고 보았다.

이를 기초로 순자는 기존의 종교에 대해 지속적으로 비판하는 입장을 보였으며, 자연의 변화와 사회의 통치 혼란은 어떠한 관계도 없다고 주장했다. 그는 죽은 사람을 위해 제사 지내는 각종 종교의식은 '인간의 도'일 뿐 '귀신의 일'이 아니라고 보았다.

이러한 순자의 이론에서 가장 유명한 것은 '성악설性惡說'이다. 인간의 본성에 대해 '성악설'을 기본 관점으로 삼은 순자는 한결같이 인간의 본성은 악하며, 선한 모습은 인위적인 결과에 불과하다고 주장했다. 이처럼 그는 인간의 본성이 악하기 때문에 인위적인 교정을 통해 '선'을 이루어야 한다고 보았다. 이렇듯 인간은 선천적으로 악하지만, 이후 후천적인 환경과 경험에 의해 현명해질 수도 우매해질 수도 있다. 이러한 과정을 순자는 '화성기위(化性起僞: 본성을 변화시켜 인위를 일으킨다)'라고 말했다. 이처럼 '예의', '법도'에 대한 해석은 기존 유가학파의 관점과 매우 큰 차이를 보인다.

순자의 사상에 있어서 또 하나 중요하게 언급해야 할 점은 명칭과 실제의 관계이다. 이에 대해 순자는 "이름을 제정하여 실상을 지칭하게 한다."는 관점을 제시했다. 그는 '귀함과 천함을 밝히고 [明貴賤]', '같음과 다름을 가려내며[辨同異]' 생각을 통일함으로써 사회 질서를 유지하고 보호하기 위해서 이름을 제정해야 한다고 주장했다. 이러한 관점에서 그는 '명칭을 제정하는 중요한 기준'으로 "같은 사물들에는 같은 이름을 붙이고, 다른 사물들에는 다른 이름을 붙여 두 가지가 일치되는, 즉 '공명(共名: 공통개념)' 원칙을 활용해야 하며, 또 명칭이 약속으로 정해져 풍속화 되게 하고, 실질을 고찰해 수를 정해야 한다."는 원칙을 제시했다. 이러한 관점은 이후의 논리학 발전에 상당한 영향을 미쳤다.

천명을 다스려 이용하는 올바른 태도는 어떠해야 할까?

고대시대에 '천명'은 매우 신비롭고 신성한 것이었다. 그렇기에 공자는 인간은 50세가 되어서야 비로소 천명을 알 수 있다고 말했다. 이러한 배경 속에서 순자는 오히려 천명을 다스려야 한다고 주장했다. 신성시되었던 천명을 사람을 위해 이용해야 한다는 발상은 당시로서는 사뭇 대담한 주장이었다. 하늘의 법칙이 규칙적인 이상 우리는 그것을 파악해 이용함으로써 목적을 달성할 수 있다. 이는 즉 '천명을 다스려 이용하는 것'이자 '하늘과 사람이 하나가 되는 것'으로, 문화 전통과 충돌하지 않는 매우 진취적인 생각이다.

다만 유감스러운 점은 현재 많은 사람들이 '인간이 자연을 정복할 수 있다.'는 관점에서 '천명을 다스린다.'는 말을 이해하고 있다는 점이다. 자연을 훼손하는 도구로 과학기술을 사용하며 득의양양하게 자연에게서 자원을 얻으려 하는 우리는 이익에 눈이 멀어 앞을 내다보지 못하고 있는 것은 아닐까? 비록 당장은 자연을 통제하며 많은 것들을 이룰 수 있겠지만, 먼 미래를 내다보았을 때 오히려 후세 사람들이 누려야 할 혜택까지 빼앗는 건 아닐까?

이에 누군가는 계속해서 발전해 나가기 위해 '역사의 거대한 수레바퀴 아래서 잠깐 동안의 성과를 거두기 위해 다음 세대의 행복을 절대로 희생시켜선 안 된다'고 외치기도 한다. 이처럼 '천명을 다스려 이용하기' 위해서는 수시로 자신을 돌아보고 반성하는 자세가 필요하다. 자연의 법칙은 객관적이다. 그리고 이 법칙을 이용해 행복을 이루기 위해서 다른 한쪽을 희생시키는 인간의 주관적인 행동은 우리가 책임져야 할 부분이다.

그러니 항상 주의하고 경계해야 할 필요가 있다.

내 운명을 알고 싶을 때

추연騶衍
— 오덕(五德)을 통해 왕조의 흥망성쇠를 해석할 수 있다

음양가 대표 사상가의 하늘의 이치를 밝힌 명제.
자연의 물질과 현상을 사실에 근거해 해석하려한 음양가의 대표명제.

　　추연은 기원전 325년(25세)경부터 책을 썼는데, 그로 인하여 직하에 모여든 학자들로부터 큰 존경을 받았다고 한다. 기원전 325년(30세)경에 양나라로 갔는데, 혜왕이 성문 밖까지 마중을 나와서 그를 맞이하고, 그를 상빈으로 대우했다고 한다. 그는 왕을 위하여 주나라의 수도 낙양으로 가서 주나라의 문물을 관찰하고 《기년紀年》, 《일주서逸周書》 등을 지었다. 기원전 310년(46세)경에 그는 연나라로 갔다. 소왕이 그를 환영하기 위하여 길을 쓸기까지 했다고 한다. 그는 왕으로부터 사부師父의 대우를 받으면서 새로 건축

한 갈석궁에 머물렀다. 이때 왕은 제자들과 나란히 앉아서 수업받기를 청했다고 한다. 추연은 왕을 위해서 《주운主運》을 지었다. 여기서 그는 주나라는 화덕化德의 나라이므로 주나라 다음은 수덕水德을 가진 나라가 중국을 지배할 것이며, 연나라가 수덕을 가진 나라이므로 천하를 호령할 것이라고 하였다. 추연은 그 후 왕의 허락을 얻어서 자연과 지리를 조사했는데 이 자료가 뒤에 《산해경山海經》의 자료가 되었다.

이처럼 당대 왕가와 제상들로부터 큰 환대를 받았던 추연은 주위 사람들의 모함으로 큰 상처를 입게 된다. 추연하면 떠오르는 유월비상六月飛霜은 억울한 일을 당한 사람이 있을 경우 오뉴월에도 서리가 내린다는 뜻의 고사이다.

이처럼 신비스런 설화를 남긴 추연(기원전 305~240)은 전국시대 제나라 사람으로, 음양가陰陽家를 대표하는 사상가이다. 음양가에 대해 펑유란은 다음과 같이 설명하고 있다.

"'음陰'과 '양陽'을 통해 우주의 형성원리를 설명하는 학파이다. 중국 사상에서 음과 양은 우주의 형성원리를 결정짓는 중요한 두 원칙이다. 중국인들은 음양의 결합과 상호작용으로 모든 우주현상이 이루어진다고 믿었다."

음양가가 동양 사상에 공헌한 업적은 바로 자연의 물질과 현상을 사실에 근거해 해석하려 했다는 점이다. 물론 당시에는 과학기술이 아직 발달하지 못한 초보적인 수준에 머물러 있어서 이런 가설들을 과학적으로 증명할 수 있는 방법은 없었다. 하지만 이러한 관점들이 사람들의 사고의 폭을 넓힘으로써 이후 사람들이 새로운 생각을 할 수 있도록 하였다는 점은 인정할 만한 의미가 있는 사실이었다.

추연은 당대 왕들로부터 극진한 대접을 받은 인물로 유명하다. 그가 그토록 왕들의 환영을 받을 수 있었던 것은 작은 것에서부터 시작해 크게 확대하고, 가까운 곳에서부터 시작해 멀리 확대하며 무한한 곳까지 이르는 방대한 논증방식 때문이다. 시대를 살필 때도 황제黃帝에까지 거슬러 올라가 "천지가 만들어지기 이전의 깊고 아득한 곳, 그 근원을 알 수 없는 곳에까지 이르렀다." 이처럼 그는 박식한 지식을 동원해 설득력 있게 논증함으로써 많은 사람들에게 극찬을 받았다. 추연의 저작은 현재 전해지지 않지만,《사기》에 상세히 기록되어 있다. 그의 이론은 '오덕종시설五德終始說'과 '대구주설大九州說'로 요약해 볼 수 있다.

'오덕종시설'은 추연이 '하늘의 이치를 설명'한 것이다. 여기서 '오덕五德'은 화火, 수水, 목木, 금金, 토土의 오행을 가리킨다. 오행에 관한 최초의 기록은《상서尙書》〈홍범洪範〉에서 볼 수 있다. 펑유란은 "〈홍범〉의 저자는 오행을 말할 때 여전히 물[水], 불[火] 등 실제적인 사물로 생각하고 있다. 그런데 이후 사람들은 오행을 추상적인 힘으로 생각했다."고 논평했다.

한편 추연은 오행과 오행의 상생相生, 상극相克 이론을 결합시켜 사회와 역사 발전에 미치는 영향을 설명했다. 예를 들어 목木은 토土를 이기고, 토土는 수水를 이기며, 수水는 화火를 이기고, 화火는 금金을 이기고, 금金은 목木을 이긴다. 이 점을 증명하기 위해서 추연은 오덕과 역사를 비교해 황제와 요·순임금 때는 토덕土德의 기운을 받아 흥성했으며, 우왕禹王은 토를 이기는 목덕木德의 기운을 받아 흥성할 수 있었고, 탕왕湯王의 상商나라는 목을 이기는 금덕金德의 기운을 받아 번성할 수 있었고, 주나라는 금을 이기는 화덕火德을 받았기에 번성할 수 있었다고 주장했다. 역사발전과정과 일치하는 추연의 주장은 당시 널리 인정을 받으며 설득력을 가졌다.

'대구주설'은 추연이 '땅의 이치를 설명'한 것이다. 《사기》에는 이 점이 자세히 적혀 있다. 추연은 천하에 9개의 주州가 있다고 생각했다. 이 9개의 주는 '대영해大瀛海'라는 큰 바다를 사이에 두고 각자 떨어져 있으며, '대구주大九州'라 한다. 그리고 '대구주'의 각 주에는 '비해裨海'라는 작은 바다가 있고, 여기에는 또 '소구주小九州'라는 작은 아홉 개의 주가 있다. 이처럼 각 주는 바다를 사이에 두고 떨어져 있어서 "사람이나 짐승이 서로 소통하지 못한다." 중국은 바로 이 가운데 하나인 '적현신주赤懸神州'로서 "천하의 81분의 1에 불과하다."

이처럼 그는 작은 것에서부터 시작해 무한한 곳에까지 이르는 방대한 논술을 펼침으로써, 역대 중국 왕조의 흥망성쇠를 해석하고 만물의 이치를 설명했다. 류쩌화劉澤華는 《중국정치 사상사》에서 "추연은 오덕종시설을 통해 순환론의 관점에서 역사의 흥망성쇠 원인을 탐구하였으며, 또 중국이 전 세계의 81분의 1에 불과하다는 관점을 통해 당시 사람들의 좁은 시야를 깨뜨리고 더 넓게 세계를 바라볼 수 있게 해주었다."고 평가했다.

동양에서는 세상의 근원을 어떻게 보았을까?

세상의 근원은 동양과 서양을 막론하고 철학자의 오랜 탐구 주제이다. 고대부터 현대까지 철학자들은 항상 만물의 탄생과 소멸에 대해 호기심을 품고 연구해 왔다. 더구나 지금처럼 과학기술이 발전하지 못했던 고대에 철학자들은 주변에서 쉽게 볼 수 있는 사물들을 통해 만물의 이치를 해석하려 했다.

서양철학의 아버지인 탈레스는 만물의 근원이 물이라 주장했고, 아낙시메네스는 공기라고 말했다. 또 동양의 철학자들은 음양과 오행을 통해 만물의 근원과 발전을 분석하고, 나아가 인류 역사의 흐름을 해석하려 했다. 이처럼 그들이 세상의 근원이라 주장했던 물, 불, 흙, 나무, 공기와 같은 것들은 사실 우리가 살아가는 데 없어서는 안 될 중요한 것들이다.

물론 오늘날에 그들의 주장을 훑어볼라치면 현실과 맞지 않는 허황된 말들이 대부분이다. 그럼에도 우리가 여전히 그들의 주장에 귀를 기울이는 까닭은 만물의 근원 및 세상의 이치를 끊임없이 탐구하려는 정신을 본받기 위해서이다. 지금 내가 살아가는 세상을 관찰하고 의심하며 새로운 안목으로 바라보려는 노력이야말로 더 나은 세상을 위한 첫걸음일 테니 말이다.

그런 점에서 '오덕종시설'을 통해 세상의 이치를 설명하고, '대구주설'을 통해 당시 사람들이 더 넓은 시야로 세상을 바라볼 수 있게 해준 추연의 사상 역시 의미하는 바가 크다고 할 수 있다.

공평무사한 법 적용을 위하여

한비자韓非子
─ 죄를 벌하는 데는 대신도 피할 수 없다

법가 사상의 주요주제인 '법불아귀(法不阿貴) 사상'을 대표하는 핵심명제.
후대 법률제도에 중대한 공헌을 한 법률 존엄 유지의 주요명제.

    한비자는 군주전제주의를 주장하면서도, 동시에 군주는 반드시 법률의 범위 내에서 모든 일을 처리해야 한다고 강조했다. 그는 군주는 반드시 "자연의 도를 지켜야 하고" 또한 "작은 지혜로 큰 마음에 누를 끼치지 않으며, 사사로운 꾀로 자신에게 누를 끼치지 않으며, 다스려짐과 어지러워짐은 법술에 의탁하고, 옳고 그름은 상, 벌에 맡기며, 죄의 가벼움과 무거움은 법도에 맡긴다."고 하였다. 그는 군주를 사나운 용龍에 비유하기도 하였다. 목구멍에 직경이 한 치나 되는 비늘이 거꾸로 박힌 용은 누가 그것을 조금만 건드려도 그 사람을 죽일 것이다. 이와 마찬가지로 군주에게 훈계하는 말을 하는 선비는 군주의 목에 박힌 바늘을 건드리지 않도록 조심해야 한다《한비자·설난(說難)》》고 했다. 그러나 바로 이러한 사실을 강력하게 주장했던 인물인 한비자가 도리어 진시황에게 죽임을 당하였다고, 대사학자인 사마천은 비통해하며 한탄하였다.

중국 역사에서 가장 영향력 있는 사상을 펼쳤던 한비자韓非子는 오늘날 법률제도의 근간을 마련했다는 점에서 중국 사상사의 한 획을 긋는 인물이 아닐 수 없다.

한비자(기원전 280~233)는 전국시대 말기의 한韓나라 사람이다. 한나라의 귀족가문 출신인 그는 "형벌을 다루는 법가 학설을 좋아했으나, 노자 사상을 근본으로 삼았다."고 한다. 이처럼 한비자는 당대의 유가학파 사상가인 순자에게 배웠지만 여러 학파의 사상들을 융합해 자신만의 철학체계를 이루었으며, 법가 사상의 법法·술術·세勢를 하나로 융합시켜 법가 사상의 내용을 풍부하게 만들고, 법가 사상을 집대성했다.

반면 한비자는 말재주가 뛰어난 편이 아니었다. 《사기》에는 "그는 선천적으로 말을 더듬어 말은 서툴렀지만 글은 잘 썼다."고 기록되어 있다. 또 한비자는 진심으로 자신의 나라와 백성을 걱정해서 여러 차례 한나라 왕에게 글을 올려, 나라를 지킬 수 있는 방법을 설명하기도 했다.

당시 한나라는 전국칠웅戰國七雄 중 세력이 가장 약한 소국인 데다가 강국인 진나라와 국경을 맞대고 있어, 나라의 앞날을 장담할 수 없는 상황이었다. 하지만 그럼에도 한비자의 간언은 받아들여지지 않았다.

이러한 시대상황에 대한 진지한 성찰에 따른 현실에 대한 불만 및 역사에 대한 열정은 한비자의 창작 원천이 되어 주었다. 그는 역사의 흥망성쇠를 분석해《고분孤憤》,《오두五蠹》,《설림說林》,《세난說難》 등 '10만여 자의 글'을 저술했다. 이러한 글들은 이후《한비자》 55편에 모두 수록되었다.

한비자의 문장은 당시에 널리 인정받았다. 당시 진나라 왕이었던 진시황 역시《고분》과《오두》 등 한비자의 저서를 읽은 후, 일찍 알지 못했던 것을 한탄했다고 한다. 한비자는 당시의 시대적 상황을 면밀히 분석하는 한편 "상벌을 분명히 해야만 사람들이 나쁜 일을 하지 못하도록 단속할 수 있다."고 주장했는데, 이 점은 진시황의 생각과 완전히 일치했다.

이에 진시황은 감탄하며 "아, 과인이 이 책을 쓴 사람과 만나 사귈 수 있다면 죽어서도 여한이 없을 것이다."라고 말했다. 이때 한비자와 함께 공부했었던, 진나라 승상인 이사가 즉시 진시황에게 "한나라를 무력으로 공격해 한비자가 사신으로 오게 만들자."는 계책을 내놓았다.

이에 진나라는 한나라를 공격했고, 한비자는 사신으로 파견되었다. 한비자가 도착하자 진시황은 즉시 그를 불러 융성한 환영의 식을 열어준 뒤, 함께 문제를 토론했다. 두 사람은 서로의 학식에 감탄하며 3일 밤낮을 이야기했다.

이 모습을 본 이사는 위기감을 느꼈다. 순자 밑에서 공부했을 때부터 이사는 자신이 한비자를 뛰어넘을 수 없다고 생각해 왔다. 게다가 지금 진시황마저 한비자를 높이 평가하니, 앞으로 자신의 입지가 어떻게 될지 확신할 수 없었다. 결국 이사는 한비자를 모함할 계획을 세우기 시작한다.

얼마 지나지 않아 초나라, 월나라, 연나라, 조나라가 연합해 진나라를 공격할 준비를 하기 시작했다. 대신 요가姚賈는 '큰돈을 이용해 4국에 뇌물을 주어 연합계획을 무산시키겠다.'는 계책을 올렸다. 요가의 계책이 효과를 보자 진시황은 그에게 높은 관직인 상경上卿을 주었다.

하지만 이 계략이 잘못되었다고 생각한 한비자는 진시황에게 "요가의 계책은 국가의 돈으로 개인적인 관계를 넓히려는 것일 뿐이니, 이후 후환이 두렵습니다."라고 직언했다. 이 말을 들은 진시황은 즉시 요가에게 사실을 추궁했지만, 요가는 인정하지 않았다.

이때 기회를 엿보고 있던 이사가 다가와, 요가와 함께 한비자에 대해 험담하기 시작했다. 《사기》에는 두 사람의 말이 다음과 같이 기록되어 있다.

"한비자는 한나라 공자公子입니다. 지금 대왕께서 제후들을 병합하려 하는 상황에서 한비자는 결국 한나라를 위해 힘쓰지, 진나라를 위해 일하지는 않을 것입니다. 그것이 인지상정입니다. 지금 대왕께서 그를 등용하지 않으시면서 오랫동안 머물게 한 뒤 돌려보내신다면, 이는 스스로 뒤탈을 남기는 일입니다. 차라리 잘못을 잡아 법에 따라 주살하느니만 못합니다."

진시황은 두 사람의 말이 일리가 있다고 생각했지만 한비자를 죽일 생각은 없었기에, 그를 감옥에 가두었다. 한비자는 진시황에게 해명을 하고 싶었지만, 이사는 기회를 주지 않았다. 게다가 진시황이 어느 순간 생각을 바꿀까 봐 걱정된 이사는 한비자에게 독약을 보내 자살하도록 했다.

진시황은 얼마 뒤 후회가 되어 한비자를 사면시키라고 명령했지만, 한비자는 이미 이사가 보낸 독약을 먹고 죽은 뒤였다.

이처럼 역설적이게도 한비자는 자신의 이론을 다른 어떤 나라들보다 더 적극적으로 받아들여 실행한 나라에서 죽임을 당했다. 사마천은 한비자의 죽음을 안타까워하면서 "나는 다만 한비자가 《세난》을 저술하고도 정작 자신은 재난을 피하지 못한 점이 슬프다."라고 말했는데, 분명 시대적 비극이라 할 만하다.

한비자 이전에도 법가 사상은 여러 사상가들에 의해 광범위하게 다루어지며 영향을 미치고 있었다. 예를 들어 '법'을 중시한 상앙이나, '술'을 강조한 신불해申不害 그리고 '세'를 중시한 신도愼到가 대표적이다. 한비자는 이러한 세 명의 관점을 융합해 자신만의 법가 사상 체계를 세웠다. 그는 세 가지 관점을 자신의 방식대로 해석해, "법이란 법령의 형식으로 관청에 발포해 백성들이 형벌을 알도록 하여 잘 지킨 사람에게는 상을 주고, 위반한 사람에게는 벌을 내리는 것"이라 주장했다. 또 "술이란 관직이 부여한 임무와 실제 명칭에 근거해 생사를 결정하는 절대적 권력을 장악함으로써 신하들의 능력을 충분히 이용하는 것"이라고 보았다. 이에 그는 "요임금도 평범한 사람이었더라면 세 사람도 다스릴 수 없었으며, 걸임금은 천자였기 때문에 천하를 어지럽힐 수 있었다. 이에 나는 세勢나 지위地位가 의지하기에 충분하며, 현덕賢德과 지혜智慧가 우러르기에 부족하다는 것을 알고 있다."고 말했다.

실제 통치에서 세 가지를 융통성 있게 활용하는 방법에 대해서 한비자는 '두 개의 칼자루二柄' 즉 '형刑과 덕德'을 조화롭게 이용해야 한다고 주장했다.

그는 "처벌하여 죽이는 것을 형이라 하고, 칭찬하고 상을 주는 것을 덕이라 한다."고 규정한 후, "신하라면 누구나 벌을 받는 건 무서워하고 상을 받기를 원하므로 통치자가 형과 덕을 쥐고 사용하면 신하들은 자연스럽게 그 위엄에 두려워하며 이득을 얻는 쪽으로 향할 것"이라고 설명했다. 또 한비자는 "죄를 벌하는 데는 대신도 피할 수 없고, 착한 일을 상주는 데는 서민이라 하여 빠뜨릴 수 없다."라고 말하며, 법은 모든 사람에게 균등하게 적용되어야 한다고 주장했다. 이는 "형벌은 위로 대부에게 미치지 않고, 예는 아래로 서민에게는 미치지 않는다."는 유가의 관점과 선명하게 대비된다.

법은 만인에게 평등한가?

현대사회가 발전하면서 법은 이제 일반 대중들에게 익숙한 것이 되었다.

법은 모든 사람들한테 평등하게 적용되어야 한다. 어떠한 지위나 배경에 있든 간에 법을 위반하면 처벌을 받아야 하며, 모든 사람들이 같은 기준에서 법의 심판을 받아야 한다.

하지만 현실에서는 그렇지 않다. 예를 들어 고위직에 있는 사람이 법을 위반했을 경우 그를 고소하기 위해서는 상당한 용기와 단호한 결심 그리고 확실한 증거가 필요하다. 왜냐하면 문제를 증명해 낼 확실한 증거를 잡지 못한다면, 기세에 눌려 건드려 볼 수도 없기 때문이다. 또 힘없는 일반 서민들의 경우 가혹한 법 때문에 부당하게 처벌을 받는 경우도 있다.

물론 법을 위반한 고위직 사람이 권세를 잃게 된 뒤에는 여론의 질타를 받고 중형을 선고받을 가능성도 있다. 하지만 현실적으로는 특수한 요소(직위, 세력 등) 때문에 법의 테두리에서 벗어나는 경우가 더 많다. 그리고 이런 점은 사회 발전에도 악영향을 미친다.

법이 발달한 사회에서 고위직 사람도 처벌을 피할 수 없다는 점은 당연시되어야 한다.

그리고 다행스러운 점은 우리가 이러한 원칙을 점차 중요하게 인식하고 있다는 점이다.

인간의 도리를 다하는 법

육가 陸賈

— 문무를 함께 겸용하는 것이 나라를 오랫동안 보존하는 방법이다

끊임없는 충고를 통해 유가 사상에 부정적인 유방을 변화시킨 명제.
한나라 초기 사회를 안정시키는 데 중요한 역할을 한 경략가의 훈수.

육가는 전국시대에 전국을 돌아다니면서 각국 제후의 정치고문
역할로 훌륭한 성과를 거두었던 정치인이자 외교가들 중의 한 사
람이었다. 그는 한고조 유방이 한 왕조를 세울 당시의 첫 손 꼽히
는 공신이었다. 육가는 원래 초나라 출신으로 기원전 207년에 이
미 한고조의 명을 받고 진나라 장군들과의 거래에서 활동하고 있
었다. 육가는 특히 조타趙佗에게 사신으로 파견됨으로써 유명해진
인물이다. 조타는 중국 동남부에서 월粵나라를 건립하고 통치자가
된 사람이다. 육가는 기원전 196년 조타에게 파견되었는데, 그의

탁월함에 감복한 조타는 한왕조의 가신을 자처하면서 여러 달 동안 육가를 위해 주연을 베풀어 주었다. 이후 조타는 육가에게 재교육 받은 사람을 흔쾌히 자기 곁에 두었으며, 봉토를 수여한다는 내용을 담은 황제의 직인을 받고는 육가 가문에 값진 선물을 내렸다.

육가 하면 바로 연결되는 인물이 바로 한漢나라 고조高祖인 유방이다. 그는 황제가 되기 전에 패현沛縣 사수정泗水亭 정장亭長이라는 아주 하찮은 낮은 관직에 있었다. 이러한 출신 배경을 가진 그는 먹고 놀며 술과 여자를 밝히는 인물이었다. 그는 평소 고상하게 학문을 연구하는 유가학자들을 매우 경멸하며 매번 조소하고 공경하지 않았다.

그런데 이처럼 냉소적으로 세상을 대하는 황제에게 직설적으로 충고한 유가학자가 바로 육가였다.

유방에게 거침없이 직설적인 충고를 해댔던 육가陸賈는 서한西漢 시대 초기에 활동한 저명한 정치가이자 사상가이다.

《사기》에 따르면 초나라 사람인 육가는 빈객 신분으로 한나라 고조인 유방을 따라 천하를 평정하는 공을 세웠으며, 말재주가 좋았다고 한다. 그래서 항상 유방 곁에 머무르며 여러 곳에 사신으로 갔다. 육가의 말재주는 당시 매우 유명했는데, 유방은 황제가 되기 전에 육가의 말재주에 의지해 몇 번이고 위기를 벗어나기도 했다.

유방은 원래 유생들을 매우 싫어했다. 천하를 평정해 더욱 득의양양해진 유방은 오만방자하게 굴면서, 유가학파가 중요시하는 예의 같은 것은 거들떠보지도 않았다. 이에 육가는《시경》,《서경》을 인용해 유방에게 충고했다. 육가가 하루 종일 옆에서 충고를 하는 통에 유방은 매우 짜증이 났지만, 항상 인내하며 화를 내지 않았다.

하루는 육가가 다시 어려운 말들로 충고를 하려 하자 인내심이 바닥난 유방이 육가를 노려보며 말했다. "짐은 말을 타고 무기에 의지해 천하를 얻었소. 그런데《시경》과《서경》이 무슨 쓸모가 있단 말이오!"

그러자 육가가 말했다. "말 위에서 천하를 얻으셨지만, 어찌 말 위에서 천하를 다스릴 수 있겠습니까? 과거 은나라 탕왕과 주나라 무왕武王은 무력으로 천하를 얻었지만, 법령과 제도로 나라를 지켰습니다. 문무를 함께 겸용하는 것은 나라를 오랫동안 보존하는 방법입니다."

유방이 더 이상 화를 내지 않자 육가가 덧붙여 설명했다. "이전에 오나라 부차夫差와 진晉나라 지백智伯 그리고 진시황은 무력에 지나치게 의존해 패망의 길을 걸었습니다! 만약 진秦나라가 천하를 통일한 이후 옛 성인을 본받아 인의仁義를 행했더라면 폐하께서 어찌 천하를 차지할 수 있었겠습니까?"

육가의 충고를 듣고 진심으로 감탄한 유방은 자신의 행동을 부끄러워하며 말했다. "그래 좋소! 그럼 진나라가 패망한 이유는 무엇이고, 짐이 천하를 얻은 이유는 무엇인지, 그리고 예전부터 지금까지 국가들이 흥성하고 멸망했던 도리에 대해 저술해 주시오."

이후 육가는 국가가 유지되고 망하는 도리에 대해 글을 써 유방에게 바쳤다. 매번 글을 써서 올릴 때마다 유방은 크게 칭찬했다. 그는 총 12편을 완성했는데, 이를 모두 모아 편집해 《신어新語》라고 이름 붙였다.

육가는 인간은 누구나 '예의지성禮義之性'을 가지고 있지만 '정욕情欲' 때문에 '예의'의 요구를 자각해 따르지 못한다고 보았다. 그러므로 통치자인 국왕은 형벌로 다스려 인간의 정욕을 통제하는 한편, 도덕으로 인간을 교화시켜 원래 가지고 있던 '예의지성'을 일깨우고 강화시켜야 한다고 주장했다. 전자는 '무武'를 이용한 방법이고, 후자는 '문文'을 이용한 방법이다.

이를 통해서 육가는 "만물을 아우르고 온갖 변화에 통달하며, 성정性情을 다스림으로써 인의를 드러내야 한다."고 주장했다. 여기서 '만물을 아우른다[統物]'는 말은 인의를 근본으로 삼는 것을 가리키며, '온갖 변화에 통달한다[通變]'는 말은 시대 상황에 따라 알맞은 정책을 제정하는 것을 말한다. 또 '성정을 다스림으로써 인의를 드러낸다.'는 말은 형벌보다 덕을 중시하고, 사치를 멀리하고 검소하게 생활하며, 진심으로 의를 따르고 이익을 멀리해야 한다는 세 가지 의미를 담고 있다. 이러한 주장은 한나라 초기

사회를 안정시키는 데 중요한 역할을 하였으며, 이후에도 상당한
영향을 미쳤다.

부국강병을 위해 문무(文武)를 겸용한다는 의미는?

역사적으로 번성했던 나라들 중에는 '문무를 함께 겸용한' 경우가 많다. 한 가지 방법만 고집한다면 좋은 결과를 얻을 수 없다. 문(文)만 숭상하고 무(武)를 소홀히 할 경우 군사력이 약해져 자리가 위태로워지거나, 심지어는 목숨을 잃을 수도 있다. 반면에 무를 중요시해 매번 전쟁을 일으키며 가혹한 정치를 펼치면 민심을 잃어, 결국에는 비참한 최후를 맞이하게 된다. 이런 점을 볼 때 육가의 주장은 광범위한 범주에서 적용해 볼 수 있다.

예를 들어 부모가 아이를 교육할 때, 과도한 사랑은 오히려 아이가 뛰어난 인재로 성장하는 것을 방해한다. '좌절 없이 곱게만 자랄 경우 진정한 남자가 될 수 없다.'는 옛말처럼 말이다. 하지만 또 '몽둥이 아래서 효자가 나온다.'는 말만 믿고 지나치게 엄하게 키운다면 오히려 정반대의 결과를 초래할 수 있다. 부모가 너무 심하게 아이를 통제하려 할 경우 '가출'이나 '자살' 등의 비극이 발생할 수 있기 때문이다.

《중용(中庸)》에는 "양 끝을 잡고 그 중간을 백성을 위해 사용함으로써 순임금이 되셨다."라는 구절이 있다. 문제를 대충 처리해서도 안 되지만, 그렇다고 '지나치게' 해서도 안 된다는 의미를 담고 있는 이 말은 분명 우리가 본받아야 할 삶의 태도라고 할 수 있다.

이러한 의미에서 '문무를 함께 겸용하는 것'이 '오랫동안 이어져 온 방법'이 된 것은 어디에도 치우치지 않는 중용의 지혜를 충분히 보여주기 때문이다. 이 점은 철학의 지혜이자 일을 처리하는 방법이다.

널리 사람을 사랑한다는 것은

가의 賈誼
— 덕 가운데 널리 사람을 사랑하는 것보다 높은 것은 없다

서한시대 대사상가의 윤리관의 핵심인 '도덕'의 중요성을 일깨운 명제.
동양적 박애 사상의 진수를 표현한 한마디.

진나라는 중국 역사상 최초로 통일된 봉건왕조였다.

"진시황에 이르러 여섯 선대가 남겨준 업적을 발휘하고 긴 채찍을 휘두르며 말을 몰듯 천하를 제어하였다. 동주東周와 서주西周를 삼키고 제후들을 멸망시켜 황제의 자리에 올라 천하를 통치하면서 짧은 몽둥이와 긴 회초리로 천하의 백성들을 매질하니, 그 위세가 사해에 떨쳤다. 남쪽으로는 백월百越의 땅을 취하여 계림군桂林郡과 상군象郡으로 삼으니, 백월의 임금이 고개를 숙인 채 목에 줄을 매고 나와서는 진나라에 목숨을 맡긴 관리가 되었다. 이에 몽염蒙恬

을 시켜 북쪽에 장성을 쌓아 변방을 지키게 하였고, 흉노匈奴를 7백여 리 밖으로 몰아내었다. 오랑캐들은 감히 남쪽으로 내려와 말을 기르지 못하였고, 군사들은 감히 활을 당겨 진나라에 원한을 갚으려 들지 못하였다."

그런데 이렇게 방대한 제국이었던 진나라가 진승陳勝, 오광吳廣과 같은 '수자리에 징발된 평민'이 일으킨 봉기에 어떻게 무너질 수 있었던 것일까? 바로 진나라는 보잘것없는 작은 땅으로 천자의 권력을 이루었고, 같은 서열인 여덟 제후들에게 차례를 매겨 백년 넘게 조회에 들게 만들었다. 그런 다음 온 세상을 제 집으로 만들고, 효산殽山과 함곡관函谷關을 궁전으로 삼았다. 그런데 평범한 사내가 일으킨 난으로 일곱 신위를 모신 사당이 무너지고 천자가 다른 사람의 손에 죽임을 당해 천하의 비웃음거리가 되었으니, 어찌 된 일인가? 인의를 베풀지 않아, 공격할 때와 지킬 때의 형세가 달라졌기 때문이다."

이처럼 힘 있는 어조로 거침없이 역사를 서술해 가는 이 글은 《신서新書》〈과진론過秦論〉에 실려 있다. 그리고 이 책의 저자는 서한시대 사상가인 가의賈誼이다.

가의(기원전 200~168)는 낙양(洛陽: 지금의 허난성 뤄양 동북부) 사람으로 가태부賈太傅, 가장사賈長沙, 가생賈生으로도 불린다. 서한시대 초기에 저명한 유가학자, 정치평론가, 문학가로 활동했다. 특히 문학사에서 상당한 지위에 올라 있는 그는 한부漢賦의 주요 창시자 중 한 명으로 평가받고 있으며, 경학經學에도 뛰어난 조예를 지녔던 인물이다.

가의는 어린 시절부터 비범한 재능을 드러냈다. 18살 때는 이미 "시를 암송하고 문장을 잘 써서 군郡에 이름이 알려졌다."고 한다. 당시의 하남 태수는 가의의 재능에 주목해 그를 자신의 문하에 불러놓고 매우 아꼈다. 그리고 한나라 문제文帝가 즉위한 이후 하남 태수는 '치적이 제일 뛰어나고, 이사와 같은 고향으로 이전에 그에게 배웠다.'는 이유로 정위廷尉에 봉해졌다. 그러자 그는 가의를 적극적으로 추천하며, "비록 나이가 어릴망정 제자백가의 학설에 두루 정통한 보기 드문 인재"라고 소개했다. 이에 문제는 가의를 불러 박사博士로 삼았다.

당시 20세였던 가의는 박사들 중에서 가장 어렸다. 하지만 매번 조서와 명령에 대해 논의할 때면 다른 사람들이 쩔쩔 매는 순간에도 가의는 자신 있는 말투로 대책을 내놓았고, 모두들 그의 의견에 동의했다. 이에 사람들은 가의가 뛰어난 인재라는 사실을 인정하게 되었고, 한 문제도 매우 기뻐하며 그를 파격적으로 태중대부의 자리에 올렸다.

그러자 얼마 뒤 가의는 상소를 올려 "한나라 왕조가 흥성한 지 20여 년 동안 천하가 태평해지고 화합되었으니 이 기회를 이용해 역법曆法을 새롭게 개정하고, 복장을 바꾸고, 제도를 개선하고, 관직의 명칭을 확정하고, 예악을 부흥시켜야 한다."고 제의했다. 이는 매우 탁월한 조치들이었지만 당시 많은 사람들이 주장하고 있던 '무위이치(無爲而治: 덕이 커서 아무것도 하지 않아도 다스려진다는 뜻 – 역주)'의 관점과 충돌했고, 결국 받아들여지지 않았다. 이후 문제는 가의를 공경公卿의 자리에 임명하려 하였는데 주발, 관영灌嬰 등의 질투와 반대에 부딪혔다. 그들은 "나이도 아직 어리고 학문도 미천한, 낙양 출신의 사람이 오로지 권력을 마음대로 하려 하면서 모든 일을 망치고 있습니다."라고 가의를 험담했다. 이에 문제도 점차 가의를 멀리 하게 되었고, 결국 장사왕長沙王의 태부太傅로 아예 보내버렸다.

원대한 뜻을 품고 있던 와중에 순식간에 장사왕의 태부가 되었으니, 가의가 느꼈을 상실감은 실로 뼈를 깎는 아픔이었을 것이다. 부임지로 가는 도중에 상수湘水를 지나면서, 가의는 자신의 처지를 돌아보며 굴원屈原을 떠올렸다. 그리고 복잡한 심정을 담아, 천하의 명문으로 손꼽히는 〈조굴원부弔屈原賦〉를 썼다. 이 시에서 그는 "나라가 나를 알아주지 않으니, 우울하고 답답한 마음 누구에게 말할까. 봉황은 훨훨 높이 날아 멀리 가버리는구나."라고 읊으며 당시의 기분을 생동감 있게 표현했다.

이후 문제는 언변이 뛰어난 가의를 잊지 못해, 궁성으로 불러 오랫동안 대화를 나누었다. 밤이 깊도록 대화를 나눈 뒤 문제가 감개무량해져 말했다. "짐이 오랫동안 가의 선생을 보지 못해 스스로 이미 넘어섰다고 생각했는데, 오늘 이야기를 나누어보니 짐은 아직 가의 선생에게 미치지 못하는구나!" 그리고 얼마 뒤 가의를 자신의 아들인 양회왕梁懷王의 태부로 임명했다. 양회왕은 문제의 막내아들로서 가장 많은 사랑을 받았고, 책을 좋아했다. 문제가 가의를 양회왕의 태부로 임명한 것은 늘 옆에 두고 의논하기 위해서였음이 분명하다.

당시 한나라는 나라 안팎으로 어지러운 상황이었다. 나라 밖에서는 나날이 강성해지는 흉노족이 수시로 변방을 침범했다. 그리고 나라 안에서는 각 제후국들이 제멋대로 행동하는 상황이 자주 펼쳐지면서, 회남왕淮南王과 제북왕濟北王이 반역을 일으켜 처형되기도 했다. 이에 가의는 〈치안책治安策〉을 써서 "통곡할 만한 것이 하나요, 눈물 흘릴 만한 것이 둘이요, 오랫동안 크게 탄식할 만한 것이 여섯 가지입니다. 만약 다른 사람들이 이치를 어기고 도를 상하게 하는 경우까지 열거한다면 다 아뢰기도 어려울 지경입니다."라고 말했다. 그러면서 그는 봉토가 작은 제후를 많이 세워 그 힘을 약화시켜야 한다고 주장하는 동시에, 예를 정치 기준으로 삼아 '덕교德教'로 다스려야 한다고 제안했다. 이는 유가와 법가를 겸용해 인의와 법치를 두루 사용함으로써, 이상과 현실을 아우르는 방침이 될 수 있다고 주장했다.

가의가 자신의 원대한 포부를 막 펼치려 할 때 예상치도 못한 사건이 벌어졌다. 바로 가의가 가르치고 있던 양회왕이 승마 중에 떨어져 죽은 것이다. 비록 문제가 이 일로 가의를 탓하지는 않았을망정 그는 끊임없이 자책하며 슬퍼했다. 그렇게 1년이 지나 그는 결국 슬픔을 못 이기고 죽었는데, 거우 33세였다. 유향劉向은 가의를 "하·은·주 3대와 진나라의 어지러움을 설명하는 데 그 논리가 매우 아름다웠고, 국가의 정치체제에 통달해 이윤伊尹이나 관중管仲에도 뒤처지지 않았다."고 평가했는데, 이후 한나라 정책의 변화를 살펴보면 이런 평가가 과분하다고 말할 수 없다.

동양과 서양의 '사랑'의 가치는 같을까?

박애는 서양 문화권의 핵심 이념이라고 오랫동안 여겨져 왔다. 하지만 실제로는 동양 문화권에서도 이와 유사한 관점이 많이 보인다. 공자의 '널리 대중을 사랑한다.'는 말이나 가의의 '널리 사람을 사랑한다.'는 말은 모두 박애를 이야기하는 것이라고 볼 수 있다.

이로써 인간의 보편적인 감정인 사랑에는 원래 정치적 의미가 없다는 점을 알 수 있다. 우리가 사랑을 이해하는 데 동서양의 문화적 차이 등을 덧붙일 때, 사랑의 의미는 복잡해진다. 그리고 이 때문에 우리는 자신만의 관점을 고수하려고 한다. 왜냐하면 다른 문화권의 정서를 덧붙이다 보면, 사랑은 우리들이 생각하는 사랑과 다른 모습으로 나타나기 때문이다. 하지만 우리는 사람들마다 자기 나름의 사랑을 꿈꾼다는 점을 이해할 필요가 있다.

이것은 전 세계적으로 존재하는 사랑의 다양성이다. 만약 이 세상에 하나의 사랑만 존재한다면 우리가 사는 세상은 이처럼 다채로울 수가 없을 것이다. 그리고 하나만 존재하는 사랑을 '박애'라고 말할 수도 없다.

자신을 사랑하는 만큼 넓은 마음으로 세상을 바라볼 때, 더 높은 인품을 지닐 수 있다. 그리고 이러한 '박애'를 실천한다면 베푸는 사랑보다 더 많은 사랑을 받게 될 것이다. 사람들이 모두 조금씩 사랑을 베풀어간다면 세상은 더욱 아름다워질 테니 말이다.

고고한 선비가 그리울 때

동중서董仲舒
— 백가를 배척하고 오로지 유가만 숭상한다

춘추 공양학의 중심 사상을 대변하는 주요명제.
당대 유가정신을 풍미했던 유학자의 일성.

한나라는 무제가 즉위하기 6년 전에 승상 전분田蚡 등이 유가 학설을 무기로 해서 두태후의 정권 장악에 반대하는 투쟁을 전개했다. 이 투쟁은 두태후의 죽음으로 끝났지만, 이로 인해서 유가가 정통의 지위를 얻고 제자백가는 '물리침'을 당하였다. 바로 이러한 역사적 배경 아래서 공양학자인 공손홍公孫弘이 공경公卿의 지위에 올랐고, 동중서도 《거현량대책》 3편이 무제의 눈에 들어 강도왕江都王의 '재상'에 임명되었다. 그러나 동중서의 벼슬길이 순탄한 것만은 아니었다. 그는 이보다 앞서 음양과 재이災異를 논하는 글을 올렸다가 무제의 노여움을 사서 거의 죽을 뻔했고, 후에는 기회주의자인 공손홍의 배척을 받아서 멋대로 대신들을 죽이기로 이름 높던 교서왕의 '재상'으로 고의적으로 임명되었다. 동중서는 시일이 경과되면 죄를 얻게 될까 두려워서 병을 핑계로 사직하고 이후로 다시는 관직에 나가지 않았다. 조정에서도 큰 일을 의논할 때는 사람을 보내서 그의 의견을 구했지만 그를 기용하지는 않았다. 동중서의 이러한 처신은 그의 철학과 정치 사상이 당시 통치계급의 필요에 맞는 면도 있었고, 통치자의 구미에 부합하지 않는 면도 있었다는 것을 보여준다.

한나라가 중국 제도와 학문의 기본을 확립하던 무제 때 유학을 통치이론의 가장 높은 지위에 올린 사람은 바로 서한시대 유학자인 동중서董仲舒이다.

동중서(기원전 179~104)의 자는 관부寬夫이며, 서한 광천(廣川: 지금의 허베이성 징현(景縣) 광촨진(廣川鎭) 다둥구좡촌(大董故莊村)이다.) 사람이다. 서한의 유명한 유학자, 철학자, 경학자로서 특히 《춘추春秋》 '공양학公羊學'에 정통했다.

동중서는 《춘추》를 매우 깊이 연구하는 성실한 학자였다. 《한서》에는 그에 대해 다음과 같이 기록되어 있다. "집안에서 장막을 치고 제자들을 가르쳤는데, 제자들은 입문한 순서대로 서로 학문을 전수했기 때문에 어떤 제자는 스승인 동중서의 얼굴조차 볼 수 없었다. 동중서는 3년 동안 창 밖에 있는 정원을 한 번도 내다보지 않을 정도로 학문에 정진했다." 좀 과장된 글이라는 의심은 들지만, 동중서가 성실한 사람이었던 점은 분명한 것 같다. 이처럼 바깥세상 일에는 관심을 갖지 않고 오로지 경전 연구에만 힘을 쏟은 덕분에 그는 우주, 역사, 국가, 사회, 인간의 본성을 한데 아우르고 유가와 음양가를 종합시킨 자신만의 이론을 정립해 한 시대를 대표하는 학자가 될 수 있었다.

학문에 조예가 깊은 학자로서의 면모 외에 동중서는 용감하고 기개가 넘치는 신하이기도 했다. 당시 진나라에서 배척받은 유가의 지위는 매우 낮아져 있었고, 이 점은 한나라 문제·경제 시기까지도 여전했다. 이후 무제 대(기원전 134)에 "현량賢良하고 학문이 뛰어난 선비들을 천거하도록 하자 그 수가 백여 명에 이르렀다. 동중서도 현량의 자격으로 황제의 책문에 응했다."고 한다. 후세에 〈천인삼책天人三策〉이라 불리는 이 글에서 동중서는 자기 철학체계의 기본 관점을 설명하며, 유가를 중요시할 것을 건의했다. 그는 "육예六藝에 속하지 않거나, 공자가 주장한 유가학설의 범위에 속하지 않는 것들은 모두 금지해 그것들이 유학과 함께 발전하게 해서는 안 된다."고 주장했다. 그러면서 그는 "권력자가 이를 실행하면 정치가 일률적으로 이행되고, 법률이 엄격하고 공정해져서 백성들도 자연히 복종하게 된다."고 말했다. 무제가 동중서의 이러한 주장을 채택하면서, '백가사상을 배척하고 오로지 유가

만을 숭상하는' 시대가 펼쳐지게 되었다. 이로써 유가는 가장 높은 지위를 차지했으며, 후세의 사상 발전에 지대한 영향을 미쳤다.

한편 동중서는 정직한 정치인이었다. 당시 동중서와 함께 《춘추》를 연구하던 공손홍公孫弘은 학문 면에서 동중서에 미치지는 못했지만, 상황에 따라 처신을 잘했다. 이에 관직이 꾸준히 높아져서 공경公卿의 자리에까지 올랐다. 하지만 동중서는 상황에 따라 처신하는 공손홍의 모습이 저열하다고 생각해 이를 노골적으로 지적했다. 이 일로 공손홍은 그를 미워하게 되었고, 결국 동중서는 목숨이 위협받을 정도로 심한 화를 당하게 된다.

공손홍은 무제에게 '동중서만이 무제의 형인 교서왕膠西王 유서劉瑞의 재상이 될 수 있다.'고 설득했다. 교서왕이 매우 난폭하고 잔인한지라, 공손홍은 동중서를 그에게 보내 죽일 심산이었던 것이다. 하지만 교서왕은 동중서가 정직한 사람이라는 명성을 듣고 그를 공경하며 잘 대해 주었다. 그 후에도 몇 차례 시련을 겪은 동중서는 이곳에 오래 있어서 좋을 게 없다는 사실을 깨닫고, 결국 병을 핑계로 고향으로 돌아왔다. 그리고 학문 연구와 저술에 힘썼고, "그가 남긴 십만여 자의 글들은 모두 후세에 전해졌다."

동중서는 당시 후배 학자들로부터 남다른 존경을 받았던 인물이다. 《한서》는 "나아가고 물러나는 것이나 몸가짐이나 거동에서 예법에 맞지 않으면 하질 않았고, 이에 제자들이 모두 그를 스승으로 존경했다."고 기록하며, 고고한 유학자의 모습을 생생하게 묘사하고 있다. 반면 병을 핑계로 고향에 온 뒤로도 조정은 여전히 그를 필요로 했다. 이에 매번 중요한 일을 결정해야 할 때면 사자를 보내 동중서의 의견을 물었다고 하는데, 이런 점은 당시 그의 권위와 영향력이 상당했음을 보여준다.

동중서의 영향력은 그의 말년에 점차 커졌고, 후세에는 더욱 지대해졌다. 《사기》에는 "동중서의 아들과 손자도 모두 학문에 정통하여 고관대신이 되었다."고 나와 있다. 이런 점을 보면 동중서의 생애는 '유종의 미'를 거두었다고 할 수 있겠다. 또 동중서를 무척 존경했던 유흠劉歆이 "이후 학자들이 통일된 길을 걷도록 하였고, 모든 유학자들의 우두머리가 되었다."고 평가한 점도 동중서의 지위와 영향력을 잘 설명해 준다.

결론적으로 동중서는 철학과 문화 발전에 걸출한 공헌을 했다. 그는 《춘추공양전春秋公羊傳》을 토대로 주나라시대 이후의 종교, 천도관天道觀, 음양, 오행의 학설을 종합했으며 또 법가, 도가, 음양가 등 여러 사상을 받아들여 새로운 사상체계를 이루었다. 그리고 한나라의 통치철학을 제시하며, 당시 사회문제에 대한 비교적 체계적인 해답을 내놓았다.

역사는 유가의 흥성과 쇠락 속에서 무엇을 남겼는가?

중국 역사에서 유가가 겪은 박해와 찬사는 감탄의 경지에 이를 지경이다. 분서갱유는 시대를 풍미했던 학설이 단숨에 세상에서 사라지게 만들었다. 그리고 유학만을 숭상하는 한나라 시대에 이르러 유가는 다시 '최고의 지위'를 차지한 채 다른 학설들을 일체 배제하기 시작했다. 이후 유가는 또다시 '공자를 타도하자'는 구호 아래 펼쳐진 황당한 일들을 겪으면서 스스로 '새로운 유가'로 변화해야 했다. 이렇게 유가는 시대 흐름에 따라 몇 차례에 걸쳐 흥성과 쇠락을 거쳐 왔다.

나는 유가가 겪은 이러한 과정들이 우리 인생과 비슷하다고 생각한다. 사람이라면 누구나 발전하는 과정에서 실패와 성공을 겪기 마련이다. 그렇기에 한 사람의 인생에 담긴 성공과 실패의 과정도 무척이나 드라마틱하다.

'어디에나 배울 점은 있다.'는 말이 있다. 무엇보다 역사에서 유가의 흥망을 지켜보며 우리는 눈을 크게 뜨고 모든 지혜를 바라보아야 할 것이다. 우리에게 부족한 것은 발견하고 느끼는 마음, 그리고 그것을 실천할 수 있는 자각된 용기가 필요한 시대이다.

삶과 죽음의 문제

양웅揚雄

— 살아 있는 것은 반드시 죽음을 맞고, 시작이 있으면 반드시 끝도 있다

법가 사상가의 자연현상을 사실대로 인식하는 시각에 대한 핵심명제.
공자의 정통유학을 회복시키기 위한 철학자의 주요명제.

오랫동안 사랑받아 온 당나라 시인 유우석劉禹錫의 〈누실명陋室銘〉에는 다음과 같은 구절이 나온다.

"남양南陽 땅 제갈량諸葛亮의 초려요, 서촉西蜀 땅 양웅揚雄의 정자로다."

여기서 '제갈량의 초려'는 《삼국지三國志》의 '삼고초려三顧草廬' 이야기로 익히 유명한 반면, '양웅의 정자'는 잘 알려져 있지 않다. 이 정자는 양웅이 책을 읽던 곳으로, 쓰촨성四川省 멘양시綿陽市 평황산鳳凰山의 왼쪽 끝 산자락에 위치한 평평하고 단단한 반석 위에 자

리해 있다.

이 정자는 서한시대의 문학가이자 언어학자이며 철학자인 양웅을 기념하기 위해 세운 것이다.

양웅(기원전 53~기원후 18)의 자는 자운子雲이며, 서한시대의 촉군蜀郡 성도(成都 : 지금의 쓰촨성 청두 피현(郫縣) 여우아이진(友愛鎭)) 사람이다. 그의 원래 성은 양楊인데, 호기심 많고 특별하고 새로운 걸 좋아해 성을 양揚으로 바꿨다고 한다.

양웅은 어렸을 때부터 공부를 무척 좋아했다. 기록에 따르면 그는 말을 조금 더듬었지만 글을 잘 썼다고 한다. 40세 이후에 비로소 수도를 구경해 볼 기회를 가지게 되었는데, 이때 대사마大司馬 왕음王音의 문하로 들어갔다.

그 후 시문을 좋아하는 성제成帝의 부름을 받고 궁에 들어갔으며, 제사나 사냥에 대한 글을 올려 황문시랑黃門侍郎의 관직에 올랐다. 왕망王莽이 황제를 참칭한 이후 양웅은 천록각天祿閣에서 책을 교정보며 지냈다.

나중에는 유분劉棻의 죄에 연루되어 체포당하게 되자, 두려움 탓에 천록각에서 떨어져 자살하려 했는데 죽지는 않았다. 그 후 대부로 불렸다. 이런 그의 삶을 살펴볼 때 벼슬길이 순탄치 않았음을 알 수 있다.

양웅은 문학과 경학에 상당한 성과를 올려 후세 사람들에게 칭송을 받았다.

문학 방면에서 양웅은 시문에 뛰어났으며 훈고학과 문자학에 정통했다. 그는 뛰어난 문학가인 사마상여司馬相如의 뒤를 잇는 서한시대를 대표하는 시문학가였다. 시문에서 양웅의 업적은 주로 궁궐예술의 소재와 표현방식을 확장해, 궁궐에서 벗어난 일상적인 일이나 감정을 표현한 데다 이를 산문화했다는 점이 높이 평가되고 있다. 그는 자신의 작품에서 이미 붕괴하고 있던 한나라 왕조를 태평성대인 것처럼 꾸며 그 공적과 은덕을 칭송했는데, 이는 사마상여가 주장한 '백 가지로 권하되 한 가지로 풍자한다[勸百諷一]'는 시문 전통을 계승해 발전시킨 것이다. 그래서《문심조룡文心雕龍》에서는 양웅과 사마상여의 이름을 합쳐 '양마揚馬'의 표현 방식이라고 일컫기도 했다.

양웅은 말년에 시문에 대해 새로운 관점을 갖게 되었다. 그는 자신의 대표 저서인《법언法言》에서 "어린 시절엔 옛 사람의 글귀나 본떠서 지었다."고 말하면서, "대장부라면 그렇게 하지 않는다."고 비평했다. 이러한 인식 변화는 후세의 시문비평에 영향을 주었다. 이 저서에서 그는 문학은 '종경(宗經: 경서를 바탕으로 함 ― 역주)'과 '징성(徵聖: 성인들을 본받음 ― 역주)'을 바탕으로 해야 한다고 주장하며, 유가의 저서를 모범으로 삼았다. 그리고 이는 유협劉勰의《문심조룡》에 상당한 영향을 끼쳤다. 또 양웅이 쓴 언어학 저서인《방언方言》은 서한시대의 언어를 연구하는 데 귀중한 자료이다.

경학 방면에서 양웅의 성과는 매우 두드러진다. 그는 《역경》을 모방해 《태현太玄》을 썼고, 《논어》를 모방해 《법언》 등을 썼다. 이후 양웅은 모든 의견은 '오경'에 근거해야 한다고 주장하며, 시문을 멀리하고 현학玄學을 연구하기 시작했다. 그는 《태현》에서 유가와 도가를 융합시켰고, 《법가法家》에서는 유가·도가·법가의 학설을 한데 묶었다. 또 《역경》, 《논어》 등의 경전 역시 자신의 관점에 따라 해석하고 설명했다. 그 결과 비교적 많이 알려진 《삼자경三字經》에는 "제자백가에서 다섯 철학자란 순자, 양자揚子, 문중자文中子 및 노자와 장자를 일컫는다."라는 말이 나오는데, 거기서 '양자'란 양웅을 가리킨다.

양웅은 《태현》에서 '현玄'을 우주의 근원으로 보았다. 이에 그는 "현이란 하늘의 도이고, 땅의 도이며, 인간의 도이다."라고 말했다. 또 그는 "우러러 쳐다보면 위에 있고, 엎드려 엿보면 아래에 있고, 발돋움해 바라보면 앞에 있고, 버리고 잊으면 뒤에 있다."고 말하며, 우주의 근원인 현은 어디에나 존재하고 있다고 주장했다. 이는 노자가 주장한 '도'와 비슷한 관점이다.

이러한 관점을 바탕으로 양웅은 자연현상을 사실대로 인식할 필요가 있다고 강조했다. 이에 "살아 있는 것은 반드시 죽음을 맞고, 시작이 있으면 반드시 끝도 있다."고 말한 그는 더 나아가 신선, 방술과 같은 미신을 배척하는 모습을 보였다. 양웅은 공자를 최대의 성인으로 보고, 공자의 경전을 가장 중요하게 생각했다. 양웅은 공자의 도는 큰 도[大道]이며 정도正道인 반면, 다른 철학자들의 도는 작은 도[小道]이며 심지어는 위선적인 도[奸道]라고 말했다. 그러면서 공자가 죽은 이후 공자의 도는 각종 '방해꾼들' 탓에 발전되고 전파되지 못했다고 주장했다. 이에 그는 맹자와 같은 방해꾼들을 제거한 후, 공자의 유학을 통해 한나라가 건강하게 발전할 수 있는 기반을 닦아야 한다고 생각했다. 그리고 이것은 그가 경전을 연구하는 주된 이유이자 목적이었다.

'현'을 우주의 최고 동력으로 본 양웅은 더 나아가 다음과 같은 신비로운 우주 구조를 설명했다. 하나인 '현'은 공간상에서 3방方이 되고, 계속해서 3방은 9주州로, 9주는 또 27부部로, 27부는 81가家로 이루어진다. 반면 시간상에서 '현'은 '방', '주', '부', '가' 등을 '수首'로 종합해 총 81개의 수를 이룬다. 그리고 81수에 9배수되어 총 729찬贊이 되며, 찬은 일日로 나누어져서 364일과 2분의 1일이 된다. 그는 이 외에 별도로 두 찬을 더해 1년을 365일 2분의 1일로 만들었다. 양웅은 이러한 우주 구조에서 '곁으로 위와 아래로 통해[旁通上下]' 만물이 어우러지고 '구영이 두루 흘러서[九營周流]' 한 해의 일인 계절의 변화가 이루어질 수 있다고 보았다. 이러한 관점은 당시 자연에 대한 가장 진취적인 인식이었기에, 후세에 매우 깊은 영향을 미쳤다.

어떻게 살고, 어떻게 죽어야 할 것인가?

삶과 죽음의 문제는 많은 난제들이 뒤엉켜 있어, 철학자들이 풀어내지 못하는 퍼즐 중 하나이다. 하지만 그럼에도 많은 철학자들이 삶과 죽음의 관계를 풀어내기 위해 노력해 왔다. '삶이 있기에 죽음이 있고, 죽음이 있기에 삶이 있다.'는 장자의 말에서부터 양웅의 '살아 있는 것은 언젠가 반드시 죽는다.'는 말에 이르기까지 모두 삶과 죽음에 대한 깊은 사색을 담고 있다.

삶과 죽음의 문제를 이해하기 위해서는 삶과 죽음 그 자체가 아니라 '어떻게 죽을 것인가, 또 어떻게 살 것인가'를 고민해 봐야 한다. 연나라 협객인 형가(荊軻)는 진시황을 암살하기 위해 떠나면서 〈역수가(易水歌)〉라는 시를 지었다. 이 시에서 형가는 "장사는 한번 떠나면 다시는 돌아오지 못하리"라는 슬픈 구절을 통해 나라를 지키기 위한 한 무사의 비장한 심정을 토로하고 있다. 반면 생명을 아끼고 소중히 해서 위험을 무릅써야 하는 일은 하지 않는 사람도 있다. 이 두 가지 유형의 사람 중에 누가 맞고 누가 틀렸다고는 함부로 말할 수 없다. 오히려 두 가지 유형 모두 삶과 죽음의 문제에 대한 완전한 해답이라고 할 수 있다.

삶의 지혜는 이처럼 복잡하다. 그리고 철학의 특징 중 하나가 바로 '표준화'된 단순한 생각을 깨부수는 것이다. 이것은 철학을 일부러 그럴듯해 보이게 하기 위해서가 아니라, 인간의 생각 자체가 복잡성을 가지고 있기 때문이다. 그러니 만약 이것이 아니면 저것일 거라고 습관처럼 생각하지 않고 다양한 관점에서 고민해 본다면, 이미 철학의 전당에 들어선 셈이다.

인간의 본성을 생각할 때

왕충 王充

— 보통사람의 본성은 습관에 따라 좌우된다

인간의 본성을 꿰뚫은 《논형》의 핵심명제.
중국의 '무신론'을 대표하는 인간의 본성에 관한 일갈.

    왕충은 지금의 절강성 상우上虞 사람으로 보잘것없는 작은 가문의 누에 치고 장사하는 일을 업으로 삼는 가정에서 태어난 소지주 계층에 속한 사람이었다. 왕충의 가문은 의협심이 강한 전통이 있었으며, 그의 증조부와 부는 여러 호족 우두머리들과 잦은 싸움을 벌여 원수가 많았기 때문에 자주 이사를 하지 않을 수 없었다. 왕충은 어렸을 때부터 근면하고 배움을 좋아하여 각고의 노력 끝에 해박한 지식을 지닌 학자가 되었다. 그는 가족의 전통을 계승하여 글쓰는 것을 무기로 호족 우두머리들과 다툼을 벌였다. 그는 자신이 살던 현懸, 군郡, 주州에서 공조功曹, 종사從事, 치중治中 등의 조그만한 관직을 역임하였는데, 백성들의 병이나 고통에 관심을 가졌기 때문에 정무政務에 대해서 언제나 비평과 건의를 제시하였다. 이 때문에 상사들의 환심을 얻지 못하고 자주 배척을 당하였다. 따라서 만년에 이르러서는 빈궁하여 1묘의 농지조차 없어서 몸을 보호할 수조차 없었으며, 한 가마 혹은 한 말의 녹봉조차 받지 못할 만큼 청빈한 생활로 일관하였다. 그러나 그럼에도 그는 결코 용기를 잃지 않았다. 관직을 그만두고 집에서 거할 때에는 문을 닫아걸고 손님을 사절하여 저작활동에만 전력하였다. 그 결과 인간의 본성에 관해 논한 탁월한 철학서인《논형論衡》과 같은 훌륭한 저서들을 남길 수 있었다.

동한시대의 박학다식한 기인이었던 왕충王充은 결기와 정의감으로 평생을 대장부이자 학자로 산 걸출한 인물이었다.

왕충(27~97)의 자는 중임仲任이며, 동한시대 회계군會稽郡 상우현(上虞縣: 지금의 저장성浙江省 상위현) 사람이다. 동한시대의 뛰어난 사상가였던 그는 무신론을 주장하며 철학사에서 독보적인 지위에 올랐다.

유년 시기에 왕충은 총명하고 성실한 학생이었다. 18세 때쯤 당시 수도인 낙양의 태학太學에 들어간 그는 역사학자로 유명한 반표班彪를 스승으로 모시게 된다. 이처럼 훌륭한 스승을 만난 그는 이후 자신의 철학을 발전시키기 위한 기초를 성실히 쌓아간다. 원래 반班씨는 대대로 걸출한 인재들을 배출해 낸 집안이었다. 반표와 그의 딸 반소班昭 그리고 아들 반고班固 모두 저명한 역사학자이자 문학가였다. 반표의 또 다른 아들인 반초班超 역시 서역西域의 사신으로 활약하며 후세에 명성을 남겼다. 당시 왕충은 책을 살 돈이 없을 정도로 형편이 좋지 않아 매번 낙양 거리를 돌아다니며 팔려고 내놓은 책들을 읽었는데, 한번 훑어보고 내용을 외울 만큼 기억력이 좋았다고 한다. 이 시기에 왕충은 다양한 책을 읽고 광범위한 분야를 섭렵하며, 제자백가의 모든 사상을 깊이 연구했다.

학업을 마친 뒤 왕충은 고향으로 돌아가 벼슬생활을 시작한다. 몇 번 낮은 관직에 머무른 왕충은 당시의 정치상황에 대해 자신의 입장을 정리해 〈정무政務〉를 써서 잘못을 지적하며, 조정이 민심을 돌보고 관리들을 제대로 통솔할 수 있는 방법을 제시했다. 하지만 그의 의견은 받아들여지지 않았다.

이에 왕충은 정치에 뜻을 접고 집으로 돌아가 은거하며, 학문 연구에만 열중한다. 《후한서後漢書》에는 왕충의 학문 정진에 대해 다음과 같이 기록돼 있다. "세상과 교우를 끊고 문을 걸어 잠근 채 깊이 사색에 몰두했다. 집 안의 문과 창문, 벽 곳곳에 붓과 도필刀筆을 놓아두고 《논형論衡》85편을 저술했다. 글자로 20만여 자 분량이었다. 사물들의 같음과 다름을 해석하고, 당시 잘못되었거나 의심쩍은 문제를 바로잡았다." 이로써 왕충의 대표작 《논형》이 세상에 나올 수 있었다.

《논형》은 '제자백자의 학설을 두루 섭렵한' 고대의 작은 백과사전이라 할 수 있다. 왕충의 말에 따르면 《논형》은 백 가지가 넘는 주제를 가지고 위로는 황제와 요임금에서부터 아래로는 진나라와 한나라에 이르기까지 사건을 나열하며, 생사와 고금의 모든 문제를 총괄해 논의한 책이다. 그리하여 이 책은 성인의 도리를 통해 세상 이치의 옳고 그름을 평가할 수 있는 기준이 될 수 있다. 이에 그는 마치 저울로 물건들을 재는 것처럼 공평하고, 거울로 사물들을 비추는 것처럼 명확하게 고금의 이치를 상세히 분석했다. 이처럼 '거울로 사물이나 고금의 이치를 정확하고 균형있게 잰다'는 의미로 그가 자신의 저서를 '논형'이라 이름 지은 이유일 것이다. 그의 인성론 역시 이러한 관점을 기반으로 전개된다.

인성론에서 왕충은 인간의 본성을 세 가지 등급으로 나누었다. 그는 태어나면서부터 선한 사람은 보통사람[中人]보다 위에 있는 사람이며, 태어나면서부터 악한 사람은 보통사람보다 아래에 있는 사람이라고 보았다. 그리고 선하지도 악하지도 않거나, 선악이 혼재되어 있는 사람을 보통사람이라 했다. 그는 또 이러한 등급 차이는 주로 인간이 생겨나면서 받는 '원기'의 차이에서부터 비롯된다고 보았다. 왕충은 본성의 선악에 차이가 있는 것처럼, 현명함과 우매함에도 차이가 있다고 생각했다. 그는 "기의 많고 적음에 따라서 본성의 현명함과 우매함이 결정된다."고 말했다. 이처럼 왕충은 인간의 본성이 선천적으로 결정되기에 사람마다 선악에 차이가 있다고 보았다.

하지만 그는 한편으론 후천적인 학습과 환경이 인간의 본성에 영향을 미친다는 점을 긍정했다. 특히 보통사람의 경우 그렇다고 보았다. 왕충은 다음과 같이 말했다. "보통사람의 품성은 학습에 의해 결정된다. 선함을 닦으면 본성이 선해지고, 악함을 닦으면 본성이 악해진다." 인간의 본성이 후천적인 환경에 좌우될 수 있다는 왕충의 관점은 후세에 깊은 영향을 주었다.

왕충은 대부분의 사람들이 선하지도 않고 악하지도 않은 '보통사람'이라고 보았다. 이에 그는 사람이 선해지거나 악해지는 것은 주로 후천적인 환경이나 교육에 따라 결정된다고 주장했다.

"사실상 인간의 본성에 있는 선악은 재능의 우열과 같다. 뛰어난 재능이 부족해지거나, 부족한 재능이 뛰어나게 바뀔 수는 없다. 인간의 본성에 선악이 없다는 말은 사람의 재능에 우열이 없다는 것과 같다. 자연의 기를 받아 형성된 천명과 본성은 본질적으로 같다. 다만 천성은 귀함과 천함으로 구분되고, 본성은 선과 악으로 나누어질 뿐이다. 그러니 본성이 선과 악으로 나누어지지 않는다는 주장은 천성이 귀함과 천함으로 구분되지 않는다는 주장과 같다."

인간의 본성에 대한 이와 같은 관점을 바탕으로 왕충은 인간의 육체가 죽은 뒤에는 정신도 존재하지 않으며, 그렇기에 귀신도 존재하지 않는다고 주장했다. 그는 "인간이 죽으면 지각이 없어지므로, 정신 역시 귀신이 될 수 없다."고 말했는데, 당시에는 매우 파격적인 주장이었다.

왕충은 말년에 가난하고 힘겨운 삶을 살아야 했다. 하지만 그럼에도 그는 실망하지 않고 《양생서養生書》 16편을 썼다. 그는 이 책에서 "욕심을 절제하고 정신을 길러 스스로를 지켜야 한다."고 말했다. 결국 그는 자신이 꿈꾸던 이상적인 세상을 이루지는 못했지만, 늘그막에 집에서 병으로 숨을 거둘 때까지 좌절하지 않으며 자신의 삶을 완성하기 위해 노력했다.

왕충의
철학적 사색거리

환경이 인간에게 미치는 영향은?

환경이 인간에게 미치는 영향에 대해 《공자가어(孔子家語)》에서는 다음과 같이 말하고 있다.

"그 아들을 잘 알지 못하겠거든 그 아버지를 보면 되고, 그 사람을 잘 알지 못하겠거든 그 친구를 보면 되며, 그 군주를 잘 알지 못하겠거든 그 밑의 신하를 보면 되고, 그 땅을 잘 알지 못하겠거든 그곳에 피어난 초목을 보면 된다. 그러므로 훌륭한 사람과 함께 거처하면 마치 지초(芝草)와 난초가 있는 방에 들어간 것과 같아 오래 지나면 향기를 맡을 수는 없지만 자연히 그 향기가 배게 되는 것과 같으며, 착하지 않은 사람과 함께 거처하면 마치 생선가게에 있는 것과 같다. 이에 오랜 시간이 지나면 그 냄새를 맡을 수는 없지만 역시 몸에 그 냄새가 배게 되는 것이다. 단(丹)이 가지고 있는 것은 붉은색이고, 칠(漆)이 가지고 있는 것은 검은색이다. 그러므로 군자는 반드시 그 처하는 바를 조심해야 하는 것이다."

이렇듯 외부적인 환경의 영향은 무시할 수 없다. 우리가 스스로 깨달아 선택해야만 비로소 끊임없이 선을 향해 나아가며 발전할 수 있다.

그리고 만약 자신이 '아름다운 향기를 풍기는 난초'와 같은 인품을 갖게 된다면 주변 친구들도 영향을 받게 된다. 그렇기에 우리는 항상 겸손한 태도로 '모범이 될 만한 사람'을 본받고 선을 향해 나아가도록 노력해야 한다.

소신을 지키는 삶

완적 阮籍
─ 큰 은거자는 조정에 있다

위진 현학을 대표하는 죽림칠현 철학자의 '은둔'에 관한 명제.
세상 예법에서 탈속한 자유사상가의 세상사에 관한 촌철살인.

《진서晉書》에는 다음과 같은 이야기가 실려 있다.

한 군주가 대신과 정사를 의논하고 있을 때, 밖에서 관원 한 명이 급히 들어와서는 어떤 사람이 모친을 살해했으니 어떻게 처벌할지 결정해 달라고 요청했다. 군주가 아무런 말도 하지 않자 옆에 있던 대신이 크게 웃으며 말했다. "하하! 아비가 살해를 당한 것은 괜찮지만, 어미가 살해당한 것은 절대 간과해서는 안 되지요."

이 말에 그곳에 있던 사람들이 모두 놀라 대신을 쳐다봤다. 당시에도 아비를 죽이는 것은 매우 큰 중죄에 해당했다. 군주가 화를 내며 말했다. "아비를 죽이는 것은 해서는 안 되는 중죄에 해당하거늘, 자네는 어째서 괜찮다고 말하는 것인가!"

그러자 대신이 담담한 목소리로 말했다. "짐승은 자신을 낳아준 어미는 알아도 아비는 모르는 법입니다. 그렇기에 아비를 죽인 것은 짐승과 같은 행동을 한 셈이지만, 어미를 죽인 것은 짐승도 하지 않은 짓을 한 셈이지요."

이 말에 모두들 진심으로 탄복했다.

이렇게 모두를 탄복시킨 대신이 바로 위진시대의 대표 철학가 중 한 명인 완적阮籍이다.

완적(210~263)의 자는 사종嗣宗이며, 진류陳留 위씨(尉氏: 지금의 허난성 웨이스현) 사람이다. 그는 '죽림칠현竹林七賢' 중 한 사람으로, 위나라 말기에 활동한 주요 인물이자 위진 현학魏晉玄學을 대표하는 사상가이다.

완적은 명문집안에서 태어났다. 그의 아버지인 완우阮瑀는 일찍이 위나라 조조와 인연을 맺으며, '건안7자建安七子' 중 한 사람으로 명성을 떨쳤었다. 완적도 아버지 못지않게 상당히 독특한 사람이었다. 기록에 따르면 완적은 용모가 매우 출중했고 원대한 포부를 지녔다고 한다. 그는 거만하게 보일 정도로 고결했고, "본성에 따라 거리낌 없이 행동하고 기쁨과 슬픔을 좀처럼 얼굴에 드러내지 않으며, 예속에 구애받지 않는 호방한 성품이었다."고 한다.

세상사에 크게 얽매이지 않는 완적의 탈속한 행태는 세상을 살아가는 방식에서도 드러난다. 그는 몇 달 동안 책을 읽으며 집안에만 머무르기도 했고, 또 오랜 기간 집에 돌아가지 않고 여행하기도 했다.

또 완적의 형수가 친정에 간다고 하자 그가 직접 만나서 배웅을 했다. 이 모습에 사람들이 형수와 시동생이 직접 만나는 것은 예법에 어긋나는 행동이라고 지적하자 그는 "속세 사람들이나 따르는 예를 어째서 나에게 따르라 하는가?"라고 말했다고 한다. 또 한 번은 어느 병사의 딸이 출가하기 전에 병으로 죽자 완적은 그 집안과 왕래가 없었음에도 바로 달려가 조문하며 매우 슬퍼했다고 한다. 이처럼 완적의 기행에 대한 이야기는 두서없이 다양한 이야기들이 전해지고 있다.

완적은 원래 큰 뜻을 품은 사람이었다. 한번은 초한시대의 옛 전쟁터를 보고는 "영웅이 없어서 보잘것없는 놈들이 명성을 떨쳤구나!" 하고 탄식했다고 한다.

조정이 그에게 관직을 주려 하면 그는 거절하지 않았지만, 부임해서도 아무런 일도 하지 않은 채 하루 종일 술만 마셨다. 사마소司馬昭가 자신의 아들 사마염司馬炎과 완적의 딸을 혼인시키고 싶어 했을 때도, 완적은 싫은 내색을 하지 않고 그저 60일 내내 술을 마셔 취해 있는 방법으로 혼사 얘기를 꺼내지 못하게 했다. 한편 보병교위步兵校尉 자리가 공석이 되자, 그 부하가 술을 잘 빚는다는 것을 알게 된 완적이 적극적으로 자리를 달라고 간청했다는 재미 있는 이야기도 전해 온다. 나중에 후세 사람이 그의 작품을 편집 해 《완보병집阮步兵集》이라 이름 지었는데, 바로 이 관직에서 따온 제목이다.

철학적으로 완적은 위진 현학의 전통을 계승하고 있다. 도가 사 상을 기반으로 그는 '천지天地', '자연'에 대한 자신의 관점을 설명 했다. 그는 천지와 자연은 실제로 차이가 없다고 보았다. 그는 "천 지는 자연에서 생겼고, 만물은 천지에서 생겼다."라고 말했다. 즉, 자연이 너무 커서 그 바깥이 없으므로 천지라 칭한 것이며, 그렇기 에 천지는 곧 자연이며 만물은 그중에서 생겨난다는 것이다.

이러한 관점을 바탕으로 완적은 인간은 천지에서 살아가므로 자연의 형식에 따라 생활해야 한다고 주장했다. 인간의 가장 진실 한 모습은 자연에서 드러난다고 했다. 이에 그는 속세의 예법은 따를 만한 게 못 된다고 보고 "군자의 예법은 실제로는 천하를 잔 인하게 어지럽히고, 위태롭게 하며, 죽음과 멸망에 이끄는 학술" 일 뿐이라고 비판했다. 그러면서 완적은 이상적인 사회를 다음과 같이 묘사했다.

"귀한 신분을 가진 사람이 없으면 천한 신분을 가진 사람의 원 망도 없고, 부유한 사람이 없으면 가난한 사람도 다투지 않는다. 저마다 자기 자신에 만족하며, 요구를 하는 바도 없을 것이다."

이처럼 그는 당시 정치상황을 완곡하게 비판하며 "군주가 서니

포악한 행위가 생기고, 신하가 있으니 도적이 생긴다."라고 말했다. 이렇듯 그는 당시 주류에 속하지 않은 채 자신만의 독자적인 의견을 펼친 사상가라 할 수 있다.

완전히 다른 사람으로 깨어나기 위한 큰 지혜는?

"거짓된 군주보다 진실한 소인이 더 낫다."는 말처럼, 사람들은 누구나 위선을 싫어한다. 완적의 삶은 어지러운 세상에서 자신의 소신을 지키려면 어떻게 해야 하는지를 보여주는 사례라 할 수 있다. 또한 그가 "큰 은거자는 조정에 있다."는 말을 한 것도 그의 독특한 삶을 잘 드러낸 명제가 아닐 수 없다.

이러한 삶은 작은 지혜로는 이룰 수 없는 높은 경지이다. 큰 지혜를 가지고 있어야 비로소 '정직하고 넓은 마음'으로 세상을 바라볼 수 있기 때문이다.

나아가 큰 지혜는 자신을 제대로 인식해야만 가질 수 있다. 그리고 자신을 제대로 알아야만 세상을 알 수 있다. 이에 큰 지혜를 기르기 위해서는 끊임없는 독서와 사색이 필요한 것이다.

사실 굳건한 신념이 부족하다면 암담한 현실 속에서 몸을 숨기고 있어도 각양각색의 유혹들에 마음이 휩쓸리기 마련이다. 그렇기에 문제의 본질은 유혹이 손짓할 때 스스로 어떻게 처신하느냐에 달려 있다.

옛사람의 예술이 그리울 때

혜강 嵇康
─ 소리에는 슬픔과 기쁨이 없다

죽림칠현의 정신적 지도자가 말하는 예술의 도저한 경지.
음악 감상에 새로운 경지를 제시한 '성무애락'의 핵심명제.

〈광릉산廣陵散〉은 원래 동한 말년에 광릉 지역(지금의 안후이성(安徽省) 서우현(壽縣))에서 유행하던 민간 가요였다. 제나라의 자객 섭정聶政이 한나라의 재상 협루俠累를 암살한 내용을 주제로 삼았다. 이 노래는 원래 거문고[琴], 쟁箏, 생황[笙], 축筑 등의 악기로 연주되었지만 현재는 거문고 연주곡만 남아 있다.

《전국책戰國策》과 《사기》에 따르면 한韓나라 대신 엄중자嚴仲子는 재상 협루와 원수 사이였다. 이에 엄중자는 죽음을 피하기 위해 도망쳤는데, 이때 섭정을 알게 되었다. 이후 두 사람은 서로 마음을 털어놓을 수 있는 막역한 사이가 되었다. 그래서 섭정은 '자신을 깊이 알아준' 엄중자를 위해 재상 협루를 암살하고 그 자리에서 자신도 죽었다.

한편 이 노래에 대한 다른 이야기도 전해져 온다. 바로 섭정이 자기 아버지의 복수를 위해 한나라 왕을 죽였다는 민간 전설이다.

《금조琴操》에는 다음과 같은 이야기가 적혀 있다. 섭정은 원래 전국시대의 한나라 사람으로, 그의 아버지가 한나라 왕에게 칼을 만들어 바쳤는데 기일을 지키지 못해 죽임을 당했다. 그러자 섭정은 아버지의 복수를 하기 위해 태산泰山에서 10년 동안 거문고를 연마한 뒤 산에서 내려왔다. 그러고는 궁궐 옆 거리에서 거문고를 연주했는데 소리가 너무 청아한지라 지나가던 행인들이 발걸음을 멈추었고, 심지어 소와 말도 움직이지 않았다고 한다. 이런 소문을 들은 한나라 왕은 호기심에 궁으로 섭정을 불러 연주를 하게 했다. 이때 방비가 허술한 틈을 타서 섭정은 거문고에 숨겨두었던 단검을 꺼내 한나라 왕을 찔러 죽였다.

이처럼 깊고 오래된 전설이 깃들어 있는 〈광릉산〉은 주로 격정적인 선율로 이루어져 있다. 웅장하고 호방하며 질박한 아름다움이 느껴지는 노래를 듣고 있노라면 기백이 넘쳐흐르는 영웅의 모습을 보는 듯하다.

중국 문화사에서 〈광릉산〉이란 노래는 이전부터 '죽림칠현'의 대표 인물 중 한 명인 혜강嵇康과 함께 언급되곤 했다.

혜강(223~263)의 자는 숙야叔夜이며, 삼국시대 위나라 초군譙郡 질현(銍縣: 지금의 안후이성 쑤셴(宿縣)) 사람이다. 혜강의 선조는 원래해奚씨로 회계會稽 상우上虞에서 살았는데, 원한을 피해 질현으로 도망쳐 혜산嵇山 근처에 정착했다고 한다. 그리고 산의 이름을 따서 성을 혜嵇씨로 바꿨다. 혜강은 삼국시대 위나라의 문학가이며, 위진 현학을 대표하는 주요 인물이다.

혜강은 다방면에서 재주가 많은 미남이었다. 《진서》에는 "신장이 7척 8촌에 목소리가 아름다웠고 풍채가 좋았다. 외모를 꾸미지 않아도 사람들이 용장봉자龍章鳳姿로 여길 정도로 외모가 수려했다."고 나와 있다. 이러한 혜강은 어렸을 때 아버지를 여의고 어려운 환경 속에서 성장했다. 하지만 그는 좌절하지 않고 스스로를 다잡으며 학문에 열중했고 문학, 현학, 음악 등 여러 방면에서 많은 지식을 섭렵했으며, 특히 노장철학에 조예가 깊었다. 그는 조조의 증손녀인 장락정 공주와 결혼했다. 이후 위나라에서 중산대부中散大夫의 관직에 올랐는데, 이 때문에 '혜중산嵇中散'이라고도 불렸다.

이처럼 혜강은 위나라 왕실의 인척이었기 때문에 권력을 찬탈하려는 사마소의 계획에 반대했고, 이 때문에 사마씨 집단의 미움과 박해를 받아야 했다. 한번은 사마소가 혜강에게 관직을 주어 자기편으로 끌어들일 심산으로 자신의 심복인 종회鐘會를 보냈다. 종회는 귀족집안 출신인 데다가 말주변도 좋았지만 혜강은 평소 그를 인정하지 않았다. 그래서 종회가 찾아왔을 때, 혜강은 친구인 향수(向秀: 죽림칠현 중 한 사람)와 함께 큰 나무 밑에서 쇠를 두드리면서 거들떠보지도 않았다. 이에 종회가 잠시 동안 있다가 무안해져서 다시 돌아가려고 했다. 이때 혜강이 "무엇을 듣고 왔으며, 무엇을 보고 가는가?"라고 물었다. 그러자 종회가 화를 내며 "들을 것을 듣고 왔다가, 볼 것을 보고 간다."고 대답했다.

그리하여 혜강에게 원한을 품은 종회는 돌아가서 사마소에게 말했다. "혜강은 와룡臥龍과 같은 사람이니, 등용해서는 안 됩니다. 지금 선생께서는 천하에 근심할 것이 없지만 잘 생각해 보십시오. 혜강은 분명 근심거리가 될 것입니다." 이 일은 혜강이 죽임을 당하는 결정적인 원인이 되었다.

얼마 지나지 않아 혜강의 친구인 여안呂安이 모함을 받고 감옥에 갇히게 되었다. 이에 분개한 혜강은 관부를 직접 찾아가, 여안의 무고함을 증명하려 했다. 그러자 종회가 때를 놓치지 않고 험담했다.

"과거 제나라가 화사華士를 죽이고 노나라가 소정묘少正卯를 주살한 것은 모두 그들이 당시 사회에 해로운 인물들이었기 때문에 성현께서 그렇게 한 것입니다. 지금 혜강과 여안 등은 말하는 게 방탕하고 제멋대로이며, 법의 준엄함을 비방하고 훼손시키니 군주로서 도저히 용납할 수 없습니다. 그러니 이러한 이유로 마땅히 저들을 제거해, 풍속을 교화시키고 더욱 순박하게 해야 합니다."

혜강이 참수된다는 소식은 거대한 파장을 불러 왔다. 많은 사람들이 그의 재능을 아까워하며, 그를 구하기 위해 갖은 노력을 기울였다. 3천 명의 태학생들도 그를 죽이지 말고 '태학의 선생으로 모셔야 한다.'고 요청했지만, 권력에 눈먼 사마씨 집단의 마음을 돌리지는 못했다. 죽음을 앞두고도 혜강은 태연스럽게 거문고로 〈광릉산〉을 연주한 뒤 "내가 죽어 이 노래가 전해지지 않을 것이 한스럽다!"고 말했다고 한다. 이후 그는 담담하게 자신의 죽음을 받아들였는데, 이때 혜강의 나이는 겨우 40세였다.

한편 혜강은 매우 뛰어난 문학가였다. 그는 주로 시가詩歌와 산문을 썼는데, 현재는 50여 편 정도의 시가 전해지고 있다. 그중에서도 4언체四言體가 전체 시의 절반 이상을 차지한다.

철학 면에서 혜강은 왕필 이후의 현학 전통을 계승해, "명교名敎를 넘어서 자연을 따른다."고 주창했다. 또 그는 "군자란 마음에 옳고 그름의 선입견을 가지지 않아도 행동이 도의에 어긋나지 않는 사람을 말한다."고 하며, 군자에 대해 다음과 같이 말했다. "교만함이 마음속에 존재하지 않기 때문에 윤리강상倫理綱常에서 벗어나 자연을 따라 하고 싶은 대로 하며, 정감이 욕망에 얽매이지 않기 때문에 귀천을 자세히 헤아려 사물의 이치에 통달한다." 이것은 그가 주장한 '성무애락(聲無哀樂: 소리에는 슬픔과 기쁨이 없다)'의 핵심 관점이기도 하다.

'성무애락'은 주로 그가 쓴 〈성무애락론〉에 집중되어 있다. 그는 음악 감상을 할 때 '마음[心]'이 '소리[聲]'의 제약과 속박에서 벗어남으로써 음악 감상에 주도적인 지위를 얻을 수 있다고 보았다. 음악을 듣는 사람의 마음속에는 원래 슬픔과 즐거움의 감정이 있다. 그렇기에 슬픔은 음악에서 흘러나오는 것이 아니라 원래 사람의 마음속에 깃들어 있는 것이며, 음악은 그저 감정을 이끌어내는 매개체에 불과하다. 그리고 작곡가는 원래 가지고 있던 슬픔이나 즐거움 등의 감정을 여러 방법을 통해 음악에 담아낸다. 예를 들어 선율, 리듬, 화음, 음색 등의 방법을 활용해 자연이나 내면이나 외부에 대한 감정을 전달한다. 반면 감상자는 조화로운 음악 소리를 들음으로써 마음속에 내재해 있던 슬픔이나 즐거움 등의 감정을 느낀다. 이와 같은 그의 주장은 당시 음악 감상에 대한 새로운 해석으로 중요한 의미를 지닌다.

음악은 인간의 모든 감정을 다 담아낼 수 있을까?

노래를 통해 뜻을 전달하는 표현방식은 오랫동안 널리 쓰여 왔다. 그리고 오늘날에도 사람들은 춤과 노래를 통해 자신의 감정을 표현한다. 이런 점에서 노래는 사람들이 감정을 표현하는 중요한 매개체라 할 수 있다.

하지만 곰곰이 생각해 보면 혜강의 '성무애락'에는 이치에 맞지 않는 부분이 있다. 왜냐하면 노래에는 부르는 사람의 즐거움이나 슬픔과 같은 감정이 실려 있기 때문이다. 단순히 대야를 두드리며 부르는 노래에도 감정은 전해진다. 그리고 이런 감정은 악보에 적힌 음표와는 무관하다.

음표가 여러 가지인 건 도도하게 흘러가는 거대한 강물의 모습이나, 작은 다리 밑에서 졸졸거리는 시냇물의 모습을 모두 담아내기 위해서이다. 하늘을 향해 울부짖는 소리는 '북방에서 온 한 마리 늑대'의 울음소리이거나, '비참한 상황에서 내뱉는 사람의 애통한 울부짖음'이다. 또 어두운 세상을 애써 밝게 포장해 찬미한 것이 꼭 음악 탓이라고 말할 수는 없다.

한편 개인의 감정을 음표 탓으로 돌릴 수는 없다. 국가가 멸망했다고 해서 그 이유를 잘못된 음악 때문이라고 할 수는 없는 것처럼 말이다. 온갖 문제의 원천은 인간에서 비롯되며, 기쁨과 슬픔 그리고 나쁜 욕망들은 모두 자신에게서 비롯되는 것이다.

그러니 스스로를 돌아보는 것이야말로 많은 문제들을 해결할 수 있는 가장 좋은 방법이다.

존재의 이유

왕필王弼
— 유는 모두 무에서 비롯되었다

위진 현학을 정립한 왕필의 역(易)을 새롭게 해석한 대표명제.
노자 사상의 핵심주제인 '무'를 중시한 '무귀론'의 주요명제.

　중국경학의 발전은 동한시대에 이르러, 경전의 문구 하나에 집
착해 수많은 해석을 낳는 절망스러운 미궁으로 빠져들어갔다. 그
것은 경전을 주해하는 데 종종 한 글자에 대한 주석이 만 글자나
되어, 한 경전에는 백만 언의 주석이 붙게 되었다. 그래서 경전연
구가들이 필생의 정력을 소진하게 되었다. 어떤 사람은 경전의 주
석을 맹목적으로 읽다가 마침내 등불 아래에서 죽어갔다는 웃지
못할 일들이 일상에서 사실로 일어나곤 했다. 중국철학에 대한 왕
필의 제일 큰 공헌은, 동한학술의 폐단을 겨냥해서, 참신한 방법론

을 제시하였고, 인간의 사상을 해방시켰으며, 사람들이 양한철학과 경학의 미궁으로부터 탈출하도록 인도했다는 데 있다. 이러한 방법은 왕필이 《주역대전》의 선행先行 사상을 계승하고 발전시켜서, 《주역약례周易略例》 속의 〈명상明象〉 편에서 천명한 "뜻을 얻는 것은 말을 잊는 데 있다."는 것이라고 할 수 있다.

철학사에서 '유有'와 '무無'의 개념에 대한 논쟁은 끊이질 않아 왔다. 그리고 그중에서도 '무'를 특히 강조한 사상가로는 위진시대의 현학가 왕필王弼을 들 수 있다.

왕필(226~249)의 자는 보사輔嗣이다. 삼국시대 위나라의 산양山陽 고평(高平: 지금의 허난성 쨔오줘시(焦作市), 일설에는 산둥성 웨이산현(微山縣) 북서부란 말도 있다.) 사람으로, 위진 현학을 창시한 인물로 일컬어진다. 왕필의 대표 저서로는 《주역주周易注》, 《주역약례周易略例》, 《노자주老子注》, 《노자지략老子指略》, 《논어석의論語釋疑》 등이 있다고 전해지나 일부는 이미 소실된 상태이다.

왕필은 어려서부터 두각을 드러낸 천재였다. 《삼국지》에는 "유가와 도가에 대해 논의하기를 좋아했고, 말재주가 좋아서 변론에 뛰어났다."고 나와 있다. 또 진나라 초기에 하소何劭가 지은 《왕필전王弼傳》에는 다음과 같은 재미있는 이야기가 실려 있다.

어렸을 적부터 총명했던 왕필은 열서너 살 때 이미 노자의 저서를 즐겨 읽었고, 변론에 뛰어났다. 그의 아버지가 상서랑尙書郎에 부임했을 때, 배휘裴徽가 이부랑吏部郎을 지내고 있었다. 이에 약관의 나이인 왕필이 배휘를 인사차 찾아갔다.

배휘가 왕필을 보고는 물었다. "이른바 '무無'라는 것은 천지만물을 생성하는 것이거늘 성인은 어째서 이를 말하려 하지 않았고, 또 노자는 어째서 이를 줄곧 강조한 것인가?"

그러자 왕필이 대답했다. "성인은 무를 체득해 알고 있었지만, 무란 무릇 말로 깨우쳐 줄 수 있는 것이 아니기에 말하지 않았습니다. 반면 노자는 '유有'에서 벗어나지 못했기에, 항상 자신에게 부족한 무에 대해 말해 왔던 것입니다."

당시 상서尙書에 부임한 하안何晏도 왕필의 재능을 보고는 깜짝 놀라 말했다. "공자가 일찍이 '젊은 후학들이 두렵다.'라고 말한 바 있다. 왕필 같은 인재와 함께라면 하늘과 인간의 관계에 대해 논의할 수 있겠다!"

이처럼 왕필은 뛰어난 인재였다. 하지만 하늘이 그의 재능을 질투한 것인지 안타깝게도 그는 24살의 젊은 나이에 세상을 떠나야 했다.

왕필은 짧은 생애 동안 새로운 철학이론을 개척했다. 이에 탕용퉁湯用彤은 왕필을 현학의 창시자라 평가한 바 있다. 왕필은 한나라시대의 유가와 음양가를 계승함과 동시에 명리名理의 관점을 통해 한학漢學의 의미를 깊이 분석했다. 그리고 그중에서 잘못되었다고 생각되는 부분을 제거한 뒤, 노자의 철학과 절충해 자신만의 철학이론을 만들어냈다. 이처럼 자신만의 독특한 사유방식을 통해 독자적인 철학세계에 도달하다 보니 그의 사상체계는 매우 복잡하다.

현학玄學은 한나라시대의 유학이 점차 쇠퇴해 감에 따라 경학經學을 대신해 새롭게 출현한 학문이다. 한나라 무제가 '백가사상을 배척하고 오로지 유가만을 숭상하기'로 결정한 이후, 경서經書연구는 출세를 위한 가장 빠른 길이었다. 하지만 통치자의 권력에 기댄 유가는 점차 도참과 위서와 같은 여러 폐단들이 생겨났다. 게다가 각 유가의 학파들이 현실에 안주해 파벌 싸움을 벌이면서 학문의 자유로운 발전은 이루어지지 않았고, 당파 분쟁만 갈수록 심해졌다. 이러한 상황에서 고답적이고 형식에만 얽매이는 경전을 버리고 노장 사상을 숭상하며 예법에 구애받지 않는 삶을 살고자 하는 철학가들이 점차 많아지면서 위진 현학이 발전하게 되었다. 하안, 왕필, 하후현夏侯玄 등을 주축으로 한 현학의 청담한 기풍은 후세의 현학 발전에 매우 중요한 영향을 끼쳤다.

왕필의 이론은 주로 무는 귀하다는 '귀무론貴無論'에 집중되어 있다. 왕필은 노자 사상에서 가장 주요한 부분은 '무'를 중시한 점이며, '무'가 바로 도道라고 보았다. 이에 그는 천지는 비록 크지만 그 본질은 '고요하고 적막한 지극한 무[寂然至無]'라고 주장했다. 이처럼 그는 '무'는 우주만물의 본체이며 "만물은 모두 도道로 인해 생겨난다."고 말하며, 무가 귀하므로 '유는 천하다[賤有]'고 강조했다.

또 본질과 말단, 실체와 작용, 운동과 정지, 하나와 다수 등의 관계를 통해 무가 본질이라는 자신의 관점을 증명하려 했다.

그는 다음과 같이 말했다. "만물은 가지각색이지만 하나[一]로 돌아간다. 무엇에 말미암아 하나가 되는가? 무로 인해서다. 무로 인해 하나가 되니, 하나는 무라 할 수 있다."

왕필은 어떠한 구체적인 사물[有]도 다른 구체적인 사물의 본체가 될 수 없으며, 더욱이 모든 우주의 본체가 될 수 없다고 보았다. 구체적인 사물은 모두 그 규칙성을 가지고 있기 때문에 네모난 것이 동그란 것이 될 수 없으며, 따뜻한 것이 차가운 것이 될 수 없다. 이처럼 만물이 규칙성 때문에 공통된 근거를 가질 수 없으므로, 만물의 근원은 무형무상無形無象의 '무'일 수밖에 없다는 것이다. 이러한 '무'는 아무것도 없는 허무가 아닌, 세상 모든 만물의 근원이다. 이에 왕필은 "없다고 말하려 해도 사물이 이를 통해 이루어지고, 있다고 말하려 해도 그 형체를 볼 수 없다."고 말했다.

한편 왕필은 '무는 귀하다'는 관점을 바탕으로 다음과 같이 말했다. "언어는 설명해 표현하는 수단이니, 표현이 이루어지면 언어는 잊는다. 표현은 뜻을 표현하는 수단이니, 뜻을 얻으면 표현은 잊는다."

이처럼 그는 명교[有]는 자연[無]에서부터 비롯된다고 주장했다. 이에 무위無爲를 근본으로 삼으면 인의의 역할도 비로소 진정으로 드러나고, 예법의 역할도 진정으로 발휘된다고 보았다. 이러한 그

의 관점은 당시 사회적 요구와 부합하는 것이었기에, 광범위하게
전해지며 많은 영향을 끼쳤다.

'유'의 세계는 어떻게 '무'를 통해 이루어지는가?

세계의 근원에 대한 탐색은 철학이 끊임없이 연구해 온 목표 중 하나이다. 그렇기에 "하늘과 인간의 관계를 탐구하고, 옛날과 지금의 변화를 살피는 것"은 역사학만의 영역이라 할 수 없다. 이는 동서고금을 통틀어 마찬가지이다.

이러한 근원의 의미에서 보자면 앞에서 말한 '무중생유(無中生有)'는 진심으로 탄복할 만한 사상의 결정체라 할 수 있다. 그리고 왕필은 당시의 시대상황에 비추어 볼 때 상당한 통찰력을 가진 혁신적인 사상가라 할 수 있다.

한편 우리가 말하는 '유'의 세계는 그와 대립되는 '무'를 통해 이루어질 수밖에 없다. 그리고 오늘날 우리는 '무'에 대해 상당히 깊게 이해하고 있다.

하지만 그렇다고 상대방을 속여 승리하는 '무중생유'가 좋은 방법이라고 말할 수는 없다. 전쟁에서건 사업에서건, 이러한 방법은 상대방을 사지(死地)로 몰아넣을 수 있기 때문이다. 만약 악의를 품은 누군가가 이러한 방법을 이용해 다른 사람을 해치려 한다면 그건 정말 두려운 일이다.

그러니 '무중생유'와 같은 철학의 지혜가 나쁘게 이용되지 않도록 우리 모두 주의해야 한다.

나만의 철학이 필요할 때

곽상郭象
— 인의(仁義) 그 자체가 인간의 성정이다

서진시대 현학철학가가 말하는 '독화론(獨化論)'의 핵심명제.
'명교(名敎)'와 '자연'의 관계를 다룬 주요주제.

현학玄學은 위진시대를 대표하는 철학이론이다. 도가와 유가를 융합해 출현한 문화흐름이자, 도가철학의 새로운 표현방식이라 할 수 있다. 이에 신도가新道家라는 명칭으로 불리기도 한다.

동한 말년에서부터 서진 시기에 이르기까지 약 2백여 년 동안은 어지러운 사회 분위기가 지속되었다. 동한의 통일된 왕조가 붕괴되면서, 근 4백여 년 동안 통치 사상으로 군림해 왔던 유가도 그 지위를 잃기 시작했다. 이에 사대부들은 형이상학적인 철학논변에 빠져들기 시작했다. 지식인들은 함께 모여서 세상의 오묘한 이치

에 대해 이야기하곤 했는데, 이를 '청담淸談' 또는 '현담玄談'이라고
불렀다.

청담의 주제는 주로 《주역》, 《노자》, 《장자》에 담긴 오묘한 이치
에 대한 것들이었다. 이에 토론하는 내용도 대부분 있음과 없음,
삶과 죽음, 움직임과 멈춤, 명교名敎와 자연, 성인의 유정有情과 무
정無情, 소리에 기쁨과 슬픔이 있는지 없는지, 말이 뜻을 다 드러낼
수 있는지 등 형이상학적인 문제들이었다. 현학을 통해 당시 지식
인들은 기존의 사유방식에서 벗어나 우주, 사회, 인생에 대해 철학
적으로 사색했다. 이처럼 현학은 기존 유가에서 여러 문제가 발생
한 이후 사대부들이 새롭게 찾은 철학이론이었다.

서진西晉시대의 현학을 대표하는 여러 인물들 중 한 명인 곽상郭
象은 '독화론獨化論'으로 후세에 명성을 떨쳤다. 곽상(약 252~312)의
자는 자현子玄이며, 하남 낙양 사람이다.

곽상은 젊었을 때는 한가하게 은거하면서 '문장을 논하며 스스
로 즐기는' 삶을 살았다. 그러다가 조정의 부름을 받고 사도연司徒
掾을 거쳐 황문시랑黃門侍郎을 역임했으며, 말년에는 동해왕 사마
월司馬越의 태부주부太傅主簿로 중용되어 높이 인정을 받았다. 《진
서》〈곽상전郭象傳〉에는 "어려서부터 재능이 있었고 노자와 장자의
철학을 좋아했으며 말을 잘했다."고 적혀 있으며, 친구인 왕연王衍
도 "곽상의 말은 마치 거침없이 흘러가는 강물처럼 막힘이 없다."

고 평했다.

곽상은 매우 명확한 철학적 관점을 가지고 있다. 그는 무에서 유가 생겨났다는 이론에 반대하며, 만물은 독자적으로 생겨나 변화하므로 하나의 통일된 근원이 없다고 주장했다. 위진 현학의 모든 이론은 '명교名敎'와 '자연'의 관계에 대한 문제를 다루고 있다. '명교'는 봉건사회의 등급, 명분, 도덕규범 등을 가리키는 것이고, '자연'은 인간의 본래 모습, 자연적인 본성, 만물의 자연 상태를 가리키는 것이다. 명교와 자연의 관계에서 곽상은 두 가지를 결합시켜, 명교가 인간의 본성에 부합하므로 인간의 본성 역시 명교에 부합한다고 보았다. 그는 봉건사회 등급제도의 합리성을 증명하기 위해서 "사회에는 각양각색의 일이 있고, 인간은 각양각색의 능력을 타고난다."고 말했다. 그러니 어떠한 능력을 가지고 무슨 일을 하든지 모두 자연의 안배에서 비롯된 것이자 인간의 본성에 부합하는 것이다.

이러한 그의 철학에서 가장 중요한 핵심은 '독화獨化'와 '현명玄冥'이다. 독화는 현학 본체론에 대한 이론이고, 현명은 정신경계에 대한 이론이다.

곽상은 '자연이 곧 명교'라는 생각을 통해서 '독화론獨化論'이란 자신만의 사상을 정립했다. 독화론의 핵심은 천지의 모든 사물이 스스로 생겨나 변화한다는 관점이다. 이에 그는 만물은 통일된 하나의 근원이나 공통된 본질이 없으며, 만물 사이에는 어떠한 도움이나 전환의 관계도 없다고 주장하며 다음과 같이 말했다. "무릇 얻는다는 것은 밖으로 도에 의존하지 않고, 안으로는 자기에게 말미암지 않는다. 우뚝하게 스스로 얻어 독화한 것이다.", "만물은 비록 모여서 천天을 이루지만 모두 홀로 뚜렷하게 드러난다."

이처럼 곽상은 유가와 도가를 융합시킨 현학가이다. 그가 말한 "안에서 깨닫고 밖에서 노니는" 성인의 모습이 바로 유가와 도가의 결합이라 할 수 있다.

그의 사상은 개인의 학설에 집단의 정신을 수용했으며, 개인의 정신경계에 도덕내용을 포함시켰다는 특징을 지니고 있는 바, 이는 논리적으로는 일종의 모순이라 할 수 있다. 왜냐하면 그가 말한 '심오하고 아득한 경계[玄冥之境]'는 옳고 그름, 선함과 악함을 초월하는 정신경계인 데 반해 윤리도덕은 옳고 그름, 선함과 악함 그 자체이기 때문이다. 이처럼 그는 자신의 이론을 윤리사회의 요구에 부합시키기 위해 많은 타협을 했으며, 노자와 장자의 무위자연설을 수정했다. 그리고 사회윤리인 인의지성仁義之性의 구현이 존재의 중요한 방식이라고 간주하고, "무릇 인의 그 자체가 인간의 성정性情이다."라고 말했다. 이로써 그가 내놓은 모든 것을 초월한 '심오하고 아득한 경계'는 사실상 도덕적 경계라는 현실적 요구에 부합되는 의미로 축소되기에 이른 것이다.

곽상의 저작 가운데 현재까지 전해지는 것은 《장자주莊子注》가 유일하며, 다른 저서들은 모두 소실되었다. 중국 봉건시대에 《장

자》에 대한 대표적인 주해서로 자리 잡은 이 책은 사실상 《장자》
에 대한 주해서이자 단독적인 철학서라 할 수 있다. 그리고 그의
사상은 세 단계로 이루어진 현학 발전과정에서 가장 마지막 단계
에 속한다.

곽상 철학 사상의 특징과 기본적인 경향에 대한 학술계의 의견
은 모두 다르다. 곽상 철학의 특징을 '숭유론崇有論'으로 보는 관점
도 있고, '독화론'으로 보는 관점도 있다. 또 곽상 철학의 기본적인
경향을 유물론으로 보는 학자도 있고, 관념론으로 보는 학자도 있
다. 이처럼 다양한 의견이 존재하는 건 그만큼 그의 철학이 복잡
하기 때문이다. 그렇기에 보는 사람에 따라 의견이 다를 수밖에
없다.

철학은 현실에 부합되는 실제적인 효용을 제공할 수 있는가?

현실과 동떨어진 담론은 나라를 망치게 하는 반면, 실제적인 실천은 나라를 번성하게 한다. 이러한 호기로운 말에 여러 사람들이 펜을 내려놓고 국가에 헌신하기 위해 뛰어든다. 책에서 얻은 지식은 끝내 부족하게 여겨질 뿐이기에, 진정으로 이해하기 위해선 직접 실천해야만 한다. 실천은 모든 지식의 시금석이다.

우리는 '열심히 공부하기만 한다면 다른 것은 필요 없다.'는 생각을 변화시킬 필요가 있다. 여러 번 돌아보며 사색하는 태도가 지식을 확실히 깨닫고 이해하는 방법일 수도 있지만, 실용적인 관점에서 보면 그렇지 않을 수도 있다. 실용적인 과학이론도 배우고 습득하면 행동의 나침반이 될 수 있기 때문이다. 물론 철학에는 자신의 목적을 달성하는 데 필요한 방법과 지혜가 담겨 있다.

현실과 동떨어진 담론은 철학이론을 심화시키고 발전시키는 수단이 되어야 한다. 그래야 '현실과 동떨어진 담론'은 실제생활에 불필요하다는 비난을 비로소 피할 수 있고, 철학이 본래 가지고 있는 의미와 가치를 드러낼 수 있기 때문이다.

만물은 어떻게 존재하는가

배위 裴頠
— 허무는 유가 사라진 것이다

현학의 주요 주제인 '유·무론'을 다룬 숭유론의 대표명제.
서진시대 대표 현학자의 정치적 선언.

《세설신어世說新語》에는 다음과 같은 이야기가 실려 있다.

진晉나라를 건국한 무제武帝는 즉위한 뒤, 서진의 운명을 예측하고자 대신들과 함께 점을 쳤다. 그런데 점괘를 뽑아보니 예상치 못하게 '1'이란 숫자가 나왔다. 서진이 겨우 한 세대밖에 지속되지 못한다는 것인가? 무제의 표정이 급격히 어두워졌고, 놀란 대신들도 창백한 안색으로 숨죽인 채 서 있었다.

불길한 징조에 모두들 아무런 말도 하지 못하고 있을 때, 어느 한 대신이 밝은 목소리로 무제에게 축하를 표했다. 무제는 영문을 모르겠다는 표정을 짓더니, 화가 난 목소리로 물었다. "무엇을 축하한다는 건가?"

그러자 대신은 미소를 지으며 말했다. "황제께서 뽑으신 '1'이란 숫자는 가장 좋은 점괘이옵니다. 옛말에 하늘은 그 하나를 얻음에 맑고, 땅은 그 하나를 얻음에 편안하다고 하니, 황제께서는 하나를 얻음에 천하를 얻으신 것이옵니다."

이 말에 무제의 표정이 밝아졌고, 대신들도 근심을 덜고 기뻐할 수 있었다.

위의 이야기에서 무제의 근심을 덜게 한 사람이 바로 서진시대의 철학가 배위裵頠이다.

배위(267~300)의 자는 일민逸民이며, 하동河東 문희(聞喜: 지금의 산시성) 사람이다. 서진시대의 중요한 조정 대신이자 명망 높은 지식인이었다.

어려서부터 총명했던 배위는 견문이 넓고 박식했으며, 《노자》와 《역경》에 정통해 세상에 이름을 알렸다. 대장大將 종회鍾會의 추천으로, 정사를 맡아 보는 대장군 사마소 밑에서 일을 하기 시작해 이후 상서랑에 이르렀다. 사마염이 무제로 제위에 오른 뒤에 그는 산기시랑散騎侍郞, 산기상시散騎常侍, 하내태수河內太守를 역임했으며 이후 조정에 들어가 둔기교위屯騎校尉, 우군장군右軍將軍, 시중侍中 등에 올랐다.

그는 또 진나라 왕조의 법률 제정에도 참여했는데, 그중에서도 과거시험에 대한 조문은 진나라 왕조사회의 근간을 이루는 매우 중요한 사안이었다.

그의 저서로는 《숭유론崇有論》과 《변재론辯才論》이 있다. 《변재론》은 당시 재성才性의 문제에 대한 토론이었는데, 살해당하는 바람에 완성하질 못했다. 반면 《숭유론》은 《진서》에 실려 있어 지금까지 전해지고 있다.

배위는 만물을 총괄하는 '도道'는 허무가 아니라 '유有' 전체라고 보았다. 이에 그는 만물에서 벗어나 독립적으로 존재하는 도는 없으며, 도와 만물의 관계는 전체와 부분의 관계라고 주장했다. 이를 통해 그는 만물을 구성하는 '도'는 '무無'라는 '귀무론貴無論'의 관념주의 관점을 철저히 비판했다.

다음으로 그는 만물이 서로 연계하고 의존하고 있기에 허무로부터 비롯된 '도'의 도움은 필요하지 않다고 보고, '무'는 만물이 존재하는 조건이 아니라고 주장했다. 배위는 우주에서 모든 만물과 일들의 객관성, 외부조건의 객관성, 사물법칙의 객관성 및 인간이 반드시 따라야 하는 객관규율 등을 상세하게 설명했다.

그 다음으로 만물의 최초 생성은 모두 스스로를 근원으로 삼아[自本] 스스로 생성된다[自生]고 보았다. 이렇듯 만물이 스스로 생겨나 자신을 본체로 삼는 만큼, '무'는 '유'의 본체가 될 수 없다.

마지막으로 배위는 '유'는 사물의 존재와 발전에 적극적인 역할을 할 수 있지만, '무'는 그럴 수 없다고 보았다. 그는 다음과 같이 말했다. "마음은 일이 아니지만, 일을 처리하려면 반드시 마음을 거쳐야 한다. 하지만 일이 아닌 것으로 일을 할 수는 없으니, 마음이 무가 된다고 한다. 장인은 물건이 아니지만, 물건을 만들려면 반드시 장인의 손을 거쳐야 한다. 하지만 물건이 아닌 것으로 물건을 만들 수 없으니, 장인이 존재하지 않는다고 한다."

이처럼 배위의 《숭유론》은 왕필 등이 주장한 '귀무론'을 반대하고 있지만, 여전히 현학의 범주에 속한다. '귀무론'과 '숭유론'은 한편으론 유물론과 관념론에 대한 논쟁이었지만, 이렇듯 현학의 테두리 안에서 진행된 논쟁이기도 했다. 그렇기에 배위의 관점 역시 현학에서 벗어나지 못했다. 그가 현학을 벗어나지 못한 이유는 《숭유론》이 '변명석리辯名析理'를 위주로 하는 현학의 방식에서 벗어나지 못했기 때문이며, 또 그가 다루는 유·무의 문제가 현학의 주요 주제였기 때문이다.

유와 무의 논쟁을 어떻게 볼 것인가?

유와 무에 대한 논의는 현학의 핵심이다. 배위와 왕필의 대립된 관점을 통해 우리는 유와 무의 관계에 대한 핵심적인 이론들을 알 수 있다. 이에 우리는 제3자의 입장에서 두 가지 관점에 대해 냉철한 분석을 진행해 볼 수 있다.

하지만 이 두 가지 관점이 담고 있는 진정한 의미를 알기 위해서는 많은 노력이 필요하다. 이러한 이론들은 당시 사상가들의 끊임없는 사색과 노력을 거쳐 이루어진 것이기 때문이다. 그렇기에 진리를 위해 끊임없이 사색하고 노력했던 이들의 정신이야말로 가장 가치 있는 결과물이라 할 수 있다.

세상의 신은 존재할까

범진范縝
— 형체는 곧 정신이고, 정신은 곧 형체이다

남북조시대의 대표 사상가가 밝힌 육체와 정신의 관계.
무신론과 유신론의 관계를 명철하게 설명한 〈신멸론〉의 대표명제.

남북조시대에 제齊나라의 경릉왕竟陵王 소자량蕭子良은 매우 독실한 불교신자였다. 그래서 그의 집 문 앞은 불교를 믿는 문인들과 불법佛法을 강의하러 온 명승名僧들로 늘 북적였다. 그런데 어느 한 문객이 그에게 부처는 존재하지 않는다고 말하며, 영혼이 업에 따라 계속 환생이나 윤회를 반복한다는 말은 거짓이라고 설명했다. 이 말을 들은 소자량은 기분이 매우 불쾌했다.

그러던 어느 날 소자량이 그 문객에게 물었다. "자네는 불교에서 말하는 인과因果를 믿지 않는 듯한데, 그럼 귀하고 부유한 사람과 천하고 가난한 사람처럼 세상에 차별이 존재하는 이유는 무엇인가?"

　그러자 그 문객이 대답했다. "인생은 불어오는 바람에 흔들려 떨어지는 꽃잎과 같습니다. 어느 꽃잎은 바람을 타고 가다가 커튼을 스쳐 거실에 깔린 융단 위에 떨어지기도 하고, 어느 꽃잎은 바람을 타고 가다가 울타리에 부딪혀 똥구덩이에 떨어지기도 합니다. 전하께서는 바로 융단에 떨어진 꽃잎이고, 소인은 똥구덩이에 떨어진 꽃잎인 것입니다. 그러니 귀천에 차이는 있더라도 그것이 인과응보에 따른 결과라 할 수는 없습니다."

　문객의 조리 있는 설명에 소자량은 아무런 반박도 할 수가 없었다.

　독실한 불교신자였던 소자량을 탄복하게 했던 이 조리 있는 말솜씨를 지닌 문객이 바로 남북조시대의 저명한 유물론 사상가이자 뛰어난 무신론자인 범진范縝이다.

　범진(약 450~515)의 자는 자진子眞이다. 그의 선조들은 원래 순양(順陽: 지금의 하남 시촨(淅川)에 자리 잡았었는데, 6대조 때 강남江南으로 이주했다. 범진의 할아버지인 범거范璩 역시 중서랑中書郞에 오른 대단한 인물이다. 이처럼 범진은 관록 있는 관료집안에서 태어났지만, 안타깝게도 갓난아기 시절에 아버지인 범몽范濛이 병으로 세상을 떠나면서 어려운 환경 속에서 성장해야 했다. 모친과 함께 의지하며 성장한 범진은 어려서부터 효심이 깊고 성실하기로 소문났다.

학문에 열중한 그는 10여 세 때 저명한 유학자인 유환劉瓛의 제자로 들어가 수년간 공부한다. 당시 유환의 학식은 상당히 인정을 받고 있었기에, 그의 제자들 중에는 권력가의 자제들도 많이 있었다. 범진은 그런 환경 속에서도 항상 무명옷 차림에 짚신을 신고 다니면서도 부끄러워하거나 환경을 탓하지 않았다. 원래부터 정직하고 직설적인 성격이었던 그는 권력가의 자제들 앞에서 고개를 숙이기보다는 오히려 서슴없이 자신의 의견을 이야기했고, 이 때문에 항상 외롭고 쓸쓸하게 지내야 했다. 그는 경서에 능통했는데, 특히 '삼례(三禮:《주례(周禮)》,《의례(儀禮)》,《예기(禮記)》'에 뛰어났다.

그러던 중 남조南朝의 송나라[劉宋]가 멸망하고 제나라가 들어서면서 그의 운명에도 변화가 찾아와, 상서전중랑尙書殿中郎에 올랐다. 제나라는 무제武帝 시절에 북위北魏와 화친을 맺고 있었다. 이에 범진도 사신으로 북위에 건너가, 박식한 지식으로 기지를 발휘해 북위의 조정과 대신들에게 존경과 찬사를 받았다.

범진이 활동했던 시기에 남조에는 불교가 흥성해서 윤회나 인과와 같은 사상들이 사회 전반에 팽배해 있던 상황이었다. 당나라 시대에 시인 두목杜牧은 〈강남의 봄江南春〉에서 "남조의 4백8십이나 되는 사찰들과 수도 없이 많은 누대들이 안개비 속에서 아련하다."라며 당시의 풍경을 생동감 있게 묘사했다. 불교에 대한 신앙은 통치계급도 다르지 않았다. 당시 경릉왕 소자량은 계롱산鷄籠山 서저

西邸에서 여러 문인들과 어울렸는데, 그중에는 소연(蕭衍, 훗날의 양(梁)나라 무제(武帝)), 심약沈約 등의 '팔우八友' 및 범진 등의 지식인들이 있었다. 소자량과 어울리던 지식인들은 범진을 제외하고 대부분은 불교신자들이었다. 이에 불교신도를 대표해 경릉왕 소자량은 범진과 논쟁을 벌였고, 앞에서 나온 이야기가 바로 그것이다.

한 번의 논쟁이 있은 후, 범진은 자신의 무신론 관점을 더욱 체계적으로 정리할 필요가 있다고 느끼고 〈신멸론神滅論〉을 지었다. 그는 이 책에서 무신론과 유신론의 문제를 냉철하게 분석했으며, 육체와 정신의 관계를 설명했다.

범진의 〈신멸론〉은 '형체와 정신은 같다.'는 관점에서 시작한다. 그는 "형체가 곧 정신이고, 정신이 곧 형체이다."라고 말했다. 즉 정신과 형체는 분리될 수 없으며, 형체가 존재해야 정신도 존재할 수 있고, 형체가 사라지면 정신도 소멸한다는 관점이다. 이처럼 범진은 형체와 정신은 구별되면서도 분리될 수 없는 통일체라고 보고 "이름은 다르지만 형체는 하나이다.", "형체와 정신은 둘이 아니다."라고 말했다.

이러한 관점을 기초로 범진은 한층 더 나아가 '형질신용形質神用'이라는 유명한 관점을 제시한다. 즉, 형체는 정신의 본질이고 정신은 형체의 작용이므로, 둘은 분리될 수 없다는 관점이다. 그는 다음과 같은 비유로 설명했다.

"정신과 본질의 관계는 마치 날카로움과 칼날의 관계와 같고,

형체에 대한 작용은 마치 칼날과 날카로움의 관계와 같다. 날카로움이 칼날은 아니고, 칼날이 곧 날카로움인 것도 아니다. 하지만 날카로움을 떠나서 칼날은 존재하지 않고, 칼날 없이는 날카로움도 존재하지 않는다. 칼날 없이 날카로움이 존재한다는 말을 들어본 적이 없는데, 어찌 형체가 사라졌는데도 정신이 존재한다는 말을 용납할 수 있겠는가?"

여기서 한 걸음 더 나아가 범진은 형질과 작용, 형체와 정신이 분리될 수 없는 관계라는 점을 더욱 발전시키고 변화시켰다.

정직하고 우직했던 범진은 순탄치 않은 삶 속에서도 단정하게 행동했고, 위협이나 유혹에도 흔들리지 않았다. 그는 자신의 심도 있는 사상과 빈틈없는 논리로 이전의 모든 유물론자들을 넘어섰을 뿐만 아니라, 중국 봉건시대 사상가들 중에서 독보적인 위치에 오를 수 있었다. 이처럼 진리를 지키기 위해 논쟁을 주저하지 않았던 그의 용기는 매우 높이 평가할 만하다. 이에 이연수李延壽는 《남사南史》〈범진전范縝傳〉에서 범진을 "항상 치밀하고 강직하게 자신의 관점을 펼쳤다."고 평가했다.

세상에는 정말 신이 존재할까?

세상에는 정말 신이 존재할까? 이 질문에 대해 유물론자들은 항상 신은 없다고 답하는 반면, 종교를 믿는 신자들의 경우 신은 존재한다고 답한다. 한편 공자의 경우에는 이 질문에 대해 이중적인 태도를 보이고 있다. 그는 귀신에 대한 일을 말하지 않으면서도, 제사를 지낼 때는 마치 조상이 옆에 있는 것처럼 정성스럽게 해야 한다고 주장했다.

그렇다면 이 질문에 대한 해답은 무엇일까? 이 질문의 해답은 철학이 아닌 우리 스스로에게 있다. 모든 사람들이 자신의 입장과 이해를 바탕으로 스스로 합당한 해답을 내놓아야 한다.

그렇다면 철학이 하는 일은 무엇일까? 철학은 사람들이 자신의 해답을 의심하고 살펴볼 수 있도록 해준다. 철학적 사색을 거친 대답이어야만 비로소 다른 사람에게도 설득력을 가질 수 있기 때문이다. 이렇게 철학적 사색을 통해 무신론을 설득시킨 유신론자로는 토마스 아퀴나스(Thomas Aquinas)를 들 수 있으며, 유신론을 설득시킨 무신론자로는 범진을 들 수 있다.

나만의 깨달음을 얻고 싶다면

혜능惠能

― 본래 하나의 물건도 없는데 어디서 티끌이 일어날 수 있 겠는가

불교 선종 창시자가 일갈한 본성에 관한 핵심명제.
모두가 부처가 될 수 있다는 선종의 깨우침을 밝힌 명제.

당나라 고종高宗 시기(676)의 어느 날, 광주廣州의 법성사(法性寺: 현재 광효사(光孝寺))에서 저명한 고승인 인종법사印宗法師가 《열반경涅槃經》을 강의하고 있었다. 절은 이곳에서 수행하는 승려들과 외지에서 온 사람들이 모여, 발 디딜 틈 없이 북적거렸다.

절 앞에는 큰 깃대가 서 있었는데, 그 위에 걸린 깃발이 바람에 펄럭이고 있었다.

깃대 아래서 강의를 듣고 있던 두 명의 승려가 갑자기 논쟁을 시작했다.

한 승려가 말했다. "저건 깃발이 움직이는 거야!"

그러자 다른 승려가 말했다. "아니! 저건 바람이 움직이는 거야!"

계속되는 논쟁에 사람들은 주변으로 몰려들었고, 인종법사도 강의를 멈추고 그 모습을 지켜봤다.

그때 누군가가 군중을 뚫고 나타나, 차분하고 느긋한 목소리로 말했다. "두 사람 모두 틀렸네. 움직이는 것은 깃발도 바람도 아닌, 사람의 마음이네."

이 말은 들은 사람들은 순간 현묘한 이치를 깨닫고는 모두들 고개를 끄덕였다.

이 이야기에서 '깃발의 나부낌은 마음 때문이라는' 현묘한 이치를 말한 사람은 불교 선종[南禪宗]의 창시자인 제6조 혜능惠能이다.

혜능(638~713)은 원래 노盧씨로, 그 조상들이 범양(范陽: 지금의 베이징 남서부)에 거주했었다. 그러다가 그의 부친이 영남嶺南으로 유배되면서, 남해南海 신흥(新興: 지금의 광둥성(廣東省) 신싱현(新興縣) 동쪽)에서 태어났다.

혜능의 출생에 대해서는 여러 전설들이 전해진다. 그가 태어난 지 이틀째 되던 날 승려 두 명이 집에 찾아와 혜능이라는 이름을 지어주면서 "혜는 중생들에게 은혜를 베풀어 준다는 뜻이고, 능은 불사佛事를 이룰 것이라는 뜻이다."라고 말했다고 한다.

이처럼 비범한 운명을 타고났음에도 혜능의 유년 시절은 매우 불우했다. 어렸을 때 부친을 여읜 그는 공부도 받지 못한 채 장작을 패서 팔아, 어머니를 부양하며 힘겹게 살았다. 그러던 어느 날 일을 하던 그의 귓가에 《금강경金剛經》을 읽는 소리가 들려왔고, 낭랑한 목소리로 울려 퍼지는 심오한 뜻에 감화된 그는 불교에 귀의할 결심을 하게 된다. 혜능은 어머니를 모실 방법을 마련한 뒤, 힘겹게 하북河北 황매산黃梅山으로 찾아가 선종의 제5조인 홍인弘忍에게 가르침을 청한다.

홍인이 물었다. "거사는 어디서 왔고, 무엇을 얻고자 하는가?"

그러자 혜능이 대답했다. "저는 영남 사람이고, 부처가 되기 위해 왔습니다." 홍인이 말했다. "영남의 오랑캐가 어떻게 부처가 된다는 말인가?"(당시에는 중원에서 벗어난 남방의 소수민족들을 오랑캐라고 불렀다.)

혜능이 답했다. "사람이야 남쪽과 북쪽으로 구분할 수 있지만, 불성佛性을 어찌 남쪽과 북쪽으로 구분할 수 있겠습니까? 그러니 스님의 불성과 오랑캐인 저의 불성에는 어떠한 차이도 없습니다. 스님께서 불성을 이루셨으니, 저 역시 받아주신다면 불성을 이룰 수 있습니다."

혜능의 대답에 마음속으로 감탄한 홍인은 그를 방앗간으로 보내 쌀을 찧게 했다.

그리고 오래 지나지 않아 홍인은 자신의 법맥을 이을 후계자를 뽑기 위해, 제자들에게 스스로 이해한 불성을 시로 지어보라고 했다. 그러자 당시 홍인의 제자 중에서 가장 뛰어났던 신수神秀가 다음과 같은 시를 지어냈다. "내 몸은 보리수요, 마음은 밝은 거울의 받침이니, 부지런히 털어내어 티끌이 묻지 않도록 해야 하리."

그러자 홍인은 제자들 앞에서 "이 말처럼 수행을 한다면 너는 잘못된 길로 들어서지는 않을 것이다."라고 크게 칭찬했다. 하지만 따로 신수를 불러서는 다음과 같이 말했다. "너의 시에는 본성이 담기지 않았다. 그러니 다시 지어 보거라."

그때 방앗간에서 쌀을 찧고 있던 혜능은 다른 승려가 신수의 시를 읊는 소리를 듣고는 자신의 시를 신수의 시 옆에 붙였다. "보리는 본래 나무가 아니고, 밝은 거울에는 본래 받침이 없으니. 본래 하나의 물건도 없는데 어디서 티끌이 일어날 수 있겠는가."

혜능의 시에 모두들 감탄했다. 이에 홍인은 다른 제자들이 혜능을 질투해 해를 끼칠까 걱정되어 신발로 시를 지워버리고는 "이것도 본성이 담기지 않았다."라고 말했다. 그러고는 그날 저녁 남몰래 《금강경》과 대대로 내려온 의발衣鉢을 혜능에게 물려준 뒤, 해를 입지 않도록 멀리 떠나라고 말했다.

그를 질시하는 승려들의 해를 피해 남쪽으로 내려간 혜능은 사회四會, 회집懷集 등지를 돌아다니며 10여 년 동안 사냥꾼들 속에서 숨어 다녔다. 이후 그는 불법을 더욱 발전시킬 필요가 있다고 생각해 인종법사의 강의를 듣기 위해 법성사로 갔고, 앞에서 소개한 일이 생긴 것이다.

혜능의 말을 듣고 크게 깨달음을 얻은 인종법사는 탄복하며 물었다. "오래 전에 황매의 의발과 법이 남쪽으로 전해져 왔다고 하던데, 맞습니까?" 그러자 혜능이 제5조 홍인에게서 받은 의발을 꺼내 보였다. 인종법사는 무척 기뻐하며, 급히 도망치느라 미처 수계를 받지 못한 혜능을 위해 체도^{剃度}의식을 거행해 혜능이 정식으로 승려가 될 수 있게 해주었다. 이로써 혜능은 40세의 나이에 정식으로 승려가 될 수 있었다.

이후 제6조 혜능은 여러 제자들을 받으며 불법을 전수한 뒤, 713년에 신주新州 국은사國恩寺에서 세상을 떠났다. 세상을 떠난 뒤 그의 설법은 정리되어 《육조단경六祖壇經》으로 편찬되었다. 그의 제자들 중에서 청원행사青原行思, 남악회양南嶽懷讓, 하택신회荷澤神會, 남양혜충南陽慧忠, 영가현각永嘉玄覺 등이 모두 일가를 이루었다.

혜능의 명성은 그가 죽은 뒤에도 계속되었다. 당나라 헌종憲宗은 혜능에게 '대감선사大鑑禪師'라는 시호를 내렸다. 그리고 이후로도 송나라 태종太宗과 인종仁宗, 신종神宗 등이 시호를 내렸다. 또 왕유王維, 유종원柳宗元, 유우석 등 문인들도 장편의 비문을 써서 그의 업적을 기록했다. 영국 런던에 위치한 영국 국립도서관 광장에는 세계 10대 사상가들의 조각상이 우뚝 서 있는데 그중에는 노자, 공자, 혜능도 포함되어 있다. 이에 이들은 '동양의 3대 성인'이라 일컬어진다.

혜능의 공헌은 '불교의 혁명'이라 불릴 만큼 혁신적이었다. 그는 선종의 진정한 창시자일 뿐만 아니라, 중국 불교의 진정한 시조라고도 할 수 있다. 그가 이룩한 혁명은 인도 불교를 중국화 했다는 데 있다. 그는 부처가 가진 권위를 과감히 없애버리고, 부처는 외부가 아니라 마음속에 있다고 주장했다. 이러한 그의 주장으로 당시 중국에서 최고의 권위에 있던 인도 불교의 지위가 흔들리게 되었고, 부처를 꾸짖고 조사를 매도하라는 '가불매조呵佛罵祖' 풍조가 생겨났다.

동시에 그는 모든 중생은 불성을 가지고 있으므로 모두 부처가 될 수 있다고 주장하며, 다음과 같이 말했다. "자기 성품의 깨끗함을 보라. 스스로 닦아 스스로 이룸이 자기 성품인 법신이며, 스스로 행함이 부처의 행위이며, 스스로 이룸이 부처님의 도이니라."

이에 그는 불경을 암송할 필요도 없고, 지금껏 지켜지던 수행 방법을 따를 필요도 없다고 말하며, 자신의 본성을 발견한다면 모두 부처가 될 수 있다는 '돈오성불頓悟成佛'을 주장했다.

선종은 이미 종교 범위를 넘어서 철학, 문학, 예술 등 여러 영역에서 영향을 끼치고 있으며, 21세기에는 고요히 내면을 들여다보는 참선이 서양에서도 널리 각광받기 시작하고 있다. 이에 철학의 이치와 지혜를 담고 있는 혜능의 사상은 오늘날에도 유익한 깨달음을 주며, 갈수록 더 많은 주목을 받고 있다.

사람은 누구나 부처가 될 수 있는가?

"사람은 누구나 불성을 가지고 있으므로, 깨달음을 통해 부처가 될 수 있다."는 혜능의 주장은 불교의 중국화와 대중화를 이끌었다.

대승불교의 핵심은 '공(空)'에 있다. '공'은 탐구하고 명상해서 이루는 결과가 아니라, 순간적으로 깨닫는 지혜를 말한다. 그러므로 진정한 불심(佛心)은 탐구가 아닌 깨달음에 있다.

졸졸 흘러가는 작은 시냇물의 풍경과 광활한 세계를 동시에 깨달아야 비로소 자연의 진정한 아름다움을 느낄 수 있고, 고난과 행복을 함께 깨달아야 비로소 인생의 찬란함을 느낄 수 있다. 또 학문의 진리와 이론의 핵심을 깨달아야 비로소 구불구불한 오솔길의 아름다움을 느낄 수 있다. 불교가 공을 추구하고, 도덕이 선을 추구하며, 이념이 진리를 추구하는 것은 바로 이러한 이유 때문이다.

그러므로 가장 광범위한 의미에서 우리는 모두 불심을 가지고 있는 셈이다. 왜냐하면 우리는 모두 깨달음과 체험을 통해 자신의 존재를 발견하기 때문이다. 다만 이따금씩 세상의 유혹에 속아, 자기 존재를 망각하곤 할 뿐이다.

그렇기에 '흐트러진 마음을 다잡는 것'이야말로 우리가 불성을 발견하는 기본적인 방법이라 할 수 있다.

인품이란 무엇인가

한유 韓愈
— 귀함과 천함, 재앙과 행운은 하늘이 결정한다

당송8대가를 대표하는 대유학자가 전하는 '천명론'의 대표명제.
자유로운 사상가의 인간 본성에 관한 일갈.

한유는 태어난 지 얼마 안 되어 어머니를 잃었다. 3세에 아버지를, 14세에 형 한회韓會를 잃고 형수 정씨에 의해 길러졌다. 어려운 가정형편에도 뜻한 바 있어 7세 때부터 독서를 시작한 한유는 13세에 문장에 재능을 보였다. 이렇다 할 배경도 문벌도 없었던 그는 번번히 과거에 낙방하다가 정원貞元 8년(792년)에 진사과에 합격하였다. 정원 12년(796년) 변주汴州 선무군宣武軍에서 난이 일어나자, 절도사 동진董晉을 따라 부임하여 관찰추관觀察推官을 맡아 지내는 동안에 시인 맹교孟郊와 서로 교유하였고, 이고李翶, 장적張籍이 그

문하에 들었다.

한유의 유학자로서의 냉철한 면모가 두드러졌던 사건은 헌종 황제와의 불법 논쟁이었다. 원화 14년(819년) 정월, 독실한 불교신자였던 헌종 황제는 당시 30년에 한 번 열리며, 공양하면 복을 받는다는 봉상(鳳翔, 지금의 섬서성(陝西省)) 법문사法門寺의 불사리를 장안의 궁중으로 들여 공양하고자 하였다. 반불주의자였던 한유는 이듬해「불골을 논하는 표諫迎佛骨表」를 헌종에게 올려 과거 양 무제梁武帝의 고사를 언급하며 "부처는 믿을 것이 못 된다[佛不足信]"고 간언했고, 헌종은 대노하여 그를 사형에 처하려 했다. 가까스로 재상 배도와 최군崔羣의 간언으로 사형을 면한 한유는 조주자사(潮州刺史, 조주는 지금의 광동성)로 좌천당하게 된다.

이처럼 철저한 반불주의자였던 한유韓愈는 당나라를 대표하는 대문장가이자 사상가이며 정치가였다. 그는 기본적으로 유가에 뿌리를 둔 사상가였지만 특별히 유가경전에 얽매이지 않고 노장철학과 불교의 사상을 자유자재로 차용하고 비판하는 경지에 도달한 자유사상가의 모습마저 보인다.

한유(768~824)의 자는 퇴지退之이며, 당나라 하내河內 하양(河陽: 지금의 허난성 짜오쭤(焦作) 멍저우시(孟州市)) 사람이다. 스스로를 군망창려郡望昌黎로 칭해, 사람들이 한창려韓昌黎라고 불렀다. ('군망'은 '군(郡)'과 '망(望)'을 합쳐 부른 말이다. '군'은 행정구획이고, '망'은 명문귀족을 뜻한다. 즉 '군망'은 어느 지역 내의 명문 집안을 나타내는 말이다.) 말년에는 관직이 이부시랑吏部侍郎에까지 올라 한이부韓吏部라고도 불렸고, 이후 조정에서 문文이라는 시호를 추증하면서 한문공韓文公이라 일컬어졌다.

그는 당나라시대의 고문운동을 이끈 인물이다. 이에 송나라시대의 소동파蘇東坡는 "문장으로 8대의 쇠약함을 일으켜 세웠다."라고 평가했다. 또 명나라 사람은 한유를 당송8대가唐宋八大家를 대표하는 인물로 평가하며, 유종원과 함께 '한유韓柳'라고 불렀다. 그의 저서로는《창려선생집昌黎先生集》,《외집外集》(10권) 등이 있다.

한유의 이름에는 재미있는 이야기가 담겨 있다. 한유는 어릴 적에 부모를 여의고 형수의 손에서 자랐다. 학업을 시작할 때가 되자 형수 정鄭씨는 한유에게 아름답고 좋은 이름을 지어주려 했다. 그러자 한유가 나서서 자신의 이름을 '유愈'라고 하겠다고 하며 말했다. "유는 뛰어넘는다는 의미를 가지고 있습니다. 그러니 저는 반드시 옛 사람들을 뛰어넘고, 후세에도 따라올 사람이 없는 큰 인물이 될 것입니다."

하지만 그의 벼슬길은 순탄치 못했다. 과거시험에 세 차례나 연이어 낙방한 그는 네 번째 시험에서 겨우 합격자 13명에 이름을 올릴 수 있었다. 이후 또 세 차례 연이어 전시殿試에 응했지만, 작은 관직도 얻을 수 없었다. 그러던 중에 그는 하남 낙양의 노盧씨와 혼인을 약속하게 되었다. 노씨는 그에게 "큰 그릇이 되기 위해

선 먼저 물러설 줄 알아야 한다."고 충고했고, 자신에게 겸손함이 부족하다는 점을 깨달은 한유는 노씨가 서신에서 쓴 마지막 두 글자 '퇴지退之'를 자신의 자로 삼았다.

한유는 뛰어난 문장으로 명성을 떨쳤다. 이에 후세 사람들은 그의 문장을 존경해, 항상 두보杜甫의 시와 함께 언급하며 '두보의 시와 한유의 문장[杜詩韓文]'이라고 일컬었다. 그의 글은 상상력이 기발하고 기세가 웅장했으며 산문화된 언어형식을 추구했다. 그는 '글로써 도를 담아야 한다[文以載道]', '글은 도와 결합되어야 한다[文道結合]'고 주장하며 육조시대 이래 유행해 온 변려문의 내용 없는 문체를 비판했다. 다시 선진先秦, 양한兩漢시대로 복귀해야 한다고 생각한 그는 '어휘는 반드시 자신에게서 나와야' 하며 '진부하고 상투적인 말들을 제거해야 한다'고 강조했다. 명문장으로 뽑히는 그의 작품들은 후대의 산문 발전에도 많은 역할을 했다.

한유와 유종원은 정치적 입장에서 서로 달랐지만, 고문운동 추진에서는 뜻을 함께했다. 형식을 지나치게 강조하는 변려문을 반대한 두 사람은 문장의 내용에 힘을 쏟아야 한다고 주장했다. 한유는 과거 헌종이 불골佛骨을 모시는 걸 반대하다가 조주潮州로 좌천된 뒤, 다시 원주(袁州: 오늘날의 장시성(江西省) 이춘(宜春) 지역)의 자사刺史로 자리를 옮겼다. 원주에 있던 시기 한유는 정치적으로 탁월한 성과를 올리며, 당시 장시성의 첫 번째 장원을 배출해 냈다.

한유는 인재를 매우 아꼈다. 시인 이하李賀, 가도賈島는 모두 한

유에게서 영향을 받았다. 그의 산문은 기세가 넘쳐흘러 거침이 없으며, 기이한 비유와 정교한 설명이 특징이다.

한유는 문학창작은 도(인의를 말함)를 드러내는 것이 목적이며, 글은 도를 드러내는 수단 또는 형식이라고 보았다. 그래서 그는 선진시대와 양한시대의 고문을 본받아 글은 도를 담아야 하고, 도와 결합되어야 한다고 주장했다. 또 굴원, 사마천, 사마상여, 양웅과 같은 사람들을 본보기로 삼았다.

한유의 사상은 기본적으로 유가에 뿌리를 두고 있지만, 유가경전에 얽매이지 않는 모습을 보인다. 유가의 정통을 자처한 그는 불교의 청정적멸淸淨寂滅이나 신권神權과 같은 미신들을 반대하면서도, 천명이나 귀신은 믿었다. 또 맹자를 추앙하고 양주楊朱와 묵자는 정도에서 벗어났다고 배척하면서도 공자와 묵자의 사상을 겸용해야 한다고 주장했으며, 공자를 종주로 삼아 패도가 아닌 왕도를 펼쳐야 한다고 말하면서도 패도를 펼친 관중이나 상앙을 존경했다.

철학에서 한유는 천명론을 주장한 관념론자라 할 수 있다. 그는 하늘은 '선한 사람에게 상을 주고 악한 사람에게 벌을 준다'고 보고 "귀함과 천함, 재앙과 행운은 하늘에 있다."고 말했다.

그는 동중서의 성삼품 이론을 계승해 발전시켜 인간은 성性뿐만 아니라 정情도 가지고 있으며, 성은 정의 기초라고 주장했다. 성은 인仁, 의義, 예禮, 지智, 신信인 '다섯 가지 도덕[五德]'으로 구성된다.

그는 사람들마다 '다섯 가지 도덕'에 차이가 있기 때문에 인간의 본성도 상품, 중품, 하품으로 나뉜다고 보았다. 그리고 정은 구체적으로 기쁨[喜], 노여움[怒], 슬픔[哀], 두려움[懼], 사랑[愛], 미움[惡], 욕망[欲]의 '일곱 가지 감정[七情]'으로 구성되며 또한 상품, 중품, 하품으로 나누어진다. 상품의 성은 상품의 정이 발휘되며, 하품의 정은 반드시 하품의 성에서 온다. 그는 이러한 등급은 선천적인 것이므로 바꿀 수 없으며, 그렇기에 교육도 중품 이상인 사람들에게만 적합하다고 생각했다.

이러한 한유의 성정삼품설性情三品說은 봉건시대 윤리와 계급제도를 변호하기 위한 것인 동시에, 사람은 모두 불성을 가지고 있다는 불교의 불성설을 반대하기 위한 것이었다.

사람의 인품은 변할 수 없는 것인가?

"비열함은 비열한 사람의 통행증이고, 고상함은 고상한 사람의 묘지명이다."라는 말이 있듯이 사람들은 저마다 다른 인품을 지니고 있다. 하지만 "인품은 본성의 문제이므로 변할 수 없다."는 한유의 주장에 선뜻 긍정하기는 힘들 것이다.

이처럼 우리는 그의 주장에 대해 의문을 가지거나 반대를 할 수 있지만, 그의 탐구정신만은 인정할 수밖에 없다. 사람은 누구나 자신의 입장과 관점에서 자신의 생각을 주장할 수 있다. 지혜의 문은 모든 사람들을 향해 열려 있으니.

허나 주장을 하기 위해선 합당하고 분명한 근거가 필요하다. 주장의 바탕이 되는 근거가 없다면 더 이상 진리를 향해 나아갈 수 없기 때문이다.

그런 의미에서 불교의 청정적멸(淸淨寂滅)이나 신권(神權)을 반대하면서도, 천명이나 귀신은 믿었고, 양주(楊朱)와 묵자는 유학의 정도에서 벗어났다고 배척하면서도 공자와 묵자의 사상을 겸용해야 한다는 한유의 모순된 주장들은 자신의 주장에 설득력을 갖기 힘든 대사상가의 논리적 자기모순을 대하는 듯하다. 한유의 사례를 통해 보면 진리를 향한 논리적 주장이 얼마나 어려운 과정인지를 상징적으로 보여주는 대목이 아닐 수 없다.

문장은 왜 위대한가

유종원柳宗元
― 하늘과 사람은 서로 관여하지 않는다

만물의 자기 발전 규율을 설파한 대사상가의 핵심명제.
인간의 공(功)과 화(禍)의 자기 발전 규율에 관한 한마디.

북송北宋시대에 태상소경太常少卿, 공부상서工部尚書를 역임한 진희
량陳希亮에게는 진조陳慥라는 아들이 있었다. 진조는 성격이 매우 자
유분방해서 세상에 관심을 가지지 않고 은거하며 지냈다. 당시 사
람들은 그가 어떤 사람인지 잘 알지 못했기에, 그저 '방산자方山子'
라고 불렀다.

신종 3년(1080) 소동파가 좌천되어 황주黃州 단련부사團練副使로
왔을 때 우연히 만난 두 사람은 이후 좋은 친구가 되었다. 사람을
좋아하는 진조는 자주 집에 손님을 불러 주연을 베풀었다. 그런데

진조의 아내 유柳씨는 질투가 많고 사나운 성격이었다. 이에 매번 주연이 베풀어질 때마다 질투를 해, 사자가 울부짖는 것처럼 큰 소리를 지르며 지팡이로 힘껏 벽을 두드려 진조를 난처하게 만들었다. 이 모습을 본 소동파는 다음과 같은 시 한 수를 지어 진조를 놀렸다.

"용구거사 불쌍해라, 밤을 지새우며 공空과 유有를 말하는데. 갑자기 하동 땅의 사자가 울부짖으니, 손에 쥔 지팡이를 떨어뜨리고 넋을 잃는구나."

하동은 유씨의 군망(郡望: 유씨 집안은 하동의 명문귀족에 속한다)이므로, 진조의 아내 유씨를 가리키는 것이다. '사자가 울부짖으니[獅子吼]'는 불교에서 기원한 말로, 설법하는 부처의 위엄이 마치 사자가 울부짖는 것처럼 대단했다는 의미이다.

이후 이 이야기는 송나라시대에 홍매洪邁가 지은 《용재삼필容齋三筆》에 수록되면서 널리 알려졌다. 그리고 오늘날까지도 '하동사후河東獅吼'는 무서운 아내를 뜻하는 말로 전해지고 있으며, 진조의 자가 계상季常이었기 때문에 아내를 무서워하는 남편을 '계상벽季常癖'이라 부르게 되었다.

'하동사후'는 소동파가 진조를 놀리기 위해 한 말이다. 그리고 '하동河東'이란 명칭은 당송8대가 중 한 명인 유종원柳宗元을 지칭하는 말로도 쓰이고 있다.

유종원(773~819)의 자는 자후子厚이며, 당나라시대에 활동한 철학자이자 문학가이다. 그는 하동 사람이었기 때문에 '유하동柳河東', '하동선생河東先生'으로 불렸다. 이처럼 유종원의 원래 본적은 하동(지금의 산시 윈청(運城))이며, 773년 경도京都 장안(長安: 지금의 산시성(陝西省) 시안시(西安市))에서 태어났다.

793년 진사進士에 합격했고, 5년 뒤에는 또 박학굉사과博學宏詞科에 합격했다. 이후 집현전정자集賢殿正字를 거쳐 남전현위藍田縣尉와 감찰어사監察御史를 역임했다. 그러던 중 805년 왕숙문王叔文이 주도한 정치혁신운동에 가담했으나 실패한다. 이에 왕숙문은 피살되었고, 그는 중앙에서 지방으로 좌천되었다. 소주자사紹州刺史로 간 그는 이후 다시 영주사마永州司馬로 좌천되었다. 그리고 10년 뒤에 다시 유주자사로 좌천되어, 그곳에서 819년 병으로 세상을 떠났다.

유종원은 한유와 함께 중당中唐 시기 고문운동을 이끌었기에 함께 '한유韓柳'라고 일컬어진다. 또 유우석과 더불어 '유유劉柳'라고도 불리며, 왕유·맹호연孟浩然·위응물韋應物과 함께 '왕맹위유王孟韋柳'로도 불린다. 한편 '당송8대가'는 당나라시대의 유종원과 한유 그리고 송나라시대의 구양수歐陽修, 소순蘇洵, 소동파, 소철蘇轍, 왕안석王安石, 증공曾鞏을 일컫는다. 그는 또 '천고문장4대가'(千古文章四大家: 당나라시대의 한유, 유종원과 송나라시대의 구양수, 소동파를 일컬음) 중 한 명으로도 뽑힌다. 작품으로는 생전에 〈영주팔기永州八

記〉 등 6백여 편의 시와 문장을 남겼으며, 이후 사람들이 《유하동집柳河東集》 30권으로 편집해 엮었다.

유종원은 채 50년도 되지 않는 짧은 생애 동안 문학에서 빛나는 업적을 남겼다. 그는 시가, 시문, 산문, 기행문, 우화, 소설, 잡문, 문학이론 등 여러 방면에서 뛰어난 공헌을 했다. 유종원은 평생에 걸쳐 많은 시를 남겼는데, 대부분 비통한 심경 및 고향과 친구들에 대한 그리움이 담겨 있다. 그의 시는 마음속 깊이 간직된 심경을 한적한 산수의 풍경과 절묘하게 조화시켜 표현했다는 점에서 높이 평가받고 있다. 유종원의 시 작품은 대부분 영주로 좌천된 이후에 쓰였는데, 광범위한 소재를 다루고 있다.

그의 서사시는 간략한 문체로 쓴 생동감 넘치는 묘사가 특징이며, 우언시는 선명한 문체로 함축된 의미를 드러내고 있다. 서정시에서는 참신하고 엄숙한 문체로 완곡하게 자신의 감정을 드러냈다. 이처럼 어떠한 형식에서건 그는 세밀하고 정교하게 자신의 깊은 정서를 표현했다. 한편 기행문, 우화 등에서도 유종원은 매우 뛰어난 작품을 남겼다. 그중에서도 가장 유명한 것이 그의 산수유기山水游記이다. 그는 여기서 아름다운 자연에 대한 감정을 생동감 있게 묘사해 문학사에서 독자적인 위치를 확립했다.

철학에서 유종원은 소박한 유물론적 관점을 지니고 있다. 그는 우주는 혼돈스럽게 움직이는 원기元氣로 구성되어 있으며, 하늘은 자연을 구성하는 요소일 뿐이라고 보았다. 이에 그는 하늘은 사람의 운명을 좌우할 만큼 절대적인 힘을 가지고 있지 않으며, 천지의 변화는 원기가 운동한 결과라고 주장했다. 그는 다음과 같이 말했다. "저 위에 검은 것을 세상은 하늘이라 하고, 아래에 누런 것을 세상은 땅이라 한다. 그리고 혼연히 가운데 있는 것을 세상은 원기라 한다."

유종원은 또 만물은 모두 자신의 발전 규율을 가지고 있다고 보았다. 자연의 규율에 순응하지 않는다면 아무것도 이루지 못할 뿐만 아니라, 오히려 손해를 보게 된다고 주장했다. 이에 그는 나무를 잘 심어 가꾸려면 나무가 가진 규율에 맞춰 길러야 하며, 사람을 교육하는 것도 마찬가지라고 말했다. 즉 사람을 교육시킬 때도 인간의 발전 규율에 순응하게 해야지, 주관적인 바람이나 감정에 의해 임의로 간섭하거나 주입해서는 안 된다는 것이다.

한편 유종원은 교사의 역할을 긍정하며, 마땅히 스승은 행동으로 모범을 보여야 한다고 주장했다. 유종원은 사제지간의 예를 받고 싶지 않아서 정식으로 사제지간을 맺는 것을 완곡히 거절했지만, 자신에게 가르침을 청할 경우는 항상 최선을 다해 답해 주며 후학을 기르기 위해 애썼다.

'간섭하지 않음'은 어떤 의미인가?

'하늘과 사람은 서로 간섭하지 않는다.'는 관점은 기존의 편견과 관념에서 벗어나기 위해 '괄호치기'를 해야 한다는 에드문트 후설(Edmund Husserl)의 관점과 비슷한 면이 있다. 당시 시대적 배경에서 보자면 이는 분명 상당한 업적이다. 이러한 관점에서 보면 인간은 하늘이 난관을 해결해 주길 기대하지 말고, 스스로 책임을 짊어지고 해야 할 일을 최선을 다해 완수해야만 한다.

반면 하늘과 인간의 관계를 괄호 안에 넣어 본다면, 하늘과 인간의 관계는 인간과 인간의 관계로 변화한다. 곰곰이 생각해보면 옛 고서들에는 여러 가지 터무니없는 말들이 있다. '천국에는 화장실이 없다.', '바늘 끝에는 몇 명의 천사가 서 있다.'와 같은 웃고 넘어갈 만한 문제들이 진지하게 명시돼 있곤 했다.

그럼에도 자신의 관점으로 상대방을 이기고 싶어 하는 사람들이 있다. 이때 무엇이 맞고 틀린지는 중요하지 않다. 오로지 승리에만 집착할 뿐이다. 이는 사실상 자기만족에 빠진 나머지, 자신의 관점이 잘못되었음에도 이를 자각하지 못하는 행위이다.

그러니 '간섭하지 않는다.'는 말은 인간과 인간의 관계에서도 좋은 처방이 될 수 있다.

천지만물의 변화를 알려면

소옹 邵雍

— 움직이기 시작하면 양이 생기고, 움직임이 극에 달하면 음이 생긴다

북송시대 역학자의 우주생동설의 핵심명제.

객관적 관념론자의 우주의 근원인 태극에 대한 일갈.

오랫동안 널리 전해져 왔던 재미난 숫자시가 있다.

"아이가 한 걸음에 이삼 리를 가니, 작은 마을에 밥 짓는 연기가 나는 집이 네다섯 채 있네. 정자가 예닐곱 채 있는데 그 옆엔 여덟, 아홉, 열, 많은 꽃이 피었구나."

한 아이가 엄마의 옷자락을 쥐고 할머니 집으로 가고 있다. 한 걸음에 이삼 리를 걸어가는데, 눈앞에 네다섯 집이 옹기종기 모여 있는 작은 마을이 보인다. 마침 점심 때라 집집마다 밥 짓는 연기가 모락모락 피어난다. 길가에는 예닐곱 채의 정자가 세워져 있고, 지친 모녀가 한 곳에 앉아 쉬는데 옆에 아름다운 꽃들이 피어 있다.

아이가 웃으며, 활짝 핀 꽃을 손가락으로 세어본다. "여덟 송이, 아홉 송이, 열 송이……." 그러고는 손을 뻗어 꽃을 꺾으려 하자 아이 엄마가 말한다.

"네가 한 송이를 꺾고, 또 다른 사람이 한 송이를 꺾고 하다 보면 뒤에 오는 사람들은 아름다운 꽃을 볼 수 없잖니."

이후 그곳에는 셀 수도 없을 만큼 많은 꽃들이 흐드러지게 피어나 아름다운 풍경이 펼쳐진다.

이처럼 숫자 몇 마디로 생동감 있게 아름다운 시골마을 풍경을 묘사한 사람은 북송시대의 철학가이자 역학자인 소옹邵雍이다.

소옹(1011~1077)의 자는 요부堯夫, 시호는 강절康節이다. 호는 안락선생安樂先生, 이천옹伊川翁이며 후세에는 백원선생百源先生이라 일컬어졌다. 원래는 범양(范陽: 지금의 허베이성 줘현(涿縣)) 사람인데, 어릴 적에 부친을 따라 공성(共城: 지금의 허난성 휘현(輝縣))으로 이사했다. 소문산蘇門山 백천百泉에 은거하며 생활했는데, 집을 '안락와安樂窩'라 이름 지었기 때문에 안락선생이라 불렸다.

인종 시기와 신종 시기에 조정에서 소옹을 불러 관직을 주려 했지만, 그는 병을 핑계로 모두 거절했다. 인종 대(1049)에 낙양에 정착한 그는 제자들을 가르치며 생활했다. 또 이 시기에 사마광司馬光, 여공저呂公著, 정호程顥, 정이程頤, 장재張載 등과 교류하면서 저술에 힘썼다.

진단陳摶의 도가 사상에 영향을 받은 소옹은 이를 통해 자신만의 철학을 발전시켜 나갔다. 그는 단순히 도가 사상을 계승하거나 이전 사상가들의 철학을 답습하는 것이 아니라, 숫자를 기반으로 한 자신만의 방대한 철학체계를 건립했다. 소옹의 역학은 기존의 상수역학象數易學을 단순히 계승한 데만 그치지 않고 자신만의 이론을 이루어냈다는 점에서 가치가 있다. 이처럼 그는 《역》에 얽매이지 않고 기존 역학과 다른 관점을 제시하며 역학의 발전을 이끌었지만, 또 이 때문에 끊임없는 공격을 받아야 했다. 반면 그의 사상은 송나라시대의 성리학 형성에도 일정 부분 영향을 주었다. 정호와 정이가 역학에 뛰어났고, 사마광과 장재가 당시에 명성을 떨치며 후세에 영향을 주었던 데에는 소옹의 영향이 적지 않다. 이렇듯 소옹의 역학은 당시에 상당한 영향을 떨쳤다.

소옹의 철학 사상은 기본적으로 객관적 관념론에 속하지만, 일부 유물론적인 내용도 포함하고 있다. 그는 우주의 근원은 태극이며, 태극에서 천지가 생겨나고, 움직임에서 하늘이 생겨나며, 고요함에서 땅이 생겨난다고 주장했다. 그는 다음과 같이 말했다. "움직이기 시작하면 양이 생기고, 움직임이 극에 달하면 음이 생긴다.", "고요함의 시작에서 부드러움[柔]이 생기고, 고요함이 극에 달하면 강함[剛]이 생긴다."

또 그는 음양을 원래 하나의 기氣로 보고 "생기면 양이 되고, 소멸하면 음이 된다.", "기는 하나일 뿐이다."라고 말했다. 태극은 움직이지 않지만 발현하면 변화해 수數, 상象, 기器가 생겨난다. 그는 다음과 같이 말했다. "태극은 움직이지 않음이 본성이다. 그러나 발현하면 신神이 된다. 신은 수이고, 수는 상이며, 상은 기이다. 기는 변화해 다시 신으로 돌아간다."

또 그는 천지만물의 생성과 변화는 '선천상수先天象數'의 도식에 따라 이루어진다고 보았다. 이에 선천상수를 마음에 귀결시켜 "선천의 학문은 마음이다."라고 말했다. 이렇듯 선천의 학문은 모두 마음의 법이므로, 세상의 일과 사물 그리고 변화는 모두 마음에서 나온다.

그러면서 성인은 "하나의 마음으로 만인의 마음을 관찰하고, 하나의 몸으로 만인의 몸을 관찰하고, 하나의 사물로 만물을 관찰하고, 한 세대를 통해 만세를 관찰할 수 있다."고 말했다.

한편 역사에 대한 인식에서도 소옹은 독특한 관점을 보였다. 그는 상수에 따라 세상의 시작과 종말과정을 원元, 회會, 운運, 세世로 구분했다. 이에 그는 우주 역사주기를 1원은 12회, 1회는 30운, 1운은 12세, 1세는 30년으로 나누었는데, 1원은 사실상 1년을 본뜬 것이다(1년에 12달, 1달에 30일, 1일에 12시진, 1시진에 30시분). 1원은 129,600년을 말한다. 소옹은 세상의 역사는 이러한 주기를 따라 흥성과 쇠망을 끊임없이 반복한다고 주장했다.

그리고 하늘은 자子에서 형성되었고, 땅은 축丑에서 이루어졌으며, 사람은 인寅에서 생겼다고 말했다. 그는 역사적으로 제6회인 사회巳會에 해당하는 요임금의 시기가 가장 문명이 흥성했던 때였다고 보았다. 이후 제7회인 오회午會에 접어들면서 흥성은 점차 쇠망의 길로 접어드는데 이 시기가 하나라, 상나라, 주나라부터 송나라에까지 이르는 시기이다. 그는 요임금시대부터 송나라시대까지를 황皇, 제帝, 왕王, 패霸 4가지 단계로 나누고 한 단계가 지나갈수록 이전보다 더 쇠퇴하게 될 것이라고 말했다.

이처럼 방대한 세계관을 제시한 소옹의 죽음에는 신비로운 이야기가 전해진다.

신종 대(1077)의 어느 여름날, 사마광 등과 함께 담소를 나누던 소옹이 웃으며 말했다. "나는 만물의 윤회를 보고 가고 싶네."

그리고 가을이 되자 소옹의 병이 심해졌다. 어느 날 문병 온 정이를 보고 소옹이 말했다. "보아하니 우리는 영원히 이별해야 할 것 같네."

이에 정이가 슬퍼하며 말했다. "선생님, 남기실 말씀은 없으십니까?"

그러자 소옹이 말했다. "앞의 길은 넓게 해야 하네. 좁으면 자신마저도 설 곳이 없게 되니, 어떻게 사람이 다닐 수가 있겠는가?"

소옹의 말을 이해한 정이는 가만히 고개를 끄덕였다.

그리고 그해 겨울 날, 소옹은 아들을 불러 다음과 같이 당부했다. "첫째, 내가 죽거든 낙양 이천伊川에 안장할 것. 둘째, 묘지명은 정이에게 써달라고 할 것. 셋째, 매장할 때 다른 물건은 필요 없으니, 베개와 기름칠한 검은색 무명옷이면 충분하다. 그리고 입관할 때 이李 씨 성을 가진 처녀를 오게 해서 장례과정을 모두 보여줘라."

아들이 고개를 끄덕이며 그러겠다고 대답하자 소옹은 조용히 눈을 감고 세상을 떠났다. 그리고 소옹의 유언에 따라 장례를 치른 사람들은 입관을 하려 할 때 이씨 성을 가진 처녀를 불러, 기름칠한 검은색 무명옷을 입고 관에 누워 있는 소옹의 모습을 보게 했다. 이후 소옹이 말한 베개를 넣고 다시 이씨 성을 가진 처녀에게 보게 한 뒤, 관 뚜껑을 덮고 이천에 안장했다.

이후 어느덧 6,7년이 지나 시집을 간 그녀는 아들을 낳았다. 그리고 이후 그녀의 아들이 결혼해 손자를 낳았다. 손자는 자라서 훌륭한 사람이 되기는커녕 매일 도굴만 일삼으며 지냈다. 어느 날 그녀는 손자가 다른 사람들과 함께 "소옹 선생의 무덤을 도굴하러 가자."고 속닥거리는 소리를 들었다.

그녀가 막아서며 말했다. "그곳에는 가지 말거라. 소옹 선생님이 입관할 때 내가 그곳에 있었다. 안에는 아무것도 없고, 입고 있는 옷도 기름을 칠한 무명옷뿐이다."

그러자 손자가 물었다. "정말이에요, 할머니?"

이에 그녀가 대답했다. "그럼 그렇고말고. 내가 당시에 직접 두 눈으로 봤는걸."

이로써 소옹의 무덤은 파헤쳐지지 않을 수 있었다고 한다. 소옹은 죽기 전에 이미 그녀의 손자가 자신의 무덤을 도굴하려 할 것을 알고 있었던 것이다.

물론 이 이야기는 항간에 전해지는 전설일 뿐이다.

우리가 죽음 앞에 주목해야 할 이유는?

소옹의 죽음에 얽힌 전설을 보니, 소크라테스의 죽음이 떠오른다. 철학의 매력은 삶과 죽음 앞에서 더욱 두드러지는 법이다.

하이데거의 '죽음을 향하는 존재'란 말이나, 아내가 죽자 대야를 두드리며 노래를 부른 장자의 모습은 모두 철학적 관점에서 비롯된 것이다. 또 "친척들이 슬픔에 애통해하면 남은 사람들이 노래를 불러주네. 이미 죽은 사람은 말을 하지 못하고, 시체는 산에 묻혀 흙으로 돌아가리."라는 글귀로 죽음을 묘사한 도연명(陶淵明)의 시에도 철학의 매력이 담겨 있다.

바로 이것이 우리가 철학에 주목해야 하는 이유이다. 비록 이들처럼 뛰어난 사상을 일궈내지 못한다 할지라도, 철학을 통해 인생의 지혜를 배울 수 있으니 말이다.

지극히 맑고 평안해지고 싶다면

주돈이 周敦頤
— 무극이면서 태극이다

'북송5자(北宋五子)'를 대표하는 대사상가의 이학 사상.
'도학(道學)의 종주'로 평가받는 철학자의 우주론.

    중국 북송 문학을 대표하는 고전 명작으로 〈애련설愛蓮說〉이란 작품이 있다. 전부 119자로 이루어진 이 작품은 간결한 문체로 연꽃의 아름다움을 표현하고 있다. 여기서 작가는 스스로를 연꽃에 비유해, 자신의 심오한 사상을 명징하게 표현한다. 〈애련설〉에서 '설說'은 사물에 기대어 자신의 뜻을 드러낸다는 의미를 가지고 있다.

    "진흙에서 나왔으면서도 더럽혀지지 않고"란 부분에서 작가는 연꽃의 기개와 꿋꿋한 절개를 표현하며, 은연중에 자신이 지향하고자 하는 인격을 드러낸다. 부귀영화를 쫓는 세상의 모습과 동떨어져 청렴함을 추구하고자 하는 작가의 지조가 반영된 것이다. 동시에 은거를 상징하는 국화, 부귀를 상징하는 모란 그리고 고결함을 상징하는 연꽃의 아름다움을 비교하고 대조해 이 글의 취지를 더욱 부각시켰다. 이처럼 세 가지 이미지를 명료하게 대비시킴으로써 자신의 뜻을 분명하게 드러내 당대를 대표할만한 명문장으로 꼽히고 있다.

게다가 '애愛'라는 한 글자로 대표되는 이 글은 전체적으로 매우 운치 있고 매끄러운 문장으로 쓰여 후세 사람들에게 많은 사랑을 받아왔다. 그중에서도 연꽃을 묘사한 다음의 부분은 특히 명문장으로 알려져 있다.

"나는 유독 연꽃이 진흙에서 나왔으면서도 더럽혀지지 않고, 맑은 물결에 씻기면서도 요염하지 않으며, 속은 비어 있고 겉은 곧으며, 덩굴지지 않고 가지치지도 않으며, 향기는 멀수록 더욱 맑고 우뚝한 모습으로 깨끗하게 서 있어, 멀리서 바라볼 수는 있으나 함부로 가지고 놀 수 없음을 사랑한다."

이처럼 연꽃을 통해 자신의 고매한 이상을 표현한 〈애련설〉의 작가는 북송시대의 저명한 철학가인 주돈이周敦頤이다. 그는 '북송 5자北宋五子'의 수장이자 이학理學학파의 창시자로 평가받고 있다.

주돈이(1017~1073)의 원래 이름은 돈실惇實이었으나, 영종英宗 황제의 이름을 피해 돈이로 개명했다. 자는 무숙茂叔이며, 호는 염계濂溪이다. 사후에는 원元이란 시호가 내려졌다. 주돈이의 본적은 도주道州 영도현(營道縣: 지금의 후난성 다오현)이며, 태어난 곳은 하주賀州 계령현(桂嶺縣: 지금의 광시(廣西) 허저우 구이린진)이다. 1017년 계령 현령을 역임한 주보성周輔成의 아들로 태어났다. 하지만 인종 9년(1031) 14살의 나이에 아버지가 세상을 떠난 이후에는 외숙 정향鄭向 밑에서 자랐다.

어려서부터 공부를 좋아했던 주돈이는 고향인 도주 영도지방에서 "뜻이 깊고 학문에 힘쓰며 옛 선인들의 기풍을 가지고 있다."고 불리며 명성을 떨쳤다. 많은 책을 탐독하며 다양한 사상을 접한 그는 선진시대의 제자백가에서부터 한나라 때 유입된 인도 불교에 이르기까지 모두 섭렵했다. 이러한 지식들은 그가《역경》을 연구해 자신의 선험적인 우주론을 건립하는 데 기초가 되어주었다.

이처럼《역전易傳》과 일부 도가와 도교 사상을 계승한 주돈이는 간단하면서도 체계적인 우주 구성론을 제시했다. "무극無極이면서 태극이다."라고 말한 그는 '태극'이 한번 운동[動]하고 한번 고요[靜]해짐으로써 음양과 만물이 생겨난다고 보았다. 또 성인도 '태극'을 본받아 '인극人極'을 이뤄야 한다고 생각했다. 여기서 '인극'은 '성誠'을 말한다. '성'은 '순수하고 지극한 선'으로 '다섯 가지 도리[五常]의 근본이며 모든 행동의 근원'인 도덕의 가장 높은 경계이다. 이러한 경계는 조용함을 주로 해 욕심을 없앰으로써 이를 수 있다. 이처럼 그가 제시한 무극, 태극, 오행, 동정動靜, 성명性命, 선악 등과 같은 철학 범주들은 이후 이학연구의 주제가 되었다.

주돈이는 인간의 성품이 본래 순박하다고 보았다. 그는 자신의 작품에서 "토란과 푸성귀로 한 해를 보낼 수 있고, 명주와 베로는 옷과 이불을 만들 수 있네. 배부르고 아늑한 것은 큰 부귀이고, 건강하고 편안한 것은 값을 매길 수가 없네."라고 술회한 바 있는데, 이는 "군자는 도가 충만한 것을 귀하게 여기고, 몸이 편안한 것을 부유함으로 여긴다."는 말을 더욱 잘 설명해 준다.

이러한 순박한 삶의 자세야말로 주돈이가 단아하고 고결한 연꽃을 특별히 좋아한 이유일 것이다.

주돈이의 이학 사상은 동양철학사에서 기존의 철학 사상을 계승해 발전시킨 역할을 했다. 주돈이가 사망한 뒤 그의 이학 사상은 송나라, 원나라, 명나라, 청나라에 이르기까지 줄곧 높은 평가를 받았다. 하지만 생존했을 당시 그의 사상은 높이 평가받지 못했고, 학술적 지위도 높지 않았다. 그가 능력 있고 청렴한 정치인이자 초연하고 대범한 성품을 지녔던 인물이었다는 사실은 많은 사람들이 알고 있다. 하지만 주돈이의 이학이 지닌 탁월한 철학세계를 알아본 남안南安 판관 정향程珦이 자신의 두 아들인 정호와 정이를 그에게 보내 배우게 했다는 사실은 잘 알려져 있지 않다. 훗날 정이는 어린 시절 주돈이의 가르침을 받고 나서 벼슬길에 싫증을 느꼈으며, 유가의 '성왕聖王의 도'를 어떻게 이룰 수 있을지 공부하고 연구하기로 뜻을 세웠다고 말한 바 있다.

주돈이는 연화봉蓮花峯 밑에 염계서원을 열고 제자들을 가르치면서, 염계선생이라 불렸다. 그 뒤 1073년 세상을 떠났는데 향년 56세였다. 대표 작품으로는 〈애련설〉, 〈주원공집周元公集〉, 〈태극도설太極圖說〉, 〈통서通書〉 등이 있다.

이후 이학을 집대성한 주희朱熹는 주돈이를 매우 높이 평가하며, 그의 〈태극도·역설太極圖·易說〉과 〈역통易通〉에 주해를 달았다. 또 장식張栻은 주돈이를 '도학道學의 종주'로 평가했다. 이처럼 주돈이의 명성은 갈수록 높아졌고 주장, 도주, 남안 등지에서는 연이어 그를 기념하는 사당이 세워졌다.

주돈이의
철학적 사색거리

무욕으로 마음을 고요하고 바르게 하는 방법은?

주돈이는 지극하게 무욕을 실천하게 되면 '성인'이 될 수 있다고 역설했다. 그는 인간의 본성의 상태는 적연부동한 것으로서, 그것은 본래 성실하여 순수하고 지극히 선한 것인데, 이러한 본성이 바깥 사물과 접촉할 때에 욕망에 끌려서 악하게 될 수 있으므로 마음을 고요하게 하면 본성에 가까운 사람으로 살 수 있다고 보았다.

그래서 당시 어떤 사람이 '성인은 학습으로 될 수 있습니까?'라고 묻자, 그는 당연히 가능하다고 대답하며, 그 방법은 무욕(無慾)에 이르는 것이라고 하였다.

그는 "무욕하면 마음이 고요할 때는 비워지게 되고, 움직일 때는 곧게 된다. 고요하여 비워지게 되면 밝아지고, 밝아지면 통하게 된다. 움직여서 곧아지면 공평해지고 공평해지면 넓어진다. 밝고 통하며, 공평해지고 넓어지면 성인에 가깝게 된다."고 말했다.

주돈이가 설파한 '마음이 지극히 평안해지고 곧고 밝게 통하는 경지'에 다다르기 위해 오늘도 많은 사람들이 자기 수양과 명상의 도를 실천하기 위한 부단한 노력을 기울이고 있다.

주돈이의 가르침 마따나 사람은 무욕으로 마음을 고요하게 하면 그 본래의 상태인 성실함에 이르게 되어 인함과 의로움과 알맞음과 올바름을 보존하게 되고, 마침내 지극한 선의 경지에 이르게 되어 성인이 될 수 있다.

어찌 보면 참 단순하고 평범한 삶의 태도를 닮은 이학자(理學者)의 수련법이야말로 복잡한 이 시대를 고요하게 살아가는 지극히 간단명료한 일상의 마음수련이 아닐까 생각해본다.

태극의 존재가 궁금하다면

사마광司馬光
— 만물은 모두 허에서 비롯되었다

동양 최대의 역사서 《자치통감》 편찬자의 우주생성에 대한 일성.
세계근원인 '태극[虛]'에 대한 대사상가의 핵심명제.

　　《자치통감資治通鑑》은 북송 시기에 19년이라는 긴 시간 동안 편찬된 방대한 역사서이다. 《자치통감》은 총 294권이며, 대략 300만여 자로 이루어졌다. 이 밖에도 각 30권의 《고이考異》, 《목록目錄》이 있다. 중국 역사서 중 가장 긴 역사를 다룬 저서이다.

　　주나라 위열왕威烈王 23년(기원전 403)부터 후주後周 현덕顯德 6년 (959)까지 총 1,362년의 역사를 다루고 있다. 《주기周紀》 5권, 《진기秦紀》 3권, 《한기漢紀》 60권, 《위기魏紀》 10권, 《진기晉紀》 40권, 《송기宋紀》 16권, 《제기齊紀》 10권, 《양기梁紀》 22권, 《진기陳紀》 10권,

《수기隋紀》 8권, 《당기唐紀》 81권, 《후량기後梁紀》 6권, 《후당기後唐紀》 8권, 《후진기後晉紀》 6권, 《후한기後漢紀》 4권, 《후주기後周紀》 5권 등 모두 16기紀로 이루어졌다. 내용 면에서는 정치와 군사 그리고 민족관계를 주로 다루었고 경제, 문화와 역사인물에 대한 평가도 다소 이루어졌다.

이렇게 방대한 역사서가 편찬된 이유는 역대 왕조나 민족들의 흥망성쇠와 관련된 통치계급의 정책을 설명함으로써 후인들에게 교훈을 일깨워주기 위해서였다. 이에 송나라 신종은 "지난 일을 거울로 삼아 나라를 다스리는 방법을 찾는 데 귀감이 된다."는 뜻에서 《자치통감》이라는 이름을 하사했다.

《자치통감》은 고대 주나라에서 후주까지의 1,000여 년의 역사를 300만여 자의 방대한 양으로 서술한 중국 역사상 유례를 찾아보기 힘든 대단한 역작으로 여러 역사가들이 합심해서 노력한 도저한 역사서 서술의 성과이다. 그리고 이 모든 과정을 이끈 사람이 바로 북송시대의 정치가, 문학가, 역사가인 사마광司馬光이다.

사마광(1019~1086)의 자는 군실君實이며 호는 우부迂夫, 우수迂叟이다. 섬주陝州 하현(夏縣: 지금의 산시성 샤현) 속수향涑水鄕 사람으로, 속수선생이라 불렸다. 인종에서부터 영종, 신종, 철종哲宗에 이르기까지 4명의 황제를 섬겼다. 사후에는 태사太師로 추증되었고, 온국공溫國公이라 봉해졌으며, 시호는 문정文正이다.

《자치통감》의 편찬은 사마광이 이룬 최대의 성과라 할 수 있다. 신종 시절에 그는 왕안석의 개혁정책에 강력히 반대하며 관직에서 물러났다. 신종 4년(1071)에 그는 서경어사대西京御史臺에서 물러난 뒤, 15년 동안 낙양에서 지내면서 정사에는 관여하지 않았다. 독락원獨樂園은 그가 살던 곳이자 《자치통감》이 만들어진 곳이다. 사마광의 주도하에 유서劉恕, 유반劉攽, 범조우范祖禹 등 저명한 학자들과 아들인 사마강司馬康도 작업에 참여했다.

《자치통감》을 편찬하는 데 자신의 모든 열정을 마친 사마광은 책을 완성하고 채 2년도 지나지 않아 세상을 떠났다. 사마광은 《자치통감》의 최종원고 수정작업을 다른 사람의 손을 거치지 않고 자신이 직접 했다. 이에 청나라시대의 역사가 왕명성王鳴盛은 "세상에 없어서는 안 될 책이자 학자라면 누구나 읽어야 할 책이다."라고 평가했으며, 근대의 저명한 학자인 량치차오梁啓超도 "사마온공의 《자치통감》은 세상의 최고 문장이다. 방대한 구성에 풍부한 자료를 담고 있어 아직까지 이 책을 뛰어넘은 역사서는 존재하지 않는다."라고 말했다.

사마광은 《자치통감》 편찬 이외에도 문학, 경제학, 철학, 의학 방면을 깊이 연구해 여러 저서를 남겼다. 이에 역사적으로 사마광은 공자, 맹자와 더불어 유가의 3대 성인 중 한 명으로 받들어지고 있다.

후대에 모범이 되는 사마광의 인품을 설명하는 사례로는 그가 평생 첩을 들이지 않았다는 것이다.

사마광은 또 청빈한 생활로 사람들에게 칭송받았다. 그는 낙양에서 《자치통감》을 편찬할 때 지하를 파서 서재로 쓸 만큼 매우 초라한 집에서 살았다. 반면 당시 대신이었던 왕공진王拱辰도 낙양에 거주했는데, 그는 3층짜리 저택에서 살았으며 맨 꼭대기 층을 조천각朝天閣이라 불렀다. 이에 당시 낙양 사람들은 "왕공진은 하늘을 뚫었고, 사마광은 땅속으로 들어갔네."라고 말했다고 한다. 이후 사마광의 아내가 세상을 떠났다. 가난했던 그는 아내 장례를 치를 돈이 없어, 가지고 있던 땅을 저당 잡히고 돈을 빌려 겨우 장사를 치를 수 있었다.

철학에서 사마광은 유가 사상에서 형이상학적인 측면을 바탕으로 한 이론을 펼쳤다. 그는 세상에는 정신을 가진 근원적인 존재가 있다고 생각했다. 이에 세상의 모든 만물과 일들은 허무를 근원으로 한 기氣에서 나오며, 기로 인해 형체, 성질, 명칭 등이 이루어 질 수 있다고 보고 다음과 같이 말했다.

"그러므로 허는 사물의 곳간이고, 기는 생명의 집이며, 체體는 자질의 그릇이고, 성性은 정신이 부여된 곳이며, 명名은 일이 나뉜 것이고, 행行은 사람이 하는 것이며, 명命은 때에 맞는 것이다."

여기서 '허虛'는 만물이 생겨나는 곳이자 마지막으로 머무는 곳이다. 그리고 '기', '체', '성', '명'은 허로부터 파생된 것들이다. 시작점인 '허'는 무형무상의 비물질성으로 시작이자 끝이다.

사마광은 세계근원인 '태극[虛]'은 '중정中正'의 성질을 가지고 있다고 보았다. 그것은 음양오행의 기에서 파생되어 물질세계의 질서를 구성한다. 이에 '강기綱紀' 자질은 '중정'의 본성에 있다. 사회를 구성하는 각 계급의 사람들은 모두 이를 통해 올바른 질서를 유지할 필요가 있다. 제왕의 경우 순수하게 '중정'의 도를 깨달아, 백성을 사랑하고 만물을 아껴야 한다. 또 제왕을 보좌하는 대신들의 경우에도 마땅히 '중정'의 법칙을 따라야 하며, 백성들 역시 '중정'을 가장 높은 도덕적 준칙으로 삼아 자신의 행동을 단속해야 한다.

　　사마광은 수양을 강화해서 '중화中和의 도'를 응용해, '중정' 원칙에 부합하지 않는 동기나 원칙을 철저하게 단속해야 한다고 주장했다. 이 점을 강조하기 위해서 사마광은 '중화'를 인류 원칙의 가장 높은 단계라고 말하기도 했다. 이러한 사유방식과 내용은 송나라시대 이학의 발전과정과 유사한 모습을 보인다.

사마광의
철학적 사색거리

고상한 인품과 우매한 관점 사이엔 그 어떤 복잡한 관계가 있는가?

사마광의 이름에는 항상 두 가지 이야기가 따라다닌다. 하나는 그가 친구를 구하기 위해 항아리를 깨뜨렸다는 것이고, 또 하나는 왕안석의 개혁정책을 반대한 주요 인물이라는 점이다. 어려서부터 총명했던 사람이 어째서 매우 중요한 문제에 대해서는 어리석은 모습을 보였을까?

오늘날 이 문제는 여전히 유효하다. 게다가 고상한 인품과 우매한 관점 사이에 그 어떤 복잡한 관계가 있는 것인지도 또한 의문이다. 좋은 사람이라고 총명한 것은 아니고, 총명한 사람이라고 지혜로운 것은 아니며, 지혜로운 사람이라고 해서 좋은 사람인 것은 아닌 것일까? 아니면 우리가 각도를 바꿔서 사마광과 그의 철학을 이해해야 하는 것일까?

나는 단지 질문을 던질 뿐이다. 답은 각자 자신들에게 있다.

사마광의 '허실' 관점은 기나긴 동양철학의 발전과정에서 그렇게 눈부신 성과를 일궈내지 못했다. 그가 뛰어난 성과를 일궈낸 부분은 허실 인식에 '운동'과 '과정'의 의미를 부여해, 무미건조하고 답보상태에 있던 허실 논쟁에 활력을 불어넣은 과정에 있다. 그의 이러한 불굴의 의지는 높이 평가할 만한 부분이다.

우주의 근원에 대하여

장재 張載
─ 태허는 형체가 없으나 기의 본체이다

북송시대의 관학 경륜가가 펼치는 우주의 근원에 관한 명제.
'민포물여(民胞物輿)'라는 독특한 사상적 관점을 표현한 한마디.

　장재는 15세 무렵 아버지가 돌아가시자, 횡거진의 대진곡 근처에 정착하였다. 이곳에 아버지가 구입해 둔 밭이 수백 묘가 있어서 그것을 경작하면서 살았다. 1037년(18세)에 이민족 나라인 서하^西夏가 이곳을 침범했는데, 1040년(21세)에 경략안무부사^{經略安撫副使}로 연주에 온 범중엄을 찾아가서 서하를 응징하고자 하는 그의 포부를 밝히는 글을 올렸다. 범중엄은 그가 비범함을 알아보고《중용》을 내어 주면서 "유교에는 명교가 있어서 스스로 즐길 수 있는데, 어찌하여 병법을 일삼으려고 하는가?"라고 하면서 학문을 권유

하였다. 이에 그는 종군할 생각을 버리고 《중용》을 읽은 후에 불교도 공부하고 도가도 공부하였다. 그러나 이로부터 취할 것이 없다고 생각하고, 다시 유교를 공부하였다. 그리고 10여 년의 시간 동안 각고의 노력을 쏟은 끝에 유학, 불교, 도가를 모두 아우르는 이치를 깨닫고 자신만의 학술체계를 건립하게 된다.

1056년(36세)에는 그보다 12세와 13세 연하인 외조카인 정호와 정이가 그를 방문하였다. 그는 그들과 《주역》에 관하여 토론을 하고나서 자신이 조카들만 못함을 알고, 다음 날 그가 가르치던 제자들에게 두 정씨 형제를 스승으로 삼도록 하라고 말하고 《주역》을 강의하기를 그만두었다고 한다. 그는 이후에 정씨 형제 등과 더불어 1057년(37세) 진사시험에 합격하였다.

그는 유교의 이상이 윤리도덕을 통하여 평화로운 사회의 건설에 있다고 생각하고, 풍기를 바로잡고, 명절이 되면 몸소 술자리를 만들어 부모뻘이 되는 어른들을 초대하여 친히 술을 권했다고 한다.

북송시대의 저명한 유학자이자 교육자이며 관학關學의 우두머리였던 장재張載는 횡거橫渠에서 제자들을 가르쳤다.

장재(1020~1078)의 자는 자후子厚이다. 장재는 이학 창시자 중 한 명이자, 이학에서 파생된 관학의 창시자이다. 주돈이, 소옹, 정호, 정이와 함께 '북송5자'라 불린다.

장재의 본적은 대량(大梁: 지금의 허난성 카이펑(開封))이다. 부친

장적張迪이 진종眞宗 시기에 장안에 부임한 뒤, 1020년에 장재가 태어났다. 그리고 1023년에 부주(涪州: 지금의 충칭시(重慶市) 푸링구(涪陵區) 지주(知州))로 부임한 뒤, 장재가 15살 때 그곳에서 병으로 세상을 떠난다. 가족들은 고향인 대량에서 장례를 치르기 위해 부친의 관을 싣고 길을 떠났다. 당시 남은 가족이라고는 어머니와 장재 그리고 겨우 다섯 살밖에 안 된 동생 장전張戩뿐이었다. 결국 횡거진橫渠鎭에 이르렀을 때 경비도 떨어지고 전란으로 앞길도 막히게 되자 결국 아버지의 시신을 횡거 대진곡大振谷에 안장한 뒤 그곳에 정착했다. 이에 장재는 횡거선생이라 불리게 되었다.

1057년 38살의 나이에 장재는 과거시험을 치르기 위해 변경(汴京: 지금의 카이펑)으로 갔다. 당시 구양수가 시험을 주관하였는데 장재와 소동파, 소철 형제가 함께 진사로 합격했다. 이후 장재는 기주사법참군祁州司法參軍, 운암현령雲岩縣令, 위주군사판관渭州軍事判官 등의 관직을 역임했다. 그러던 중 신종 대(1069)에 어사중승御史中丞 여공저呂公著가 신종에게 장재를 추천했다. 이에 신종은 장재를 불러, 나라를 다스리는 법을 물었다. 그러자 "모든 것에서 3대(하·은·주)를 본받아야 한다."고 대답해 신종을 매우 만족시켰다.

이에 당시 집권하며 개혁정책을 실행하고 있던 왕안석이 장재의 지지를 받고 싶어 했다. 하지만 장재는 정치가라면 자신의 재능을 마음껏 발휘해야 한다는 점에는 동의하면서도 완곡하게 정치에 참여하고 싶지 않음을 밝혔고, 결국 왕안석의 반감을 사게 되었다. 게다가 이때 감찰어사로 있던 동생 장전이 왕안석의 개혁정책에 반대해 충돌하게 되면서, 공안현(公安縣: 지금의 후베이성 장링현(江陵縣))으로 좌천되었다. 이에 장재는 자신도 연루될 것을 예측해, 관직을 내려놓고 횡거로 돌아온다.

횡거로 돌아온 장재는 집안이 보유한 척박한 농지 수백 묘에 의지해 생활하며, 하루 종일 제자들을 가르치고 학문을 연구하는 데 힘을 쏟았다. 이 시기에 그는 상당히 많은 저서를 쓰며, 평생에 걸친 자신의 학술성과를 종합했다. 그리고 고례古禮와 정전제井田制를 실천하기 위해 직접 제자들을 지도했다.

1077년에 진봉로(秦鳳路: 지금의 간쑤성(甘肅省) 톈수이시(天水市))의 수수守帥 여대방呂大防이 신종에게 장재를 다시 조정으로 불러들일 것을 요청했다. 이때 장재는 폐결핵에 걸려 있었지만, 병 때문에 관직을 거절할 수는 없다고 하며 정치이상을 실현하기 위해 받아들였다. 하지만 얼마 안 가 결국 사직하고 고향으로 내려가던 길에 낙양에 들러, 정호와 정이를 만난다. 그리고 고향으로 내려가던 중 그해 음력 12월 임동臨潼의 한 숙소에서 목욕을 하고 잠에 든 뒤, 다음날 새벽 58세의 나이에 세상을 떠났다. 당시 조카 한 명만이 그의 임종을 지켰다고 한다.

이처럼 장재는 순탄치 못한 삶을 살았다. 그는 두 차례 황제의 부름을 받았고, 여러 관직을 역임했다. 그리고 많은 저서들을 쓰며 상당한 성과를 거두었다. 또 그는 평생 동안 청빈한 삶을 살았다. 그가 세상을 떠난 뒤에는 장례 비용조차 없을 정도였다. 이에 장안의 제자들이 소식을 듣고 달려와 관을 사 입관한 뒤, 횡거 대진곡에 안장했다.

장재는 우주의 근원을 기氣로 보고, "태허太虛는 형체가 없으나 기의 본체이다."라고 말했다. 기가 모이면 눈으로 볼 수 있는 형체가 생기고, 기가 흩어지면 형체가 없어 눈으로 볼 수 없는 태허가 된다. 우주는 시작도 끝도 없는 무한한 과정을 계속하는데, 이 과정 속에서 뜨고 가라앉고, 올라가고 내려가며, 움직이고 멈추는 등 끊임없이 대립 운동을 한다. 그는 이러한 사물의 대립적인 변화를 '둘이면서 하나[兩與一]'인 관계라고 설명하며 다음과 같이 말했다. "둘이 서지 않으면 하나는 드러날 수 없다. 하나가 드러나지 않으면 둘의 작용은 멈춘다." 이처럼 둘과 하나는 "둘이 있으면 하나가 있고", "하나가 있으면 둘이 있는" 서로 연관되어 의존하는 관계이다.

반면 사회윤리 방면에서 그는 '천지지성天地之性'과 '기질지성氣質之性'으로 나누고, 도덕수양과 인식능력을 확장해 '본성을 다해야 한다.[盡性]'고 주장했다. 또 온화한 사회개혁자였던 그는 정전제를 실행해 토지를 균등하게 나누면 사회가 안정될 것이라고 말했다.

이러한 그의 사상은 오늘날에도 여전히 다양한 부분에서 다루어지고 있다.

천지만물과 '나'와의 존재의 일체는 어떻게 이루어지는가?

장재가 말년에 지었다는 《서명》은 전체 글이 겨우 253자에 지나지 않지만 담겨진 주제는 '천지만물'과 '나'라는 존재와의 일체에서 얻어지는 '인(仁)'에 대해서 말하고 있는 심오한 세계를 다루고 있다. 이중 핵심내용은 다음과 같다.

"건(乾)은 나의 부(父)이며 곤(坤)은 나의 모(母)이다. 나는 천지(天地)의 자(子)로서 천지(天地)의 중간에 만물과 함께 있다. 그런 까닭으로 나의 체(體)는 단지 나의 형체(形體)에 그치는 것이 아니다. 사람·산천·초목·금수·곤충에 이르기까지 무릇 천지의 사이에 존재하는 것은 전부 나의 체이다. 나의 성(性)도 또한 만물의 성이다. 천지는 나와 그리고 만물도 생성하기 때문에 나와 마찬가지로 천지 사이에 있는 것은 모두 나의 동포다.(중략)"

무릇 모든 사물의 이치는 나로부터 비롯되고, 내가 지극한 정성을 다해야 천지만물이 호응한다는 장재의 주체적 세계운용관은 오늘에 돌아봐도 전혀 낯설지 않은 철학적 주제이다. 이는 오늘날 '내 삶의 주인은 나'라는 어찌 보면 너무나 당연한 이치를 1000년 전 중국의 사상가들도 궁구해 왔음을 여실히 증명하는 철학적 자세가 아닐 수 없다.

개혁이란 무엇인가

왕안석 王安石
— 예는 천리에서 비롯되어 사람에게서 이루어졌다

중국 최고의 개혁가가 말하는 세상이치의 기본명제.
예에 대한 인간의 역할을 강조한 대표명제.

　　개혁가란 당대 사회의 제도를 변화시키기 위해 노력하는 사람들이다. 그래서 그들은 집권자들의 탄압과 비난에도 굴복하지 않는 강인한 의지를 가지고 있다. 왕안석도 여느 개혁가와 별반 다르지 않았다.

　　장방기張邦基는 《묵장만록墨庄漫錄》에서 왕안석의 서체를 "옆으로 몰아치는 바람 속에서 세차게 내리는 비의 형상을 닮았다."라고 평가한 바 있다.

　　왕안석은 항상 허름한 옷을 입고 다니며, 주변 사람들이 자신을 어떻게 생각하든 신경 쓰지 않았다. 한 번은 인종이 신하들을 불러, 낚시를 하며 시를 짓는 연회를 베풀었다. 왕안석도 참석했는데, 평소 낚시를 즐기지 않는 데다가 윗사람의 기분을 맞추는 성격도 아니었기에, 그는 하라는 낚시는 하지 않고 앞에 있는 미끼만 집어 먹었다고 한다. 이와 같은 일화는 주변 사람들의 시선이나 말에 개의치 않는 왕안석의 외골수적 성격을 그대로 보여준다.

오랜 기다림 끝에 마침내 개혁을 실행에 옮겼을 때에도 그는 주변의 목소리에 귀를 기울이지 않은 채 자신이 옳다고 생각한 계획을 불도저처럼 밀고 나갔다. 안타까운 점은 이와 같은 성격이 결국에는 개혁을 성공시키는 데 부메랑이 되었다는 점이다. 주변의 반대를 포용하지 못한 채 밀어붙인 개혁은 결국 반대파들의 반감만 더욱 키우게 되었고, 철저하게 외면을 받은 채 폐지될 수밖에 없었다.

중국 역사에서 뛰어난 개혁가로 손꼽히는 정치가는 바로 세상 사람들이 임천선생臨川先生이라 부른 왕안석王安石이다. 구양수는 그를 "이백처럼 3천 수의 시를 짓고, 한유의 문장처럼 2백 년 동안 이어지리. 늙어서도 포부는 사라지지 않을 테니, 뒤이어 어떤 사람이 그대와 다툴 수 있을 텐가."라고 평가한 바 있다.

왕안석(1021~1086)의 자는 개보介甫이고 호는 반산半山, 임천선생이다. 사후에 형국공荊國公에 봉해져 왕형공王荊公이라 불리기도 한다. 북송시대 무주撫州 임천(臨川: 지금의 장시성 푸저우시 린촨구

덩자항(鄧家巷) 사람으로 중국 역사에서 가장 뛰어난 정치가, 사상가, 학자, 시인, 문학가, 개혁가이자 당송8대가 중 한 명이다. 북송시대 재상이자 신당의 지도자로 개혁을 이끌었다. 저서로는《왕임천집王臨川集》,《임천집습유臨川集拾遺》등이 있다.

지방관리 집안의 자제였던 왕안석은 어려서부터 총명해서 한번 읽은 책의 내용은 쉽게 잊어버리지 않았다고 한다. 게다가 어려서부터 부친을 따라 여러 지방을 돌아다니며 생활했던 그는 백성들의 힘겨운 삶을 직접 체험할 수 있었다. 이러한 경험으로 송나라에 뿌리 깊게 박힌 가난과 어려움을 알게 된 그는 젊은 시절부터 개혁가로서 '세상을 바로잡아 변화시키겠다.'는 꿈을 꾸기 시작한다.

인종 시기(1042) 진사에 급제한 그는 회남절도판관淮南節度判官으로 관직생활을 시작한다. 이후 은현(鄞縣: 지금의 저장성 닝보시(寧波市) 인저우구(鄞州區))으로 자리를 옮겼고, 1058년 자신의 정치 이상과 구체적인 실행 방안을 적은〈상인종황제언사서上仁宗皇帝言事書〉라는 글을 황제에게 올린다. 그는 이 글에서 강력한 개혁정책을 실행해 시대적 상황에 맞게 법을 새롭게 제정할 것을 주장하며 체계적인 방법을 제시했다. 그가 제시한 방법에는 관료들과 대지주들의 토지 겸병과 특권을 제재함으로써 국가를 더욱 부강하게 하는 정책들이 담겨 있었다.

1067년 영종의 뒤를 이어 황제의 자리에 오른 신종은 왕안석을 강녕지부江寧知府로 임명했다. 그리고 얼마 지나지 않아 중앙으로 불러, 한림학사翰林學士 겸 시강을 맡게 했다. 신종은 송 왕조가 직면한 정치·경제적 문제들과 요·서하의 끊임없는 침략에서 벗어나기 위해 왕안석의 개혁이 필요하다고 보았다. 1068년 신종이 왕안석을 불러 나라를 다스리는 법을 묻자 그는 즉시 상소를 올려, 개혁정책을 실행할 것을 주장했다. 다음해 참지정사參知政事 자리에 오른 왕안석은 개혁정책을 실행하기 위해 제치삼사조례사制置三司條例司를 설립하고, 개혁에 참여할 인재들을 물색하기 시작했다.

1070년 동중서문하평장사同中書門下平章事에 임명된 왕안석은 재상으로서 새로운 법을 대대적으로 추진하면서 개혁에 박차를 가했다. 재정 방면에서는 균수법均輸法, 청묘법青苗法, 시역법市易法, 면역법免役法, 방전균세법方田均稅法, 농전수리법農田水利法 등이 실행되었고, 군사 방면에서는 치장법置將法, 보갑법保甲法, 보마법保馬法 등이 실시되었다. 동시에 새로운 인재를 발굴하기 위해 과거제도를 개혁했다.

왕안석은 "하늘의 변화도 두려워하지 않고, 과거의 법도도 본받지 말며, 사람들의 입방아도 두려워할 것 없다."고 할 만큼 과감하게 정치, 경제, 군사, 문화 개혁을 추진했다. 그는 개혁을 통해 생산력을 증대시키고 부국강병을 실현해, 위기에 빠진 송나라를 구출하려 했다. 이처럼 '재정 관리'와 '군사 정비'를 중심으로 사회, 경제, 정치, 군사, 문화 등 각 방면에서 실시된 왕안석의 개혁은 중국 역사상 춘추시대 상앙의 개혁 이후 가장 대대적으로 실시된 개혁

운동이었다.

한편 왕안석은 비교적 복잡한 철학 사상을 가지고 있다. 그의 사상에는 공자와 맹자를 중심으로 한 정통 유가 사상을 중시하는 모습과 함께 도가, 불교 사상에 영향을 받은 흔적이 보인다. 그는 《장자》에 주해를 달아 장자를 평가하는 한편, 순자를 비판하고 양주와 묵자를 배척하면서 제자백가의 학설을 두루 섭렵했다.

왕안석은 우주 생성에 대한 자신의 관점을 설명한 〈홍범전洪範傳〉에서 '유有'와 '무無'를 분석해, 유와 무를 우주 생성 과정의 다른 단계로 보았다. 왕안석은 학자들이 일반적으로 유와 무를 대립 또는 분열시키는 것은 잘못되었다고 비판하며, "유무의 도는 다 같은 도에서 나왔다."고 말했다.

또 그는 원기의 개념을 도입해, 현실적인 각도에서 만물이 생겨나는 원리를 분석하려 했다. 왕안석은 오행은 만물이 형성되는 물질원소이며, 직접적으로 천지만물 사이에 분산되어 있다고 생각했다. 여기서 '하늘'은 '도'이며 만물의 근원이다. 그리고 명命은 종교적 의미의 천명이 아닌, 만물의 근원인 도의 생명이다. 이러한 관점을 바탕으로 왕안석은 자연과 인위人爲의 관계를 분석해 자신만의 천인관天人觀을 제시했다. 그는 자주 '하늘'로 '도'를 설명하며, '도'가 만물을 생성하는 것은 인간의 힘으로 할 수 없는 일종의 순수한 자연현상이라고 보았다.

하늘의 도로써 인간의 도를 말한 것은 왕안석이 주장한 천인관의 중요 부분이다. 도를 통해 만물이 생겨나는 것은 자연의 과정이다. 반면 인간의 생활에서 일어나는 각종 변화들은 인위의 역할이다. 그러므로 인간의 도는 하늘의 도를 본받아야 하지만, 그렇다고 인간의 도를 포기하고 하늘의 도에 내맡겨서도 안 된다.

여기서 왕안석은 순자의 '성인은 본성을 변화시켜 인위를 일으킨다.'는 관점을 비판하며, "예는 천리에서 비롯되어 사람에게서 이루어졌다."고 말했다. 그는 예에 대한 하늘의 역할만 알고 인간의 역할은 알지 못한다면 야만적이게 되며, 인간의 역할만 알고 하늘의 역할을 알지 못한 것이 인위의 결과라고 보았다. 성인이 야만과 인위를 멀리해야 비로소 예법이 흥성할 수 있다. 순자가 성인이 인간의 본성을 교화시키기 위해 제정한 예법을 인위로 본 것은 예에 대한 하늘의 역할을 알지 못한 잘못이라고 보았다. 왕안석은 '예는 천리에서 비롯되어 사람에게서 이루어졌다.'라는 명제를 통해 예법이란 인간의 본성에 부합하는 제도조치라고 분명하게 말하고 있다. 이에 순자는 그저 예법의 인위적인 역할만 보고 예법이 인간의 본성 그 자체이자 자연 그 자체라는 점을 보지 못했다고 비판한 것이다.

왕안석의 개혁은 관료들과 대지주들의 이익과 부딪히면서 보수파의 격렬한 반대를 초래했다. 게다가 그 실행과정에서 기회를 틈타 가혹하게 착취해 이득을 챙기는 관리들이 생기면서, 왕안석은 사방에서 비난을 받아야 했다. 결국 압력을 이기지 못한 신종은

1074년 4월 왕안석을 재상에서 파면시키고 강녕지부로 보내버린다. 그리고 다음해 다시 재상으로 등용했지만, 1076년 10월 다시 물러나 강녕에서 은거하며 지냈다. 이후 1085년 철종이 어린 나이에 즉위하자 수렴청정을 하게 된 태황태후 고高씨가 왕안석의 개혁에 줄곧 반대하던 사마광을 재상으로 등용하면서, 그의 개혁 법안은 대부분 폐지되었다. 그리고 다음해 4월 왕안석은 자신의 뜻을 이루지 못한 채 눈을 감았고, 강녕 반산원半山園에 안장되었다.

량치차오는 왕안석을 "3대 이후에 완전한 사람으로는 왕안석이 유일하다."라고 평가했으며, 후스胡適도 이와 비슷한 평가를 했다. 이후 학자들 사이에서는 왕안석과 그의 개혁에 대해 여러 가지 평가가 있었지만, 량치차오의 긍정적인 평가만은 대부분 긍정하고 있다.

역사의 흐름 속에서 어떻게 지혜의 음성을 들을 수 있는가?

"비래봉(飛來峰) 위에 천심탑(千尋塔)이 우뚝 솟아, 닭이 울면 떠오르는 해를 본다는데, 구름에 가려 있어도 두렵지 않은 것은 내 몸이 맨 꼭대기에 있어서라네."

"경구(京口)와 고주(瓜洲)는 하천을 사이에 두고 있고, 종산은 몇 겹의 산을 사이에 두고 서 있네. 봄바람이 불어오니 강남 언덕이 또다시 푸르러지는데, 밝은 달은 언제나 돌아가는 내 길을 비추려나."

이처럼 왕안석의 시문을 읽을 때면 나는 항상 섬세하고 부드러운 어조로 시를 쓴 사람이 어떻게 '하늘의 변화도 두려워하지 않고, 과거의 법도도 본받지 말며, 사람들의 입방아도 두려워할 것 없다.'는 과감한 개혁을 추진할 수 있었을까 하는 의문이 든다. 그는 호방하고 거침없는 사람이었을까, 아니면 온화하고 부드러운 사람이었을까? 아마도 두 가지 모습을 모두 지니고 있었을 것이다.

역사의 기나긴 흐름이 우리의 시선을 가로막는다고 해서 상상을 멈춰서는 안 된다. 우리는 복잡한 인간의 본성을 들여다보고 그 안에서 스스로 해법을 찾으며, 끊임없는 역사의 흐름 속에서 다양한 지혜를 습득해야 한다.

비록 역사는 왕안석을 비난했을망정, 사람들은 저마다 왕안석에 대한 자신만의 관점을 가지고 있다. 그러니 객관적인 태도와 고요한 마음을 가지기만 한다면, 우리는 언제든지 기나긴 역사의 흐름 속에서 지혜의 음성을 들을 수 있다.

욕망을 조절하는 법

주희朱熹
— 천리를 보존해 인욕을 없애야 한다

이(理)와 기(氣)의 존재를 궁구한 대사상가의 기본철학!
'북송5자(北宋五子)'를 대표하는 주돈이의 이학 사상의 핵심명제.

장시성 주장시 루산廬山 우라오펑五老峰 남쪽 기슭에는 오랜 역사를 자랑하는 백록동서원白鹿洞書院이 있다. 백록동서원은 악록서원岳麓書院, 숭양서원嵩陽書院, 석고서원石鼓書院과 함께 '천하 4대 서원'으로 불린다.

건축면적만 3,800㎡에 달하는 이 서원에 지어진 영성문欞星門, 반지伴池, 예성문禮聖門, 예성전禮聖殿, 주자사朱子祠, 백록동白鹿洞, 어서각御書閣 등 주요 건축물들은 모두 북쪽에서 남쪽을 향하고 있다. 돌과 나무로 지어진 고즈넉한 옛 건물들과 정원에 높이 솟아 있는 고목들의 풍경이 자못 청아하고 담백한 분위기를 자아낸다.

백록동서원은 당나라시대에 이발李渤, 이섭李涉 형제가 은거하며 책을 읽던 곳으로 남당南唐 열조烈祖 시기에 '여산국학廬山國學'으로 건축되었다. 이후 송나라 초기에 서원으로 중건되면서 '백록동서원'이라는 정식명칭이 붙여졌지만, 오래 지나지 않아 버려졌다. 이후 송나라 효종孝宗 시기에 다시 중건되는 등 몇 번이나 번성과 쇠락을 거듭했다.

지금 있는 건축물들은 대부분 청나라 선종宣宗 시기에 수리한 것들이다. 오늘날 백록동서원은 학술연구 장소이자 관광 명소로 사랑받고 있다.

동양 최대의 '천하 4대 서원'으로 불리는 백록동서원은 남송 시기에 이학가인 주희朱熹가 제자들을 가르쳤던 곳이기도 하다.

주희(1130~1200)는 휘주徽州 무원(婺源: 지금의 장시성 우위안현) 사람으로, 복건성福建省 건양建陽 우계현尤溪縣에서 태어났다. 자는 원회元晦와 중회仲晦이고 호는 회암晦庵, 자양紫陽 등이다. 사후에는 시호로 문文을 받아 주문공朱文公으로도 불렸다. 남송시대의 철학가, 역학자, 정치가이자 교육자로 활동했으며 송명 이학宋明理學을 집대성한 인물이다.

주희는 뛰어난 정치가였지만, 그 과정이 순탄치 못했다. 주희는 1148년 진사에 급제한 뒤, 천주泉州 동안현同安縣 주부主簿로 부임하면서 관직생활을 시작한다. 이후 여러 관직을 역임했지만, 항상 배척과 공격을 받으며 높은 관직에는 오르지 못했다. 그의 정치 생애에서 가장 중요한 업적은 남송이 금金나라를 반격할 때 효종에게 상소를 올려, 격물치지格物致知를 중시하고 사회기강을 바로잡으며 어질고 능력 있는 인재들을 발탁할 것을 건의한 것이다. 물론 그의 의견은 받아들여지지 못했고, 향년 71세로 집에서 생을 마감했다.

주희는 정치보다는 교육 방면에서 눈에 띄는 공헌을 했다. 그는 앞에서 소개한 백록동서원을 복원하고 발전시키는 데 상당한 노력을 쏟았다. 그가 그 지역에 부임했을 때, 백록동서원은 이미 오랜 세월 전란을 거치면서 황폐화되어 있었다. 이에 그는 상소를 올려 효종의 동의를 받고 서원을 중건해 당시 서원문화를 대표하는 상징으로 발전시킨다.

서원을 중건한 뒤 주희는 직접 〈학규學規〉를 제정해 '아버지와 아들 사이에 정을 두텁게 할 것, 군신 사이에 충의를 지킬 것, 부부 사이에는 분별이 있을 것, 연장자와 어린 아이 사이에는 서열이 있을 것, 친구 사이에는 신의가 있을 것'이라는 다섯 가지 덕목을 요구했다. 이와 같은 규범들은 '격물, 치지, 성의誠意, 정심正心, 수신, 제가齊家, 치국治國, 평천하平天下' 등 유가경전을 기초로 한 주희의 교육 사상을 보여준다. 그의 이러한 교육이론은 후세에 많은 영향을 끼쳤으며, '학규' 또한 각 서원에 모범으로 전해졌다.

백록동서원에서 주희가 이룩한 또 다른 업적은 바로 유명한 학자들을 초청해 다양한 관점을 토론할 수 있는 학술 분위기를 만들었다는 점이다. 가장 대표적인 경우가 바로 자신과 대립된 의견을 가지고 있던 육구연陸九淵을 초청한 것이다. 그리고 주희는 특별히 육구연의 경전 강연 내용을 돌에 새겨 서원 입구에 세웠다. 이처럼 그는 동양유학사에서 서로 다른 관점을 주장하는 학파가 한 서원에 모여 강연하는 모범적 사례를 만들었다. 이후 백록동서원은 명성을 떨치게 되었고, 명나라시대에 활동한 사상가 왕수인王守仁도 이곳에서 강연을 했다.

상당히 정밀한 주희의 사상체계에서 "천리를 보존하고 인간의 욕망을 없애야 한다."는 말은 그의 사상을 대표하는 핵심관점이다. 주희는 하늘과 땅 사이에는 이理와 기氣가 존재한다고 보았다. 여기서 이는 형이상적인 도道로 생명을 생성하는 근원이며, 기는 형이하적인 기器로 생명을 드러내는 도구이다.

주희는 인간은 '천명지성天命之性'과 '기질지성氣質之性'이라는 두 개의 본성을 가지고 있다고 보았다. '천명지성'은 '천지지성天地之性'이라고도 불리는데, 선험적인 이성으로 세상의 근원인 '이'를 통해 얻어진다. 반면 '기질지성'은 고유의 감정과 욕망을 결정하는 것으로, 신체를 구성하는 '기'를 통해 이루어진다. 주희는 '천리天理'와 '인욕人欲'을 결코 함께 존재할 수 없는 대립관계로 보고 "인욕을 모두 바꾸어, 천리를 모두 회복해야 한다."고 주장했다.

인간의 욕망을 어떻게 다스려야 할까?

인간은 일곱 가지 감정과 여섯 가지 욕망을 가지고 있다고 한다. 이에 뛰어난 문학인이었던 원호문(元好問)은 〈안구사(雁丘詞)〉에서 "세상 사람들에게 묻노니, 정이란 도대체 무엇이기에 삶과 죽음을 같이하게 한단 말인가?"라고 말한 바 있다. 이렇듯 인간에게 감정은 중요할 수밖에 없기에, "인욕을 없애야 한다."는 주희의 주장은 비판을 피할 수 없었다.

하지만 인간의 욕망에는 끝이 없다는 말도 사실이다. 만약 인간의 욕망이 무럭무럭 자라나도록 내버려 둔다면 매우 두려운 결과를 초래할 수도 있다. 인간의 색욕으로 인해 조성된 환상적인 인터넷 세계는 청소년들을 위협하고 있다. 이러한 면에서 인간의 본성이 위험하다고 본다면, "천리를 보존해야 한다."는 주장도 일리는 있어 보인다.

자유로운 행동은 '기본적인 규칙'을 준수한다는 약속을 전제로 한다. 그러니 '하늘의 이치'의 경계를 넘은 '인간의 욕망'은 마땅히 없애야 하는 것이다. 비록 주희가 이 부분에 대해 자세한 설명을 하지는 않았을망정, 그의 관점을 통해 이렇게 다양한 생각을 할 수 있다는 점에서 그의 관점은 충분한 가치를 가지고 있다.

인의를 회복하라

정호 程顥
— 이는 실제적이며 근본적인 것이다

유가학설의 지위를 회복시킨 이기설의 핵심명제.
'인학'의 수양법으로 '정성(定性)'을 주장한 이학자의 대표명제.

숭양서원嵩陽書院은 허난성 덩펑登封 시내에서 북쪽으로 2.5킬로미터 떨어진 쑹산嵩山 남쪽에 자리 잡고 있다. 숭양서원이라는 이름도 쑹산의 남쪽에 있다는 의미이다. 숭양서원은 남쪽에서부터 북쪽을 향해 차례로 대문, 선성전先聖殿, 강당, 도통사道統祠와 장서루藏書樓가 세워져 있다.

숭양서원은 북위 효문제 시기(484)에 숭양사嵩陽寺라는 이름으로 처음 창건되었다. 이후 당나라 때 숭양관嵩陽觀이라 불렸고, 오대 후주 시기에 서원으로 재건되었다.

서원은 자발적인 공부와 연구를 통해 개인의 학습능력을 향상시키고, 질의와 논쟁을 통해 개인의 사고능력을 계발시키려 했다. 이처럼 격의 없는 토론과 대화가 오가다 보니 서원에서 스승과 제자 사이는 대부분 매우 돈독했다.

서원은 숱한 전란을 겪으면서 원나라, 명나라, 청나라시대마다 중건을 반복해야 했다. 가장 성행했던 시기에는 학전學田이 1,750묘가 넘었고, 학생들도 수백 명에 달했으며, 장서도 2천여 권에 달했다고 한다. 이후 청나라 말기에 과거제도가 폐지되고 학당이 세워지면서, 천여 년의 세월을 간직한 서원도 끝을 맞이하게 되었다. 하지만 서원은 교육사에서 매우 귀중한 유산으로 영원히 기록되고 있다.

숭양서원이 낳은 명사들 중에 깊은 학문과 고상한 인품을 지녔던 두 형제가 있다. 바로 동양유학의 두 번째 발전을 이끈 핵심인물이자 송명 이학의 한 갈래인 낙학洛學을 창시한 정호程顥와 정이程頤이다. 두 사람은 함께 2정二程이라 불린다. 여기서는 먼저 명도선생明道先生이라 불리는 정호를 살펴보겠다.

정호(1032~1085)는 정이의 형으로 자는 백순伯淳이며, 후세에는 명도선생이라 불렀다.

총명했던 정호는 어렸을 때부터 유가 경전을 읽었으며, 10세 때부터는 시를 쓸 줄 알았다고 한다. 이처럼 타고난 천재였을 뿐만 아니라 노력파이기도 했던 그는 20대 때 진사에 급제해 관직생활을 시작한 뒤, 몇 차례 지방관을 역임하면서 실력을 인정받았다.

진사에 급제하고 경조부京兆府 영현(酃縣: 지금의 산시성 후현(戶縣))의 주부로 부임했을 때, 당시 현령은 나이 어린 그를 인정하지 않았다고 한다. 그러던 중 처리하기 어려운 사건 하나가 생겼다. 어느 사람이 형의 집을 빌려 살고 있었는데, 우연히 땅을 파다가 묻혀 있던 돈을 발견했다. 이에 그 형의 아들은 자기 부친이 숨긴 돈이라고 생각해 소송을 걸었던 것이다.

해결 방안을 찾지 못해 난감해하던 현령이 정호에게 말했다. "저 돈이 누구의 돈인지 증명할 수 있는 증거가 없으니, 어떻게 해결해야 하겠는가?"

그러자 정호는 "매우 간단한 방법으로 해결할 수 있습니다."라고 말하고는 형의 아들에게 물었다. "자네 부친이 언제 이 돈을 묻었는지 아는가?"

이에 아들이 대답했다. "40년 전입니다."

그러자 정호가 다시 물었다. "저 사람들이 집을 빌려 거주한 지는 얼마나 되었는가?"

아들이 대답했다. "20년 정도 되었습니다."

그러자 정호가 즉시 사람을 시켜 돈을 가져오게 해 자세히 살펴본 뒤 말했다. "관부에서 주조해 발행하면 5,6년도 채 되지 않아 전국으로 퍼져나가네. 이 돈은 모두 묻히기 수십 년 전에 주조된 것인데, 어떻게 자네 아버지가 묻은 돈이라 생각하는가?"

이에 아들은 아무런 대답도 할 수 없었다. 이처럼 정호가 깔끔하게 사건을 해결하자 현령도 그의 실력을 인정할 수밖에 없었다.

지방에서 치적을 올린 정호는 신종이 즉위한 뒤 어사중승으로 추천된다. 조정에 들어온 그는 태자중윤太子中允과 감찰어사이행監察御史里行을 역임했다. 이후 다시 조정을 떠나고 싶다고 요청해 경서京西에서 형벌과 옥사를 관리하기도 했는데, 이 직은 지현知縣 직위와 대등한 사법관이었다.

정호와 정이의 철학은 '천리天理'에 대한 논술이 핵심을 이룬다. 천리는 정호·정이의 가장 높은 철학범주로써 일반적으로 '이理'라고 불린다. 이의 개념은 일찍이 한비자가 제시한 이후 장재, 주돈이, 소옹도 주장을 했지만 그들이 말하는 '이'는 가장 높은 철학범주가 아니었다. 정호와 정이에 이르러서야 '이'는 철학체계에서 가장 높은 범주를 차지하게 되었다.

송대 이학의 발전에서 정호와 정이의 업적은 실로 대단한 경지에 이른다. 먼저 두 사람은 한유에서부터 시작된 '도통道統'을 마지막으로 확립해, 유가학설의 지위를 다시 회복시켰다. 또 경전 연구를 중시한 '한학漢學'의 범위에서 벗어났다. 두 사람은 명물名物과 훈고訓詁만 중요시하며 독립적인 사고를 가로막았던 한나라시대의 학술 풍토를 깨뜨렸다. 그리고 내용과 의미를 파악하고 공자와 맹자의 도를 상세히 밝히는 걸 중시하며, '경전을 깊이 연구해 실천에 응용'해야 한다고 주장했다. 이러한 주장은 정호·정이만 했던 것은 아니지만, 두 사람에 이르러 그 취지가 확실하게 드러났던 것이다.

정호는 공자의 '인仁'을 새롭게 발전시켰다. 그는 "인의 도를 다하는 것이 성인이다."라고 말했다. 그는 '사람을 사랑하고 널리 백성을 구제하며, 자신을 극복해 예를 회복해야 한다.'는 등의 선진 유가의 '인학仁學'을 발전시켜, 만물과 하나가 되는 경지에 이르러야 한다고 주장했다. 이에 단지 인을 '용(用: 표현)'하는 것에서 더 나아가 인을 '체(體: 근본)'해야 한다고 보았다. 이러한 사상은 인간과 만물의 본성은 하나라는 장재의 '민포물여民胞物與' 관점과 유사하다.

정호와 정이의 사상은 주로 한데 통합되어 '2정의 학문'이라고 불리고 있지만, 사실 두 사람의 사상에도 차이점은 있다. 정호는 정이보다 개인의 내면적 경험을 중시했다. 이에 정호의 사상을 육구연이 주장한 '심학心學'의 근원으로, 정이의 사상을 주희가 주장한 '이학理學'의 근원으로 평가하기도 한다.

정호의
철학적 사색거리

철학의 지혜에서 무엇을 얻을 것인가?

정호와 정이에 대한 평가는 분분하다. 이학의 기초를 다진 그들의 방대한 사상을 높이 평가하는 사람들도 있고, 이를 중심으로 한 관념론을 비판하는 사람들도 있다. 하지만 이러한 평가들 모두 역사의 한 부분으로 남아 있을 뿐이다.

어떠한 평가도 두 사람의 사상에 관점을 보태거나 빼앗을 수 없다. 평가란 대부분 평론가의 관점에 따라 이루어지기 때문이다. 또 이러한 평가 속에서 개인이 무언가를 얻느냐 하는 문제는 자신의 지식뿐만 아니라 수양, 심지어 품행과도 관련이 있다.

철학의 지혜는 이처럼 의견이 분분한 상황에서 핵심을 간파해 낼 수 있는 식견을 갖출 수 있게 한다. 나아가 어진 마음을 잃지 않음으로써, 황당하고 이치에 맞지 않는 이야기들 속에서도 인류 문명의 지혜를 찾게 하고, 도전에 기꺼이 임할 수 있게 하며, 경쟁 중에도 편안한 마음을 유지할 수 있게 한다.

내면의 감정에 충실하려면

정이 程頤
― 천지 사이에는 모두 대립물이 있다

....
'이(理)'를 모든 일의 근원이라고 본 정이의 핵심명제.
이기론의 변증법 관점을 반영한 철학자의 한마디.

'정문입설程門立雪'이라는 고사성어는 송나라시대 낙현에 사는 저명한 이학가에게 배움을 청하고 싶어 눈을 맞으며 기다렸다는 양시楊時의 이야기를 담고 있다.

양시는 7세 때 벌써 시를 썼으며, 8세 때는 문장을 쓰기 시작할 만큼 총명해서 마을에서 신동이라 불렸다고 한다. 그는 15세 때 경서와 사기를 공부하기 시작했고, 23세 때 진사에 급제했다. 평생 동안 저술과 학문연구에 힘을 쏟은 그는 여러 지역에서 강의를 하며 존경받았다. 그는 어느 해인가 유양瀏陽의 현령으로 부임하러 가던 도중, 학문을 더 깊이 발전시키기 위해 먼 길을 돌아 낙양으로 가서 정이를 스승으로 삼았다.

그리고 어느 날 양시와 그의 친구는 어떠한 문제에 대해 서로 견해를 달리 하게 되었다. 그들은 정확한 답을 찾고자 함께 스승인 정이의 집으로 갔다. 한겨울의 찬바람을 뚫고 정이의 집에 도착했을 때, 정이는 마침 난로 앞에서 좌선을 하고 명상에 잠겨 있었다. 스승을 방해할 수 없었던 양시는 공손히 문 앞에서 명상이 끝나기를 기다렸다. 그렇게 오랜 시간이 흘러 명상을 끝낸 정이가 창문으로 눈보라 속에 서 있는 양시를 발견했을 때는 이미 발밑에 눈이 한 자나 쌓여 있었다.

이후 '정문입설'은 스승을 존경하고 도를 중시하는 태도를 나타내는 말이 되었다.

이처럼 양시가 존경한 스승은 바로 정호의 동생인 이천선생伊川先生 정이이다.

정이(1033~1107)의 자는 정숙正叔이며, 북송시대의 이학가이자 교육가이다. 여주단련추관汝州團練推官, 서경국자감교수西京國子監教授 등의 관직을 역임했으며, 철종 원년(1086)에는 비서성교서랑秘書省校書郞과 숭정전설서崇政殿說書를 지냈다.

신종 대(1082)에 정이는 이고서원(伊皐書院: 원나라 때 이천서원으로 개명되었다)을 세운다. 이후 20년 동안 이곳에서 강연을 하면서 사상체계를 완성했다. 앞에서 말한 '정문입설' 고사성어도 이때 나온 것이다. 정이는 형인 정호와 함께 '낙학洛學'을 창시해 이학의 기초를 닦았다.

14,5세 때 정이는 정호와 함께 주돈이에게 학문을 배웠으며, 태학에서는 〈안연이 무슨 학문을 좋아했는지 논하라[顏子所好何學論]〉라는 주제로 글을 썼다. 왕안석이 정권을 장악했을 때는 기용되지 못해 정호와 함께 낙양에서 제자들을 가르치다가, 사마광이 집권한 이후 숭정전설서에 추천되었다. 철종에게 경전을 가르쳤을 때는 황제의 스승을 자처하면서 엄격하게 가르쳤다. 그 후 사마광의 신당 집권에 반대하다가 좌천되어 서경국자감수西京國子監守에 임명되었고, 얼마 뒤 관직이 박탈되어 사천四川 부주涪州로 귀향을 가게 된다. 이 시기에 그는 《주역정씨전周易程氏傳》을 완성했다.

정이와 정호의 철학 관점은 앞에서 이미 살펴보았다. 여기서는 정이의 독특한 철학이론에 대해 살펴보고자 한다.

이理를 모든 일과 사물의 근원이라고 본 정이는 이는 사물 가운데에, 또는 사물의 위에 있다고 보았다. 이에 도는 즉 이이며 형이상자이고, 음양은 기로 형이하자이다. 음양을 떠나서는 도道도 없지만 도가 음양인 것은 아니며, 음양은 그렇게 되는 까닭이라고 주장했다. 이에 "음양하는 까닭이 도이다."라고 말했다. '형이상'과 '형이하'를 명확히 구분한 정이는 형이상자인 이를 형이하자인 기器의 존재의 근원으로 보았다.

또 그는 이와 사물의 관계를 이는 '체體'로, 사물은 '용用'으로 논증했다. 정이는 모든 사물과 길에는 규율이 있다고 보고 하늘이 높은 까닭, 땅이 깊은 까닭, 모든 일과 사물이 그러한 까닭은 모두 그 이가 있다고 주장했다. 그는 더한층 나아가 "한 사물의 이치가 곧 만물의 이치"라고 말하면서, 천지사물의 이는 하나이며 영구불변하다고 보았다. 이처럼 그는 사물의 규율을 추상화, 절대화해 독립된 실체로 만들었다.

그는 또 "천지 사이의 모든 일과 사물에는 대립물이 존재한다. 양과 음이 서로 대립되고, 선과 악이 서로 대립된다."고 말하면서, 사물은 모두 대립된다는 관점을 제시했다. 이는 그의 변증법 관점을 반영하는 것이다.

정이는 학문의 실천 방식에 대해 논술하며, 격물치지格物致知에 대한 자신의 관점을 밝히기도 했다. 격물이란 이치를 연구[窮理]하는 것으로, 즉 사물의 이치를 연구해 최종적으로 천리를 깨닫는 것이다. 그는 이치를 연구하는 데는 독서를 하거나, 고금의 인물들을 논해 보거나, 사물과 접해 보는 등 다양한 방법이 있다고 말했다.

지식[知]과 행동[行]에 대해 정이는 지식을 기본으로 보고, 먼저 알고 난 다음에 행동해야 한다고 주장했다. 알아야 행동할 수 있고, 행동은 지식의 결과라는 것이다.

한편 정이는 도덕수양의 방법에 대해 문제를 제기했다. 그는 교육은 도덕 교육에 중점을 두어야 한다고 주장하며 개인을 수양하는 방법으로는 치지, 격물, 궁리窮理를 강조했다. 여기서 치지는 바로 궁리로, 즉 천리를 다하는 것이다. 그리고 치지의 방법인 격물에서 "격이란 이르다.[至]"의 뜻으로, 사물의 이를 철저히 탐구해 안다는 의미이다. 그런데 "눈과 귀로 보고 들은 것은 알 수 있지만, 멀리 있는 것은 알 수 없다. 하지만 마음은 멀리 있건 가까이 있건 상관없이 모두 알 수 있다." 왜냐하면 사물의 핵심을 아는 것은 '마음'이기 때문이다. 이에 마음은 "천지와 더불어 그 덕을 합하고, 해와 달과 더불어 그 밝음을 합하는데, 밖에 있는 것이 아니다." 그러므로 치지에서는 '내면의 감정'이 중요할 뿐 외부의 사물은 중요하지 않다.

휘종이 즉위한 이후 정이는 다시 조정에 불려갔지만, 이내 다시 배척당했다. 이에 그는 제자들도 돌려보내고 집에서 은거하다가, 얼마 안 가 병으로 세상을 떠났다. 이렇듯 정이는 쓸쓸하게 눈을 감았다.

남송시대에 이르자 그는 정공正公이라는 시호를 받았다. 이후 정호와 정이의 학문이 성행하면서, 한 시대를 풍미한 주류사상이 되었다. 하지만 정이는 살아생전에 이러한 영광을 누리지는 못했다.

세상의 모든 대립과 모순을 어떻게 이해할 것인가?

세상의 모든 것들에는 대립과 모순이 있다. 우리는 대립되는 다양한 사물들 사이에서 비로소 사물을 깊이 인식할 수 있다. 속임을 당해 상처받은 뒤에야 진실함의 소중함을 느끼게 되고, 상실을 경험한 뒤에야 존재하는 모든 것들의 소중함을 알게 된다. 또 이별의 아픔을 경험한 사람은 함께 있는 시간을 더욱 소중하게 생각한다.

모순은 언제 어디에나 있다는 이 간단한 이치를 철학은 이미 오래 전에 우리에게 알려줬다. 다만 우리가 직접 그것을 깨닫고 이해하는 데 많은 대가가 필요할 뿐이다. 그렇기에 철학의 보물창고는 아무리 탐색해도 끝이 없다. 경험은 우리가 철학의 보물창고에서 끊임없이 탐색하고 자기 몫의 필요한 어떤 것을 얻을 수 있게 한다.

물론 이러한 관점을 인식하는 데는 사람들마다 소극적인 태도와 적극적인 태도의 차이가 있으며, 더 나아가 낙관적인 태도와 비관적인 태도도 있을 수 있다. 그리고 모두들 알고 있다시피 사람들마다 철학에 담긴 깊은 지혜를 이해하는 방식이 다르기에, 당연히 서로 다른 관점이 생길 수밖에 없다.

본래의 내 마음을 지키고 싶다면

육구연陸九淵
― 내 마음이 곧 우주이다

송명 이학을 대표하는 대사상가의 '심학'에 관한 대표명제.
마음만이 유일한 실재라고 일갈한 심학 창시론자의 한마디.

세계적인 발레 작품인 〈백조의 호수〉는 세계의 음악 애호가들로
부터 오랫동안 사랑받아 왔다. 그리고 중국 역사에는 '백조의 호수'
와 지명이 매우 비슷한 곳이 있다. 바로 지금의 장시성 첸산현鉛山
縣 북쪽에 위치한 아호산鵝湖山이란 곳인데, 이곳에서는 중국 철학
사와 문학사에 아로새겨진 걸작들이 생겨났다.

먼저 1175년 봄, 여조겸呂祖謙은 신주信州 아호사鵝湖寺에서 주희
를 만나 철학사에 길이 남은 걸작인 《근사록近思錄》을 집필했다. 주
희와 육구연陸九淵의 서로 다른 철학관점에 합의점을 찾아 통일시

키기 위해서 여조겸은 육구령陸九齡과 육구연 형제를 초청해 주희와 함께 토론 자리를 마련한다. 6월 초 육씨 형제가 아호사에 찾아왔고, 이후 양측은 각자의 철학적 관점에서 격렬한 토론을 벌였다. 이것이 바로 유명한 '아호의 모임[鵝湖之會]'이다. 이 모임에서 육씨 형제와 주희는 3일 동안 토론을 이어갔지만, 자신들의 관점만 고집하며 합의점을 찾지 못했다. 하지만 아호의 모임은 중국 철학 사상 처음으로 이루어진 철학토론회라는 데 큰 의미가 있다.

'아호의 모임'이 이루어지고 난 뒤 얼마 지나지 않아 송나라 효종 시기(1188)에 진량陳亮이 상요上饒에 은거한 신기질辛棄疾을 찾아갔다. 두 사람은 며칠 동안 아호사에 함께 머무르며 세상일을 이야기하고 서로 화답하는 글을 지었는데, 이 작품들 역시 문학사에 걸작으로 남아 있다.

'아호의 모임'은 송명 이학을 대표하는 인물인 주희와 육구령·육구연 형제의 토론을 말한다. 여기서는 이 세 사람 중에서 육구연을 다뤄보고자 한다.

육구연(1139~1193)의 호는 상산象山이고, 자는 자정子靜이다. 서재의 이름이 '존存'이라서 존재선생存齋先生이라고도 불렸다. 귀계貴溪 용호산龍虎山에 집을 짓고 제자들을 모아 강의를 했다. 강서성 무주시 금계현金溪縣 육방陸坊 청전촌靑田村 사람이다.

저명한 이학가이자 교육가로 당시 주희와 함께 명성을 떨치며

'주육朱陸'으로 불렸으며, 송명시대 '심학'의 창시자로 평가받고 있다. 이후 명나라시대의 왕수인王守仁이 심학을 발전시키면서, 동양 철학사에서 '육왕학파陸王學派'로 불리고 있다.

육구연은 아홉 세대가 같이 사는 대가족 집안에서 태어났다. 그의 8대 할아버지인 육희성陸希聲은 당나라 소종昭宗 때 재상을 지낸 인물이다. 이후 오대시대 말기에 전란을 피해 금계현으로 이사와, 지방에서 유명한 대호족이 되었다. 하지만 몇 세대를 거친 끝에 육구연이 태어났을 때에는 이미 가세가 기울어져, 10묘 정도 되는 채마밭과 약방 한 채 그리고 서당이 전부였다. 그렇더라도 이미 2백여 년의 역사를 간직한 만큼 대호족다운 품격은 갖추고 있었다.

육구연의 부친인 육하陸賀는 역사에 이름을 남기지 못했지만, 그의 아들들은 달랐다. 육하에게는 육구사陸九思, 육구서陸九敍, 육구고陸九皐, 육구소陸九韶, 육구령, 육구연, 이렇게 여섯 아들이 있었는데 모두 학문이 뛰어났다. 육구사는 급제한 뒤 종정랑從政郎에 봉해졌으며, 《가문家門》을 지어 육씨 가문을 다스리는 규칙으로 삼았다. 육구고는 진사에 합격해 수직랑修職郎을 지냈으며, 동생들에게 학문을 가르쳐 용재선생庸齋先生이라 불렸다. 육구소는 사산梭山에서 제자들을 가르쳐 사산선생이라 불렸다. 육구소·육구령·육구연을 합쳐 '3육자三陸子', '금계3육金鷄三陸'이라 부른다. 그리고 세 사람 중에서 가장 명성을 떨친 인물이 바로 육구연이다.

육구연이 태어났을 때, 이미 아들이 많았던 아버지는 그를 고향

사람에게 입양시키려 했다. 마침 큰형인 육구사의 아들이 같은 해에 태어나, 큰형은 육구연에게 아내의 젖을 물리게 하고 자신의 아들은 유모의 젖을 물려 키웠다. 이에 육구연은 큰형과 형수를 부모처럼 섬겼다고 한다.

육구연은 어려서부터 총명해, 학문을 연구하고 근본을 캐는 것을 좋아했다. 1172년 진사에 합격한 그는 융흥부隆興府 정안(靖安: 지금의 장시성 정안)현 주부로 부임한 것을 시작으로 건녕부建寧府 숭안(崇安: 지금의 푸젠성 쑹안)현 주부를 거쳐 국자정國子正, 칙령소산정관勅令所删定官 등의 관직을 역임했다. 1186년에는 유능한 인재를 알맞게 등용하고 모두에게 상벌을 공평히 하는 것이야말로 나라를 치료하는 '사군자탕四君子湯'이라고 말해 효종에게 인정받았다.

육구연의 가장 큰 업적은 새로운 학파를 창시한 것이다. 그에게 학문을 전수받은 제자들은 수천 명에 달했다. 육구연은 높은 관직에 오르지도 못했고, 유명한 학파에 속한 사람도 아니었다. 하지만 맹자의 "만물이 모두 나에게 갖추어져 있다."는 말이나, '양지(良知: 생각하지 않고도 알 수 있음)'와 '양능(良能: 배우지 않고도 할 수 있음)' 같은 개념들 그리고 불교 선종의 '심생心生'과 '심멸心滅' 등의 관점을 융합해, 새로운 학파인 '심학心學'을 창시했다.

그는 하늘의 이치, 사람의 이치, 사물의 이치는 모두 자신의 마음속에 있으며 마음만이 유일한 실재라고 보고 "우주가 내 마음이고, 내 마음이 곧 우주이다."라고 말했다. 또 '마음이 곧 리[心卽理]'라고 주장하며 "천만 년 전에 나타난 성인도 이 마음과 같았고, 이 리理와 같았다. 그리고 천만 년 뒤에 성인이 나타나더라도 이 마음과 같을 것이고, 이 리와 같을 것이다."라고 말했다. 즉 사람이 가지고 있는 마음이 곧 이치이며, 예전부터 그래왔고 앞으로도 그러할 것이란 뜻이다.

육구연은 공부 방법에 대해서도 '본심을 밝히는 것'을 매우 중시했다. 이에 많은 책을 읽을 필요가 없다고 보고 "학문의 본질을 알면 육경은 모두 나의 주석이다."라고 말했다. 그는 교육의 역할은 인간이 가지고 있는 존심存心, 양심養心, 구방심求放心을 발전시켜, 가려진 것을 걷어내고 천리를 밝히는 것이라고 보았다.

1193년 12월 육구연은 재임 중에 병으로 세상을 떠났으며, 그의 시신은 금계현 청전촌에 안장되었다. 이후 1217년 '문안文安'이라는 시호가 내려졌다.

욕망을 제어하고 마음을 보존하는 방법은 무엇인가?

육구연은 사람이 천리로서의 선한 마음을 가지고 있음에도 불구하고, 스스로의 잘못된 습관 때문에 본래의 마음을 잃어버렸기 때문에 악하게 되는 것이므로 욕망을 제거하여 본래의 마음을 보존해야 한다고 하였다. 그러면서 "욕망이 많으면 마음을 보존하는 사람이 적으며, 욕망이 적으면 마음을 보존하는 사람이 많다."고 했다.

육구연이 자신의 선한 마음을 보존하는 방법으로 제시한 것이 옛날 사람의 가르침을 보존하고, 이를 길러 스스로를 주재해야 한다는 것이다.

과연 우리의 끝없는 욕망은 어떻게 제어하고 다스릴 수 있을까? 옛선인들은 욕망을 억제하고 스스로를 보존하는 방법으로 옛사람들의 가르침을 마음속에 새기라고 했으니, 오늘로 치면 고전을 탐독하고 성인의 본을 따르는 방법만이 유일한 방안이 아니겠는가. 실로 예나 지금이나 인문학의 가치는 늘 빛나고 오래도록 지속되는 것 같다.

주관과 객관의 경계

섭적 葉適
─ 사물이 있는 곳에 도가 있다

영가학파 대표철학자의 사물의 이치에 관한 명제.
공리학자인 사상가의 유물론적 세계관을 피력한 한마디.

영가학파永嘉學派는 '사공학파事功學派', '공리학파功利學派' 등으로도 불리며 남송시대에 절동浙東 영가(永嘉: 지금의 원저우(溫州)) 지역에서 형성되었다. 사공지학事功之學을 주장한 유가학파로, 남송 저장浙江 동부에서 활동한 주요 학파 중 하나이다. 대표 인물들이 대부분 저장 영가 사람이라 해서 영가학파라 불리게 되었다.

남송시대에 성행한 영가학파의 시초는 북송 원저우 학자인 왕개조王開祖 등 '황우의 세 선생[皇祐三先生]'과 주행기周行己, 허경형許景衡 등 '영가의 아홉 선생[永嘉九先生]'으로 볼 수 있다. 왕안석의 신학新學,

여대림呂大臨의 관학, 정이의 낙학을 받아들여 저장에서 이루어진 학문이다. 남송시대에 벽계선薛季宣이 제창한 사공지학은 진전량陳傳良으로 계승되었으며, 섭적葉適에 의해 집대성되었다.

남송시대의 영가지역은 공업과 상업이 발달해, 여러 부유한 상인과 장인 그리고 지주들이 생겨났다. 그들은 외세의 침략을 막고 사회 안정을 지켜줄 것을 요구하며, 매매를 자유화시킬 것, 부유한 사람들을 존중해 줄 것 그리고 세금을 줄여 상업을 발전시킬 것을 주장했다. 이에 굳건한 애국주의 사상을 가졌던 영가학파는 역사 연구를 매우 중시하는 한편, 실용과 사공事功을 주장하며 이학과 심학을 비판했다. 이들은 '도는 사물 속에 있다.'는 유물론 관점을 통해 상업이 국가에 미치는 역할을 강조하며, 상업 발전을 주장했다.

남송시대 사상계를 풍미했던 영가학파를 집대성한 인물은 문학과 철학에서 뚜렷한 학문적 업적을 남겼던 섭적이다.

섭적(1150~1223)의 자는 정칙正則이며 호는 수심水心으로, 절강 서안瑞安 사람이다. 남송시대의 저명한 사상가이자 문학가, 정치 평론가로 수심선생水心先生이라 불렸다.

섭적의 부친은 학생들을 가르쳐 생계를 유지했으며, 모친은 성실하고 현명한 시골 부인이었다. 서안에서 태어난 그녀는 아들 교육에 힘썼고, 어린 시절의 섭적에게 많은 영향을 주었다. 하지만 섭적은 궁핍한 가정환경에서 성장해야 했다.

3세 때 아버지를 따라 서안에서 영가(지금의 저장성 원저우)로 이사를 간 그는 15세 때부터 시와 글을 배우기 시작했는데, 이때 배운 지식은 그의 학술 사상에 많은 영향을 주었다. 《송사宋史》에는 그의 글에 대해 "문장이 아름답고 뜻이 뚜렷했다."고 기록되어 있다. 19세 때부터 28세 때까지 섭적은 주로 무주婺州에서 유학하며 정백태鄭伯熊에게 학문을 배웠고 진량, 여조겸, 주필대朱必大 등과 교류했다.

1177년 섭적은 주필대의 추천으로 조시漕試에 합격했으며, 다음 해 봄에 2등으로 진사에 급제한다. 이로써 벼슬길에 오른 그는 효종, 광종, 영종 3대를 연이어 모시며 권공부시랑權工部侍郎, 이부시랑 겸 직학사원直學士院 등을 역임했다. 섭적은 금나라와의 화친에 반대하며, 강력히 대항을 할 것을 주장했다. 한탁주韓侂冑가 금나라를 토벌할 때 그는 보막각대제寶謨閣待制로 건강부建康府 겸 연강沿江을 관리하며 군사를 적절히 안배해, 여러 차례 금나라 군대를 굴복시켰다. 하지만 이후 한탁주의 금나라 토벌이 실패해, 그도 탄핵되면서 파면을 당했다.

1223년 사망한 뒤 충정忠定이란 시호가 내려졌다. 송나라시대의 철학에서 섭적은 중요한 지위를 차지하고 있다.

애국주의자였던 섭적은 일생 동안 강력히 애국 사상을 제창했다. 남송이 오랑캐인 여진족의 침략을 받았을 때, 그는 금나라 군대에 대항해 옛 영토를 회복할 것을 주장했다. 동시에 당시 정치,

경제, 군사 등의 폐단을 지적하며 체계적인 개혁조치를 제시했다. 또 한탁주가 주도한 북벌이 실패하고 국가가 존망의 위기에 놓이자 그는 병을 무릅쓰고 병사와 백성을 조직해 금나라 군대에 굳건히 저항함으로써, 잃어버린 영토를 수복하는 공적을 올렸다.

섭적은 "사물이 있는 곳에 도가 있다."는 유물론적인 세계관을 가지고 있다. 이에 그는 자연계를 구성하는 주요 물질형태는 오행과 8괘가 나타내는 각종 물질이라고 보았다. 한편 이 물질들이 기에 의해 구성된다고 말하기도 했다. 일기─氣가 음과 양으로 나누어져서 하늘과 땅, 물, 불, 천둥, 바람, 산, 연못 등 여덟 가지 사물을 조성해 만물이 생성되게 한다는 것이다.

또 섭적은 사물의 운동변화는 사물이 가진 대립되는 양 측면이 서로 작용한 결과라고 말했다. 어떠한 사물이든 대립되는 양 측면을 가지고 있으며, 이러한 대립은 영원히 계속된다. 이처럼 그는 대립의 보편성과 영원성을 말하는 한편, 대립되는 양 측면의 통일도 강조했다. 그는 통일을 배척하면 불행과 혼란을 초래하게 된다고 지적하며, '중용'을 통해 자신의 대립통일사상을 완성하려 했다.

인식론에서 섭적은 주관과 객관의 관계에 대해 비교적 깊이 있는 관점을 제시했다. '격물'을 유물론의 관점에서 해석한 그는 '격물'이란 자신을 사물에게 적응시키는 것이지, 사물을 자신에게 적응시키는 게 아니라고 보았다. 주관은 객관에 복종해야 하며, 그렇기에 객관을 떠나서는 주관이 이루어질 수 없다.

인식과정에 대해서 그는 눈, 귀와 같은 감각기관의 인식과 내면의 사유를 함께 사용해 "안과 밖 모두 결합해 도를 이루어야 한다."고 말했다. 그는 눈, 귀와 같은 감각기관의 역할은 "밖으로부터 들어가 안을 완성시키는 것"이라 말했는데, 외부에서 얻는 감각적 경험이 내면의 사유활동에 기초를 제공한다는 뜻이다. 또 내면의 사유는 "안으로부터 나아가 밖을 완성시키는 것"이라 말했는데, 눈과 귀의 감각기관에서 얻어지는 감각적 경험을 통해 객관적인 외부세계를 이성적으로 인식하는 것을 뜻한다.

그는 또 당시 성리학이 실용적이지 않은 공담空談만 늘어놓는다고 반대하며 이학가들이 가장 숭상하는 인물인 증자曾子, 자사, 맹자 등을 대대적으로 비판했다. 또 《십익十翼》을 공자의 저서로 인정하지 않았다. 한편 이학가들이 유가, 도가, 불교를 통합해 주장하는 '무극', '태극' 등의 관점은 필요 없는 학설이라고 말하며 철학, 역사학, 문학, 정치평론 등에서 상당한 파장을 일으켰다.

철학과 경제는 어떤 관계로 이루어졌는가?

"세상 사람들은 유태인을 두려워하고, 유태인은 원저우 사람을 두려워한다."는 말이 있다. 대부분 이 말을 들으면 세계를 돌아다니며 사업을 하는 원저우 사람들의 모습을 떠올릴 뿐, 철학과 연관이 있다는 생각은 하지 않는다. 하지만 섭적의 이론에는 철학과 경제의 관계에 대한 깊이 있는 고민이 담겨 있다.

이렇듯 추상적이고 심오한 이론을 이야기하는 철학 안에는 우리가 발견해야 할 깊은 지혜가 담겨 있다. 철학은 부유함을 넘어 더 높은 가치를 발견하게 해줄 수도 있고, 재산을 모으는 지침서가 될 수도 있다. 철학을 통해 얻어지는 지식은 일회성의 편면적인 인식이 아니라, 오래도록 성장할 수 있는 원동력이다. 그러니 그 오묘함을 발견하는 것은 우리가 계속해서 추구해 나가야 할 방향이라 할 수 있다.

마음의 풍경을 찾아서

왕수인 王守仁
— 마음 밖에는 사물이 없으며, 마음 밖에는 이치가 없다

명나라 최고의 심학이론가의 '마음법'에 관한 일갈.
'참된 즐거움'과 '참된 자신'의 상태에 관한 핵심명제.

왕수인王守仁은 18세 때 누일재婁一齋라는 학자를 만나 주자학에
심취하게 되었다. 그 3년 뒤 '사물의 이치를 끝까지 파고 들어가면
깨달음에 이를 수 있다.'는 주희의 이론을 증명하기 위해, 대나무의
이치를 탐구하고자 했다. 친구와 함께 대나무 앞에 앉아 7일 동안
뚫어져라 쳐다보았지만 병만 났을 뿐, 그 이치를 알 수는 없었다.

이후로도 계속해서 사물의 이치를 탐구하기 위해 노력했으나 별
다른 성과를 거두지 못했다. 이에 그는 주자학에 회의를 느끼며,
도가와 불교 사상에 한동안 빠져 지낸다. 이처럼 철학가로서 길을

찾지 못한 채 방황하던 왕수인이 깨달음을 얻게 된 곳은 유배지인 귀주 용장에서였다. 그곳에서 마침내 '격물치지'의 의미를 깨달은 그는 마음이 즉 이치라는 심즉리설心即理說을 완성하게 된다.

그는 당시 주류 사상이었던 주자학을 곧이곧대로 받아들이지 않은 채 실험을 통해 증명해 내려 했으며, 실패한 이후에도 깨달음을 얻기 위해 끊임없이 고민했다. 그는 이와 같은 끈질긴 탐구정신을 통해, 주자학과 양대 산맥을 이루는 양명학陽明學을 완성해 낼 수 있었던 것이다.

왕수인은 명나라시대의 가장 저명한 철학자, 교육가, 문학가, 서예가, 군사전문가이다.

왕수인(1472~1529)의 어렸을 때 이름은 운雲이고, 자는 백안伯安, 호는 양명陽明이다. 사후에 문성文成이라는 시호가 내려졌다. 고향인 양명동陽明洞에서 살았기 때문에 양명선생이라 불렸다. 왕수인은 상당히 많은 저서를 남겼다. 후세 사람들이《왕문성공전집王文成公全集》38권으로 편집해 엮었는데, 그중에서《전습록傳習錄》과《대학문大學問》이 철학저서로는 가장 유명하다.

왕수인은 여러 분야에서 다양한 업적을 남겼다. 정치가로서 그는 남경병부상서南京兵部尚書, 남경도찰원좌도어사南京都察院左都御史 등의 관직을 역임했다. 그리고 학문에서는 심학을 집대성했으며, 군사적으로는 신호宸濠의 난을 평정하는 등의 공로로 신건백新建伯

에 봉해졌고, 융경隆慶 황제 대에는 후작侯爵에 추봉되었다.

왕수인이란 이름에는 특별한 이야기가 담겨 있다. 원래 이름은 왕운王雲이었는데, 다섯 살이 되도록 말을 하지 못했다. 그런데 어느 날 고승이 그의 머리를 쓰다듬으며, "뛰어난 아이인데 안타깝게도 도가 깨어졌다."고 말했다. 그 말을 들은 아버지가 이름을 수인으로 고치자 곧 말을 하기 시작했다고 전해진다. 천재 소년이었던 그의 유년 시절에는 이와 같은 신비로운 이야기들이 많이 있다.

왕수인은 소년 시절에 매우 엄격한 가정교육을 받았는데, 여기에도 재미있는 이야기가 전해진다. 왕수인은 어려서부터 문무를 두루 배우기 위해 힘썼다. 하지만 장기 두는 걸 너무 좋아해서 종종 장기를 두다가 공부시간을 놓쳤다. 이에 아버지가 몇 번이나 혼을 냈지만, 통 고쳐지질 않았다. 결국 화가 난 아버지가 장기를 강물에 던져 버렸다. 큰 충격을 받은 왕수인은 그때의 느낌을 시로 남겼다.

"장기 두는 재미가 온종일 끝이 없는데, 엄격한 아버지 때문에 순식간에 잃어버렸네. 강물에 빠진 병졸 구할 수 없고, 장군들도 모두 다 물에 빠졌네. 말들도 물결에 휩쓸려 천 리를 갔고, 상象도 삼천三川에 빠져 물결에 따라 떠내려가네. 한 차례 울린 대포 소리에 천지가 진동하니, 와룡臥龍이 놀라는구나."

이렇게 장기 두는 재미에서 벗어난 '놀란 와룡'은 이후 마침내 위업을 달성할 수 있었다.

왕수인은 부친이 장원급제해 북경에 부임하면서, 고향을 떠나가게 된다. 가던 도중에 금산사金山寺에서 아버지와 친구들이 모임을 가졌다.

모임에서 왕수인은 〈폐월산방시蔽月山房詩〉라는 다음과 같은 시를 지어 사람들을 놀라게 했다. "산은 가까이 있고 달은 멀리 있으니, 달이 작게 느껴져 산이 달보다 크다고 말하네. 만약 하늘처럼 큰 눈을 가진 사람이 있다면, 작은 산과 훨씬 큰 달을 볼 수 있을 텐데." 이는 세상에 알려진 왕수인의 첫 번째 작품이 되었다.

북경에 도착해서도 그는 사람들을 놀라게 하는 말들을 했다. 어느 날 북경에서 수업을 듣던 그는 선생에게 물었다. "우선으로 해야 할 일은 무엇입니까?"

그러자 선생이 말했다. "공부를 하는 이유는 과거 급제를 하기 위해서다."

그러자 그가 말했다. "아닙니다. 공부를 하는 이유는 과거 급제보다는 성현이 되기 위해서일 것입니다."

이처럼 왕수인은 소설과 같은 삶을 살았다.

왕수인의 심학이론은 '사구교四句敎'라고 불리는 다음의 네 가지 구절로 축약할 수 있다. "선도 없고 악도 없는 것이 마음의 본체요, 선도 있고 악도 있는 것이 의지의 움직임이다. 선도 알고 악도 아는 것이 양지良知이며, 선을 행하고 악을 버리는 것이 바로 격물이다."

우리는 이 구절을 다음과 같이 해석해 볼 수 있다. 양지는 마음의 본체이다. 선도 없고 악도 없는 것은 사심과 물욕이 없는 마음으로, 곧 천리天理이다. 이처럼 선도 없고 악도 없는 미발지중未發之中의 상태는 또한 우리가 추구해야 할 경지라 할 수 있다.

양지는 비록 선도 없고 악도 없을망정 자유롭게 선도 알고 악도 안다. 이것이 지知의 본체이다. 모든 학문은 수양을 통해 선을 실행하고 악을 제거해야 한다. 즉 양지를 기준으로 삼아 자신의 양지에 따라 행동해야 하는 것이다. 하지만 인간의 판단에 오류가 생기거나 의식이 흔들려 잘못된 판단을 내릴 때가 있는데, 그러면 정확하게 선과 악을 판단할 수 없다.

그렇다면 인간의 양지에도 오류가 생기게 되고, 격물 역시 이루어질 수 없다. 이때는 스스로를 돌아보며 원인을 찾아 노력해, 자신의 마음을 다시 선함도 악함도 없는 상태로 되돌려야 한다. 선함도 악함도 없는 상태로 돌아가 양지를 회복해야 격물도 이룰 수 있다. 하늘의 이치는 실속 없는 공담이 아닌, 격물치지를 통해 이루어지는 것이다. 실천과 자기반성인 '지행합일知行合一'로 이루어야 한다.

이것은 바로 왕수인이 추구한 인생의 경계였다. 그는 부나 명예와 같은 세속의 속박에서 벗어나, 자유로운 '참된 즐거움' 또는 '참된 자신'의 상태를 지향했다. 이러한 '더할 수 없는 즐거움'의 경계에서 인간은 사회와 자연, 이성과 감성, 아름다움과 선함의 통일을 실현해 매우 높은 자유로운 정신경계에 이르게 된다.

왕수인은 자신의 이학이론을 바탕으로 '지행합일'과 '지행병진知行竝進'을 주장하며, 정이 등이 주장한 '지선후행知先後行'이나 그 밖의 지행의 관계를 분리하는 관점들에 반대했다.

그는 당시의 교육이 "채찍으로 때리고 밧줄로 묶을 줄밖에 모른다."고 지적하며, 아동교육은 봄철 비와 바람으로 초목이 저절로 자라나는 것처럼 반드시 아이들을 즐겁게 해주고 마음속으로 기쁨을 느끼게 해줘서 자연히 성장할 수 있게 해야 한다고 주장했다.

왕수인은 평생 동안 학문적으로 대단한 업적을 세웠지만, 주변 사람들의 시기와 질투로 수시로 정치적 위기를 겪어야 했다.

이에 그는 아예 관직에서 물러나 고향에 내려간 후, 강의에만 힘썼다. 소흥紹興, 여요餘姚 일대에 서원을 건립하고 '왕학王學'을 가르쳤다. 그는 각지에서 제자들을 받았다. '전통에 대한 반대'의 입장에서 출현한 그의 사상은 명나라 중기 이후로 '양명학파陽明學派'를 형성해 지대한 영향을 끼쳤다.

이후 '왕학'은 몇 개의 유파로 분열되어 오래도록 전해졌고 중국, 일본, 한국 및 동남아국가 그리고 더 나아가 세계에 깊은 영향을 주었다. 또 그의 '지행합일' 학설은 지금도 수많은 사람들에게 영감을 불러일으키고 있다.

마음이 떠난 사물은 과연 없는 것일까?

객관적인 시각에서 '마음을 떠난 사물은 없다.'는 명제를 판단해 보면 의문이 남는다.

"양자강 도도히 동쪽으로 흘러가고, 수많은 영웅들 물보라에 씻기어 사라졌네. 돌아보니 옳고 그름과 성공과 실패 모두 부질없으니, 예전이나 지금이나 변함없는 청산에는 몇 번이나 붉은 노을이 넘어갔던가."

이처럼 끊임없이 변화하며 온갖 풍파를 겪어야 하는 세상에서 사물과 인간이 하나라는 말은 성립될 수 없다. 타이완(臺灣) 가수 리쭝성(李宗盛)의 〈범인가(凡人歌)〉에는 "이 세상이 언제 인간을 위해 변한 적이 있는가?"라는 구절이 있다. 만약 우리가 이 질문을 왕수인에게 한다면, 우리는 그의 제자처럼 같은 오류에 빠지고 말 것이다.

철학의 의미는 보기에 따라서는 간단한 일에 있을 수 있다. 그러니 그 방법을 곰곰이 생각해볼 필요가 있다. 이 점을 이해한다면, 우리는 이 철학가에게 좀 더 깊이 공감할 수 있을 것이다.

왕수인은 '사물', '이치'를 함께 '마음' 안에 두었는데, 이는 철학의 매우 중요한 표현형식이다. 이렇게 '마음'으로 '사물'과 '이치'를 통일한 기본적인 관점은 '심학'이 '이학'과 대립할 수 있는 밑바탕이 되어 주었다. 그렇기에 우리는 '심학'의 기본 관점에 대해 의문을 가지더라도, 그 발전 방식을 중시할 수밖에 없다.

좋은 습관을 기르려면

왕정상王廷相
— 본성은 습관에 의해 이루어진다

'원기'를 바탕으로 한 인간 본성에 대한 핵심명제.
실천을 통한 지식 습득을 주장한 철학자의 한마디.

명나라의 학자 장한張瀚이 쓴 글에는 왕정상王廷相과의 일화가 소개되어 있다.

처음 어사로 부임받은 장한이 감찰어사인 왕정상을 찾아갔을 때이다. 그는 조언을 들으러 온 장한에게 직무와 관련된 이야기는 하지 않고, 뜬금없이 가마꾼 이야기를 들려주었다.

어느 날 가마를 타고 길을 가는데, 그날 새 신발을 신은 가마꾼들이 신발이 더러워지는 것이 싫어 마른 땅만 골라 밟으며 가고 있었다고 한다. 그러던 중 실수로 진흙을 밟아 신발이 더러워지자, 그

때부터는 가마꾼들이 진흙 땅이든 마른 땅이든 신경 쓰지 않고 거침없이 길을 갔다는 것이다. 그러면서 왕정상은 관직생활에서도 한 번의 실수가 결국에는 큰 화를 불러오니, 항상 자신을 돌아보고 반성해야 한다고 말해 주었다고 한다.

이와 같은 일화는 사회의 폐단을 바로잡기 위해 권력자들에 대한 비판을 서슴지 않았던 왕정상의 정치인생을 그대로 보여준다. 또 그는 학문적으로도 과거의 이론들을 돌아보고 분석함으로써 더 나은 이론으로 발전시키기 위해 노력한 사상가이다.

왕정상(1474~1544)의 자는 자형子衡이고, 호는 준천浚川이다. 명나라 노주(潞州: 지금의 창즈시) 사람으로, '전7자前七子' 중 한 명이다. 그는 진사에 급제한 뒤 경기京畿, 사천, 산동 등 여러 지역을 돌아다니며 지방관을 역임했으며 관직이 병부상서에 이르렀다.

왕정상은 어린 시절부터 총명하고 문학에 뛰어난 재능을 보였다. 21세 때 향시에 합격한 그는 28세 때 진사에 급제하고 한림원 서길사庶吉士에 임명되었다. 어린 시절부터 총명했던 왕정상은 문학을 좋아하고 경전과 역사를 연구하는 데 힘을 쏟았다. 《명사明史》에는 "박학하고 기억력이 뛰어났다. 경술經術, 성력星歷, 여도輿圖, 악률樂律, 하도낙서河圖洛書에 정통했으며 주돈이, 소옹, 2정, 장재의 책을 모두 논박했다."고 평가되어 있다. 명나라 효종 시기에 이몽양李夢陽, 하경명何景明 등의 사람들과 대각체臺閣體를 반대하며 옛 문장을 본받을 것을 주장했는데, 이들을 일컬어 당시에 '7자七子'라 불렸다.

1504년 왕정상은 병부급사중兵部給事中에 부임했지만, 환관 유근의 박해를 받아 귀향을 가게 된다. 1517년 사천안찰사제학첨사四川按察司提學僉使에 승직되어, 《독학사천조약督學四川條約》을 발표했다. 이후 산동제학부사山東提學副使에 부임하고 나서는 줄곧 문화와 교육에 힘써, 풍토를 변화시키고 교육과 과학제도를 개혁할 것을 주장했다. 학문에서는 방대한 논의를 간략하게 요약하고 배움과 실천을 함께 겸용하는 것을 중시했다. 그는 생각과 감정이 학습에 미치는 영향, 옛것과 새로운 지식의 정확한 처리를 강조하며 새로운 관점과 교육방법을 중요하게 생각했다.

불의를 참지 못했던 왕정상은 권력에 맞서 사회 폐단을 지적하며, 과감히 개혁을 추진할 것을 주장했다. 1509년 산동에서 순감巡監으로 있을 때 탐관오리들과 부패한 호족들을 엄하게 처벌해, 세도가들을 두려움에 떨게 했다. 다음해 유근의 무리인 조웅曹雄의 가산을 몰수하고 농토를 나눠, 땅 없는 빈민들이 경작하도록 분배했다.

1528년 병부시랑兵部侍郎에 임명된 뒤에는 변방의 폐정을 개혁하고, 관부가 허위로 보고해 돈과 양식을 더 많이 받아 가지 못하도록 엄격히 금지하며, '의창지법義倉之法'을 실행할 것을 건의했다. 1530년 병부상서로 승진한 뒤 환관들이 사적으로 정병들을 보유하며 재물을 수취한 것을 엄격히 처벌했고, 1539년에는 엄숙한 어조로 엄숭嚴嵩, 장찬張瓚 등이 권력을 독점해 나라를 망치고 있다고 폭로하는 상소를 올렸다. 1541년 곽훈郭勳의 사건에 연루되어 파면당한 뒤에는 고향에 내려와 저술에 힘썼다.

왕정상은 뛰어난 유물론 사상가이다. 철학의 양대 학파의 논쟁 속에서 왕정상은 철학 논쟁의 경험과 교훈을 종합했고, 관념론에 대해 비교적 깊이 있는 연구 및 정곡을 찌르는 비평을 했다. 또한 철학사는 과거의 철학을 계승해 발전시켜야 한다는 이론을 펼쳤다. 이로써 그는 '기본氣本'과 '기화氣化'를 서로 결합한 유물론적 우주관을 전면적이고 체계적으로 논술했으며, 또 인식과정에서 실천이 갖는 지위와 역할을 상세하게 논증했다.

왕정상은 '원기'를 세계의 근원으로 보고, '기'는 사라지지 않으며 '기'가 있어야 비로소 '리'가 있을 수 있다고 생각했다. 여기서 그가 말하는 '기'는 물질로, 송대 유학이 주장한 '천지보다 먼저 존재하는 건 리理밖에 없다.'는 관념론적 세계관과 정면으로 대립한다. '기를 떠난 본성은 존재하지 않는다.'고 본 왕정상은 기가 섞이지 않은 '본연지성'은 없다고 부정했으며, '성선설'과 '성악설' 같은 선험론적인 이론도 받아들이지 않았다. 그는 "본성은 원래 큰 차이가 없지만 습관에 따라 차이가 생긴다."는 공자의 견해에 동의하며, "본성은 습관에 의해 이루어진다."고 말했다. 이에 그는 어린 시절부터 좋은 습관을 기를 수 있도록, 집안에만 틀어박히지 말고 사회의 다양한 면을 접촉해 견문을 넓혀야 한다고 주장했다.

철저한 무신론자이기도 했던 왕정상은 2정(정이와 정호를 말함)과 주희의 이학을 포함해, 여러 가지 전통적인 관념론을 분석해 논박했다. 그는 원기론의 유물론 사상을 계승해, 천지만물의 근원은 원기라고 주장했다. 이에 "원기 앞에는 사물도 없고, 도도 없으며, 리도 없다."고 말하며 2정과 주희의 학설을 비판했다. 또 그는 2정과 주희로 대표되는 송대 이학을 노장철학과 같은 관념론이라고 평가하기도 했다.

도덕수양에 관해서는 유물론에 근거한 인식론을 주장하며, 내면의 수양에만 치중하는 것에 반대했다. 그는 안과 밖을 함께 수양할 것, 동動과 정靜을 결합시킬 것, 마음을 비워 기와 화합할 것, 시대의 변화에 따를 것 등의 방법을 제시했다.

왕정상은 자연과학에도 관심이 높아 자연의 현상을 깊이 연구했으며, 사물을 관찰하는 데 상당한 주의를 기울였다. 또 과거의 이론들을 서슴없이 의심하고 제거했으며, 실험을 통해 논증하려 했다. 당시에 일반 사람들은 겨울철 눈꽃은 육각형이고, 봄철 눈꽃은 오각형이라고 말했는데 왕정상은 "매번 봄철 눈꽃을 소매에 올려놓고 관찰해 보니 모두 육각형이었다."라고 말했다. 이러한 왕정상의 과학정신은 지금과 달리 실험적인 검증이 보편화되지 못했던 당시의 상황에서 볼 때 대단히 혁신적인 연구자의 태도라고 할 수 있다.

실천해야 할 것과 행동해선 안 되는 것은?

품행은 습관에 의해 형성된다. 바르고 고상한 행동이 습관이 될 수 있도록 꾸준히 노력해야만 고지식하고 천박하며 졸렬한 모습을 지닌 사람이 되지 않고, 더욱 발전할 수 있다. 하지만 이것을 실천하기란 쉽지 않다.

그래서 "선행은 아무리 작은 일일지라도 실천해야 하며, 악행은 아무리 작은 일일지라도 행동해서는 안 된다."는 격언이 있는 것이다. 그러니 옳지 않다는 걸 안다면, 이번 한번만이라는 핑계에 기대려 해선 안 된다.

이런 점에서 왕정상은 우리가 깊이 고민해 볼 만한 명제를 제시해 줬을 뿐만 아니라, 올바른 품행을 기르는 방법을 몸소 실천해 보여주었다.

생활 속에서 철학을 발견할 때

이지李贄
─ 옷을 입고 밥을 먹는 것이 곧 인륜이자 물리이다

주관적 관념론자가 전하는 인간의 가치에 대한 일성.
'인간의 물질생활'의 중요성을 강조한 핵심명제.

    명나라시대, 당시와는 전혀 어울리지 않게 자신만의 독특한 사상체계를 이룬 철학가가 있었다. 그의 성은 원래 임林씨였으나, 나중에 이李씨로 성을 바꿨다. 20여 년간의 관료생활 기간에 항상 공명정대하고 청렴했던 그는 이 때문에 관료사회의 미움을 톡톡히 샀다. 당시 동료 관료들에게 넌덜머리가 난 그는 스스로 관직에서 물러난 뒤 처자식을 모두 복건성의 고향집으로 보내고, 자신은 도시에서 30여 리 떨어진 외진 곳에 살면서 20여 년 동안 저술에 몰두했다.

그는 세상의 저속함과 단절하기 위해 머리를 깎고 불교에 귀의하였지만 정식으로 계를 받지도 않았고, 승려들처럼 염불을 외거나 기도하지도 않았다. 또 생전에 상당히 많은 저서를 집필하며, 공개적으로 자신의 저서는 유가 사상과 배치된다고 밝히고 책 제목에 '분焚'과 '장藏' 자를 붙였다. 그리고 "나를 죽일 수는 있지만 없앨 수는 없고, 내 목을 칠 수는 있어도 내 몸을 욕되게 할 수는 없다."고 완강하게 주장하며 자신의 입장을 굽히지 않았다. 이처럼 특이했던 그는 더구나 결벽증까지 있어서 항상 깨끗한 옷만 입었고, 주변 사람들이 빗자루를 몰래 숨길 만큼 수시로 바닥을 청소했다고 한다.

세상 누구와도 어울릴 수 없을 것 같은 청렴과 결벽의 선비가 바로 명나라시대의 관료, 사상가, 선사, 문학가, 역사학자이자 태주학파泰州學派의 1대 종사인 이지李贄이다.

이지(1527~1602)는 원래 성이 임씨였는데, 나중에 이씨로 바꿨다. 자는 굉보宏甫이며, 호는 탁오卓吾이다. 복건 천주부泉州府에서 태어났다. 동네 아이들에게 학문을 가르쳐 생계를 이어갔던 아버지의 영향을 받아, 7세 때부터 책을 읽고 예의를 배웠다.

26세 때 향시에 합격한 뒤, 1556년 하남 공성共城 교유教諭에 부임했다. 그리고 4년 뒤에 남경 국자감 박사에 임명되는데, 몇 개월 뒤 그의 부친이 천주에서 병으로 세상을 떠나면서 고향으로 돌아간다. 그리고 3년 뒤 이지는 북경 국자감 박사로 다시 임명되었다. 1570년부터 1577년까지는 남경 형부원외랑^{刑部員外郎}에 있다가 운남요안지부^{雲南姚安知府}로 자리를 옮겼다. 이처럼 오랜 관직생활을 하면서 그는 항상 관료의 기준은 '모든 것을 간단하게 처리하고, 자연을 따르며, 덕으로써 교화하는 것'이라고 보았다.

하지만 20여 년 동안 관직생활을 하면서 이지는 항상 주변으로 부터 시기와 미움을 받았다. 이에 1580년에 사직을 하고, 자신의 발전을 위해 새로운 삶을 시작한다. 그는 호북 황안^{黃安} 경정리^{耿定理}의 초청에 응해, 아내와 딸을 데리고 황안 천태서원^{天台書院}에서 강연에 힘쓰면서 경정리 집에서 문객 겸 강사로 지냈다.

이후 1584년 경정리가 세상을 떠나자 이지는 황안에서 마성^{麻城}으로 거처를 옮겨, 다음해 3월 마성 용담호^{龍潭湖} 지불원^{芝佛院}에 정착한다. 마성으로 이사할 때 이지는 아내와 딸을 복건 고향집으로 보내고 혼자 지불원에 머물렀다. 그러면서 20여 년 동안 저술에만 몰두해 《초택집^{初澤集}》, 《분서^{焚書}》 등을 완성했다.

1597년 매국정^{梅國楨}의 초청에 산서 대동^{大同}에 머무르며 《손자참동^{孫子參同}》을 쓰고, 《장서^{藏書}》를 수정했다. 같은 해 가을, 북경 서산^{西山} 극락사^{極樂寺}에 머무르며 《정토결^{淨土訣}》을 썼다. 그리고 1598년 이미 72세의 고령인 이지는 북경에서 봄을 보낸 뒤, 다음 해 봄에 초횡^{焦竑}과 함께 남경으로 가서 자신의 대표저서인 《장서》를 마지막으로 수정한다. 《장서》는 총 68권으로, 기전체로 쓰인 사론史論이다. 전국시대부터 원나라시대까지의 역사와 약 800여 명의 인물들에 대해 다루고 있다. 그는 여기서 전통적인 견해와 다른 독자적인 시선으로 인물들을 평가하며, 기존 유가의 관점을 반대했다.

1602년 예부급사중禮部給事中 장문달張問達이 신종에게 상소를 올려 이지를 비방했다. 이에 이지는 76세의 나이에 "도를 어지럽히고 세상과 백성을 미혹시킨다."는 죄명으로 통주에서 체포되었고, 그의 저서들은 불태워졌다. 옥에 간힌 이지는 고향인 복건으로 압송될 것이란 말을 듣고, 죽을지언정 따를 생각은 없다고 하며 결국 자살로 생을 마감했다.

이지의 철학 형성은 유물론에서 주관적 관념론으로 변화하는 과정이라 할 수 있다. 그는 우주의 만물은 천지(최종적으론 음양 두 기)에서 생겨났다고 주장하며, 정주 이학程朱理學이 주장한 '이에서 기가 생기고 하나에서 둘이 생긴다.'는 객관적 관념론을 부정했다. 그는 또 인간의 도덕, 정신이 물질생활에 존재한다고 보고 "옷을 입고 밥을 먹는 것이 곧 인륜이자 물리이다."라고 말하면서, 자신의 소박한 유물론 사상을 드러냈다. 불교와 왕수인의 심학을 신봉한 그의 모든 철학체계는 주관적 관념론이 중심을 이루고 있다.

그는 인간의 가장 근본적인 마음상태인 '진심眞心'과 '동심童心'이 만물의 근원이라고 생각했다. 여기서 '진심'이란 동심이자 초심이며 태초에 가졌던 일념의 본심으로, 즉 외부 세상에 영향을 받지 않은 '나'의 마음이다. 이 마음이 모든 것을 주재하고 온갖 제상諸相의 근원을 이루는 '청정본원淸淨本源'이라 할 수 있다. 즉 모든 일과 만물, 산하대지는 모두 일념 안에 있으므로 단지 진심을 드러낼 뿐이다. 이러한 관점은 육왕학파陸王學派의 '내 마음이 곧 우주이고, 우주가 내 마음이다.'는 주장과 불교 선종의 '만법이 모두 자신의 마음속에 있다.'는 말과 일맥상통한다.

이지의 저서는 '법가'로 구분된다. 이단으로 몰린 그의 저서는 여러 번 금지되고 소각되었지만, 민간의 사랑을 받으며 지금까지 사라지지 않고 계속 전해져 왔다.

현대에까지 영원히 푸르른 사상의 고매함을 풍기는 이지, 이탁오 선생은 북경 통주의 북문 밖 영복사(迎福寺: 지금의 베이징 퉁저우 시하이즈공원(西海子公園) 안) 옆에서 짙푸른 송백나무와 잔잔한 호수가 있는 아름다운 풍경을 배경 삼아 영원한 안식을 누리고 있다.

시대를 앞서간 철학가들의 심오한 진리는 어떻게 인정받는가?

철학사에서 이지처럼 자신만의 독특한 사상을 가졌던 인물들은 대부분 시대의 부조리에 맞서 과감히 투쟁해 왔다. 그들은 시대와 대립하는 자신의 관점 때문에 온갖 시련을 견디어야 했다.

그러나 당시에 비웃음을 당하고 배척당했던 그들의 독특한 철학적 사유는 오랜 시간이 지난 뒤 도리어 영원불멸한 지혜로 인정받곤 한다. 이에 그들의 삶은 철학의 발전을 위한 공헌과 희생으로 높이 평가받으며, 자신의 삶을 희생해 이룩한 심오한 사상은 오늘날에도 사람들에게 많은 깨달음을 주고 있다.

이처럼 철학가들은 철학 때문에 비웃음을 당하기도 하고, 일반 사람들보다 더 궁핍한 삶을 살기도 하며, 이 때문에 자신의 삶을 위해 철학을 포기하는 경우도 있다. 그래서인지 철학은 세상과 멀어져 홀로 수행하는 것이라는 선입견이 갈수록 일반화되는 것 같다.

하지만 만약 우리가 이러한 선입견을 버리고 철학의 의미를 진지하게 음미해 보려고 한다면, 생활 속에서도 어렵지 않게 철학을 발견할 수 있다. 철학은 평범한 일상 속에서 쉽게 발견할 수 있는 지혜이지, 일상에서 멀리 떨어진 심오한 이론이 아니다. "옷을 입고 밥을 먹는 것이 곧 인륜이자 물리이다."라는 이지의 말처럼 말이다.

철학의 가치는 우리가 삶 속에서 깨달음을 얻는 데 있으며, 철학의 행복은 바로 대중의 행복 속에 있다.

철학이 나아갈 방향

방학점 方學漸

— 심체는 지선이다

방씨역학학파의 창시자가 전하는 '생리(生理)'의 근거.
인간의 심성문제를 궁구하는 도학자의 한마디.

명나라의 13대 황제 만력제^{萬曆帝}는 가장 오랫동안 제위에 있었던 군주이자 명나라 멸망의 원인을 제공한 군주로 평가받고 있다. 사실 그가 10살의 어린 나이에 즉위한 이후 장거정^{張居正}에게 권력을 위임해 개혁을 진행한 10년 동안, 명나라는 가장 화려한 황금기를 누리기도 했다. 하지만 장거정이 죽고 만력제가 직접 통치를 시작하면서 개혁은 후퇴했고, 명나라의 국운은 급격하게 쇠퇴하기 시작했다.

그러던 중 만력제가 장자인 주상락^{朱常洛}을 두고 서자인 주상순

朱常洵을 황태자로 세우려 하자, 동림당東林黨과 반동림당 세력 간의 치열한 당파싸움이 시작된다. 여기서 동림당은 동림서원을 중심으로 세력을 형성한 당파를 말한다. 그들은 주로 재야 지식층들로, 강학을 통해 당시 사회의 폐단과 권력자들의 잘못을 비판하며 세력을 키웠다. 이러한 동림당은 주로 정호·정이 형제와 주희로 대표되는 이학을 주창하며, 육구연과 왕수인으로 대표되는 심학을 비판하는 경향을 보인다.

동림당과 반동림당 간의 당파싸움은 만력제 말년부터 시작되어, 명나라의 마지막 황제인 숭정제崇禎帝 시대까지 계속되었다. 평생을 학자로서의 도리에 충실했던 방학점方學漸 역시 동림당 출신으로서 '방씨역학학파方氏易學學派'의 창시자이다.

방학점(1540~1615)의 자는 달경達卿이고, 호는 본암本庵이다. 기록에 따르면 그는 여러 유생들의 좨주로 20여 년을 있다가, 이후 강학에 전념했던 것으로 전해진다. 말년에는 회관을 짓고 강학에 헌신하며, 여러 인재들을 배출해 냈다.

방학점은 어려서부터 경전과 역사서를 읽었고, 10세 때부터 글을 쓰기 시작했을 만큼 총명했다. '고상한 인품을 기르고, 항상 독서하며, 친구를 가려 사귈 것'을 자신의 좌우명으로 삼고 열심히 노력한 끝에 그는 뛰어난 학식을 이룰 수 있었다. 하지만 안타깝게도 과거시험에서는 여러 차례 낙방을 거듭해야 했다.

학문연구에 전력을 기울였던 그는 유가, 불교, 도교를 함께 겸용할 것을 주장했다. 또 실학을 숭상했으며, 주자학으로 양명 심학을 보완하려는 시도를 했다. 그는 또 추동곽鄒東郭, 여신오呂新吾, 풍소허馮少墟, 고경양顧涇陽, 고경일高景逸 등과 같은 문인들과 활발히 교류했다. 자신만의 독특한 논리와 철학체계를 갖춘 그의 강학은 매우 유명해서 안휘성 일대뿐만 아니라 동쪽으로 강소성과 절강성에까지 전파되었고, 동림당에서도 좋은 평가를 받았다.

동림당은 방학점에게 동림서원東林書院에서 "몸과 마음 그리고 성명性命의 학문"에 대해 강연해 줄 것을 요청하기도 했다. 특히 방학점을 숭상했던 고반룡高攀龍의 경우 그를 동림의 맹주인 고헌성顧憲成과 대등하게 평가했다. 방학점은 말년에 동성시에 '동천회관桐川會館'을 짓고 강학에 힘썼다. 그의 제자들은 수백 명에 달했으며, 그중에는 훗날 방이지의 스승인 왕선王宣도 있었다.

방학점은 여러 곳을 여행하면서도 강학에 힘썼다. 그가 여행을 하며 강학을 하자 지방 관원들이 미리 접대하러 마중을 나오곤 했는데, 그럴 때면 반드시 사람을 먼저 보내 거절했다. 청렴하고 명리를 쫓지 않았으며 예악을 숭상했던 그는 〈사규祠規〉, 〈음초시가飲醋詩歌〉 등을 저술해 당시의 족제族祭, 혼가婚嫁, 조경弔慶에 마땅히 따라야 할 예의와 풍속을 기록했다.

또 실용을 중시했던 방학점은 "이는 실리實理이고, 일은 실사實事이다."라고 강조하며, 학문의 가치란 "양지를 깊이 탐구해 실實로 돌아가는 것"이라고 주장했다.

그는 '생리生理'를 근거로 '심체는 지선이다.'의 관점을 논증했다. 그는 '생리'가 지극한 선이므로, '생리'를 얻어 인간의 본성을 이룬다면 지극한 선이 아닐 수 없다고 주장한다. 방학점은 또한 '욕망'과 '본성'은 완벽하게 분리될 수 없다고 보았다. 이를 바탕으로 그는 '천리를 보존해 인욕을 없애야 한다.'는 주희의 주장을 비판했다.

방학점은 75세에 세상을 떠났으며, 사후에 문림랑文林郎, 강서도 감찰어사江西道監察御史에 봉해졌다. 또 그의 인품을 높이 평가한 문인들이 '명선선생明善先生'이라 사시私謚했다.

방학점은 평생 동안 벼슬을 하지 않았지만, 그의 후예들이 관직에 올라 각 분야에서 뛰어난 성과를 거두며 명성을 떨쳤다.

철학이 탐구해야 하는 신성한 사명은 무엇인가?

좋은 환경 속에서 뛰어난 인물이 나오는 법이다. 7성을 연결하는 교통의 요충지인 퉁청시는 방씨 집안의 사람들이 뛰어난 학자로 성장할 수 있는 자양분이 되었다. 이에 퉁청시도 세상에 널리 알려지게 되었다.

철학은 뿌리를 깊게 내리는 나무와 같다. 자신의 고향과 근원을 찾는 것은 항상 철학이 부지런히 탐구해야 하는 신성한 사명이다. 마음이 고향과 연결되어 있다면 의지할 곳을 찾을 수 있기 때문에, 지금 어디에 있는지는 중요하지 않다. 동양철학의 지혜는 바로 이처럼 끊임없이 지혜의 고향을 찾는 데 있다.

맹자는 인간의 본성에 대해 설명하면서 "잃어버린 마음을 찾아야 한다."고 말한 바 있다. 그렇다면 어떻게 해야 잃어버린 것을 되찾을 수 있을까? 여기에는 잃어버린 것이 여전히 '고향과 연결'되어 있어야 한다는 전제가 필요하다. 마치 바람을 타고 높이 날아가는 연이 아주 가는 실에 의해 지상과 연결되어 있는 것처럼 말이다.

동양의 지혜를 담고 있는 뛰어난 철학 명제들은 바로 가는 실이라 할 수 있다. 그러니 항상 가까이 하고 잊어버리지 않는다면, 높이 날아가는 연처럼 계속 발전할 수 있다.

혼자 있고 싶을 때

유종주劉宗周
― 신독(愼獨)은 학문의 궁극적 의미이다

명나라 마지막 유학자의 도덕수양론의 핵심명제.
인간 내면에 있는 초월적 도덕본체를 탐색한 한마디.

유명한 연기 예술가 류바오루이劉寶瑞의 대표작품 중 하나인 〈세 번의 승진連升三級〉은 영어, 프랑스어, 일본어로 번역되어 해외에까지 소개되었다. 이 작품은 명나라시대의 폐단을 우회적으로 비판하는 내용을 담고 있다.

명나라 희종 시기, 산동 임청臨淸에 대지주 부잣집 도령인 장호고張好古는 먹고 놀기만 좋아하는 까막눈이었다. 그러던 중 벼슬에 오르고 싶었던 그는 무작정 북경으로 올라가 과거 시험장에 들어간다. 그리고 우매하고 문란한 황제와 문무 대신들이 서로를 속이며 싸우는 틈을 타서 장호고는 놀랍게도 과거에 합격해 한림원에 들어간다. 게다가 그곳에서 우연한 일들이 겹치면서 국가를 책임지는 인물로 둔갑해, 일순간에 높은 관직에까지 오른다.

여기서 명나라 말기의 실제 환관이었던 위충현魏忠賢은 장호고가 세 번의 승진을 거쳐 요직에 오를 수 있도록 도와주는 핵심인물로 등장한다. 이 작품은 이처럼 권력을 잡은 간신의 우매함과 무능함으로 인해 나라가 무너져 가는 모습을 풍자하며 우회적으로 비판하고 있다. 실제로 위충현은 당시에 막강한 권력을 손에 쥔 인물이었다. 이에 누군가는 황제에게 상소를 올려 위충현을 탄핵할 것을 요구하면서, 다음과 같이 말했다.

"사슴을 가리켜 말이라 할 만큼 권세가 높아 생사를 마음대로 주무르고, 국가의 운명에 관여하며, 현재 사방에서 군사를 부리고 있습니다. 어째서 천하를 환관에게 내맡기려 하십니까?"

여기서 위충현의 권력에 맞서 과감히 탄핵을 주장했던 인물은 바로 명나라의 마지막 유학자인 유종주劉宗周이다.

유종주(1578~1645)의 어릴 적 이름은 헌장憲章이다. 자는 기동起東이고 호는 염대念臺이며, 소흥부紹興府 산음(山陰: 지금의 저장성 사오싱) 사람이다. 산음현 즙산蕺山에서 강학했기 때문에, 학자들이 즙산선생이라 불렀다. 그는 즙산학파를 개창해, 동양 사상사 중 특히 유학 사상사에 지대한 영향을 끼쳤다. 청나라 초기의 유학자들인 황종희黃宗羲, 진확陳確, 장리상張履祥 등도 모두 즙산학파 사람들이다.

　이렇듯 유종주는 철학자로 많은 업적을 남겼지만, 개인적으로는 불행한 삶을 살아야 했다. 그가 태어난 지 채 1년도 되지 않아 아버지가 세상을 떠났고, 이 때문에 어려서부터 어머니를 따라 외조부인 장영章穎에게 의탁해 살았다. 이후 1597년 거인擧人에 합격한 유종주는 4년 뒤 진사에 급제한다. 하지만 모친이 세상을 떠나는 바람에 관직을 받지 못했다. 이후로도 그는 정치생활을 하는 동안 좌천과 승진을 반복하거나, 권신의 배척이나 황제의 미움을 받는 등 갖은 좌절을 겪어야 했다.

　순탄치 않았던 삶의 질곡을 헤쳐 나갔던 유종주지만 학문 면에서는 행운이라고 할 수 있다. 그는 다양한 사람들에게 자극을 받으며 자신의 학문을 발전시켰다. 먼저 외조부인 장영은 당시 절강성 동쪽 일대에서 매우 유명한 유학자였다. 장영은 독특한 교육방법을 가지고 그 문하에서 저명한 학자들과 관료들을 여럿 배출했는데, 유종주도 그에 영향을 받았다. 또 호주湖州 덕청현德淸縣의 허부원許孚遠 밑에서 배운 학문, 고반룡과의 교류 그리고 강학을 한 경험들도 모두 그가 학술을 발전시키는 데 도움이 되었다.

　'신독愼獨'은 유종주 학설의 핵심이다. 그는 자신의 저작에서 '신독'의 중요성을 거듭거듭 강조하며, "신독은 학문의 궁극적 의미"라고 말했다. 이렇듯 유종주는 "군자의 학문은 신독일 뿐이다."라고 단언하며, '신독'을 가장 높은 지위에 올려놓았다. '독獨'에 대해서 그는 "독은 본래의 마음으로, 곧 양지良知이다."라고 설명한다. 이렇듯 '독'은 본래의 마음이자 양지로서 사람이 가지고 있는 주관적 도덕능력을 가리킨다. 그리고 신독은 내면적 반성인 도덕수양을 말한다. 유종주는 '독'을 본체론에 올려놓고, '신독'을 가장 중요한 수양방법으로 간주했다.

그가 당시에 '신독'을 주장한 것은 명말의 쇠퇴한 국운을 부흥시키기 위한 학자로서의 신념이기도 했다. 그는 사람들이 내면의 반성을 통해 인심을 수습하고 선을 향해 나아가, '쇠락해 가는 국가'를 구할 수 있길 바랐다. 이 때문에 그는 신독을 통해 마음을 치료할 수 있다며 기회 있을 때마다 신독의 중요성을 강조해 말했다.

'성의誠意'와 '신독'은 긴밀한 관련이 있다. '신독'이 유종주의 모든 학설의 핵심이라고 한다면, '성의'는 그의 모든 학설의 근간이라 할 수 있다. 유종주는 "의意란 마음이 마음다워지는 근거이다.", "마음을 주재하는 것은 의이다. 그러니 의는 마음의 근본이나, 의가 마음을 낳는 것은 아니다. 그러므로 근본을 신체상의 이치에 빗댈라치면, 마음은 신체의 근본이나 마찬가지이다."고 말했다. '의'는 '마음'의 근본으로, 인간의 마음속에 깃든 초월적 가치인 '지선', '도심道心'이자 '지선이 머무는 곳'이다. '의'는 현실에서 활동하지 않기 때문에, 일종의 숨어 있는 초월적 존재이다. 그래서 그것은 마음이 흔들리지 않는 지극한 고요함이다.

그렇다면 무엇이 '성의'인 것일까? 이에 대해 그는 "의意의 뿌리는 가장 정묘하고, 성체誠體는 하늘을 근본으로 한다. 하늘을 근본으로 하는 것은 지극히 선한 것이다."라고 말하며, 의로 하여금 '지극히 선하고 지극히 은밀함'으로써 초월적 가치의 본체 회복을 실현해야 한다고 보았다.

유종주는 내면에 있는 초월적 도덕본체를 탐색해 도덕실천을 실현시킬 이론적 기초를 찾아낸 뒤, 다시 외부에서 초월적 본체의 실천방식을 탐구하고 본체와 방식을 합일시킴으로써, 성의로부터 정심, 수신, 제가, 치국, 평천하를 이룰 수 있길 희망했다.

이러한 자신의 관점을 설명하기 위해 유종주는 '성의', '신독'의 진일보한 학술 사상을 이룩하면서, 수많은 저서를 남겼다. 그는 마지막으로 《인보人譜》를 썼는데, 이후 그의 아들인 유찬劉爠은 "사람됨의 방법이 《인보》에 다 있다."라고 말했다.

1645년 5월 청나라 군대가 남경을 점거한 뒤 항주杭州도 함락시키면서, 명나라 왕조는 완전히 역사의 뒤안길로 사라지게 되었다. 그리고 7월 8일 이 소식을 들은 유종주는 대성통곡하며 백이伯夷와 숙제叔齊처럼 단식을 하다가, 7월 30일에 세상을 떠났다.

혼자 있을 때 어떻게 삼가야 하는가?

'신독'이란 단어는 《대학》에서 "이것을 일러, 중심에 성실하면 외면에 나타난다고 한다. 그러므로 군자는 반드시 혼자 있을 때를 삼가는 것이다."라는 말에서 등장한다. 보통은 수신의 방법으로 이해되고 있으며, 양진(楊震)의 '사지(四知)'가 그 대표적인 예라 할 수 있다. 이에 동인당(同仁堂)에서 강조하는 "사람들은 모르지만 하늘은 그 정성을 안다."는 말도 '신독'이라고 볼 수 있다.

유종주는 이러한 신독을 기존보다 더욱 풍부하고 높은 관점으로 끌어올렸다. 즉 그는 신독을 더 이상 이상적으로 추구하는 가장 높은 경계로 보지 않고, 현실에서 실천하고 노력해 체험할 수 있는, 그리고 마땅히 체험해 발전해야만 하는 과정으로 본 것이다. 이렇듯 감독하는 사람이 없어도 도덕적 기준과 요구에 부합하게 행동하는 것이야말로 바로 학문의 '궁극적 의미'이자 인간이 해야 할 '첫 번째 의미'라 할 수 있다.

깊고 넓은 세상이치를 알고 싶다면

황종희 黃宗羲

— 유행이 질서를 잃지 않는 것이 바로 리이다

중국 '사상계몽의 아버지'라 불리는 대사상가의 정언명제.
'백성이 근본'이라는 철학자의 사명을 일갈한 한마디.

과거시험 문체의 일종인 팔고문八股文은 명나라시대에 선비들을 등용하는 기준 중 하나였다. 이에 선비들은 누구나 공명을 얻기 위해 문장을 연마하는 데 노력을 쏟았는데, 특히 강소와 절강 일대에서 더욱 심했다. 만력제 후기에 정치가 갈수록 부패해지면서, 장부張溥 등 여러 사람들은 현실의 폐단을 통감하며 다음과 같이 말했다.

"세상의 가르침이 쇠퇴하고부터 선비들은 경술經術을 알지 못한 채 단지 표절만을 일삼아 관직에 오르려 한다. 이 때문에 관직에 오르면 임금을 훌륭하게 만들지 못하고, 군읍의 장이 되면 백성들을 위할 줄 모른다."

이에 사방에서 선비들이 연합해 "고문을 부흥시켜 앞으로 관리가 될 사람들을 힘써 유용하게 만들어야 한다."고 주장하며, '복사復社'라는 단체를 만들었다. 복사는 팔고문을 분석하고 학문을 연구하는 단체였지만, 정치적 색채를 짙게 띠고 있었다. 그들은 강남지역의 지주들과 상인들의 이익을 대변했으며, 또 일대의 시민계급의 투쟁과 뜻을 함께하며 광범위한 범위로 퍼져나갔다. 복사에 몸담은 사람들만 총 2천여 명이 넘었다. 그 명성과 위세가 전국에 파급되었고, 몇 년 동안 연이어 과거에 급제하면서 정부와 민간에서 활발히 활동했다. 이에 여러 문무 대신들과 학교의 생원들 모두 복사를 이끄는 장부의 문하생으로 채워졌다. 하지만 이 때문에 많은 시기와 질투도 받아야 했다.

이후 명나라가 멸망한 뒤 복사 구성원들도 와해되었다. 그들 중에는 위충현 잔당의 박해에 죽기도 했고, 청나라 군사에 맞서 싸우다가 전사하기도 했으며, 산으로 들어가 은거하거나 절에 들어가 승려가 되는 사람도 있었다. 그리고 일부는 청 왕조에 협조해 관직을 얻기도 했다. 그리고 순치제 9년(1652) 청나라에 의해 금지되면서 복사는 역사의 뒤안길로 사라졌다.

복사의 구성원 중에는 '중국 사상계몽의 아버지'라 불리는 황종희黃宗羲가 있다.

황종희(1610~1695)는 명말청초^{明末清初} 시기의 경학자이자 사학자, 사상가, 지리학자, 천문학자, 교육자이다. 절강성 소흥부 여요현 사람으로 자는 태충^{太沖}, 덕빙^{德冰}이다. 호는 남뢰^{南雷}이며, 학자들에게는 이주선생^{梨洲先生}이라 불렸다.

박식하고 심오한 사상으로 다양한 저서를 저술한 황종희는 고염무^{顧炎武}, 왕부지^{王夫之}와 더불어 '명말청초의 3대 사상가'(또는 '청초의 3대 유학자')로 불린다. 또 동생인 황종염^{黃宗炎}, 황종회^{黃宗會}와 함께 '절동3황^{浙東三黃}', 그리고 고염무, 방이지^{方以智}, 왕부지, 주순수^{朱舜水}와 더불어 '명말청초의 5대가'라고도 일컬어진다.

명나라 만력제 38년(1610) 황종희는 소흥부 여요현 통덕향^{通德鄉} 황죽포(黃竹浦: 지금의 저장성 위야오시 밍웨이향(明偉鄉) 푸커우촌(浦口村))에서 태어났다.

그가 태어나기 전날 밤 어머니 요씨^{姚氏}는 기린이 품속으로 들어오는 꿈을 꿨고, 이에 그는 아명으로 '린^麟'을 썼다. 이처럼 상서로운 기운을 품고 태어난 귀인이지만 그는 어린 시절 아버지를 잃는 아픔을 겪어야 했다. 그의 아버지 황존소^{黃尊素}는 위충현의 탄핵에 연루되었다는 이유로 삭탈관직 당하고 귀향한 뒤 체포되어, 감옥에서 가혹한 고문을 받다가 사망했다.

이에 황종희는 아버지의 억울한 누명을 씻기 위해 숭정제 원년(1628)에 상소를 올려, 위충현의 잔당인 허현순^{許顯純}, 최응원^{崔應元} 등의 처형을 요청했다. 5월에는 형부의 심문에 직접 참석해 허현순을 쇠꼬챙이로 찌르고, 최응원을 몽둥이로 난타한 뒤 그 수염을 뽑아 아버지 영전에서 태웠다. 이 모습을 본 사람들은 "요강의 황효자"라고 말했고, 숭정제도 "충신인 아버지를 잃은 아들"이라고 탄복하며 죄를 묻지 않았다.

황종희는 고향으로 돌아간 뒤 유종주 밑에서 배우며 학문에 힘썼다. 1630년 장부張溥가 남경에서 '금릉대회'를 열었는데, 마침 남경에 있던 황종희는 친구의 소개로 복사復社에 참가하게 되었다. 이 해에 황종희는 명사인 하교원何喬遠이 이끌던 문학단체에 가입하기도 했다. 이후 황종희는 만태萬泰, 육부陸符 그리고 동생 황종염, 황종회와 함께 여요에서 '이주복사梨洲復社'를 조직했다.

이에 순치제 7년부터 11년까지 청나라에 세 차례 지명수배를 받기도 했다. 또 순치제 10년 9월부터 저술과 강학을 시작해 1663년부터 1679년까지 자계慈溪, 소흥紹興, 영파寧波, 해녕海寧 등지에서 강학을 하며 《명이대방록明夷待訪錄》, 《명유학안明儒學案》 등을 저술했다.

황종희는 1695년 8월 12일 오래된 지병으로 세상을 떠났다. 그는 병환 속에서도 《이주말명梨洲末命》, 《장제혹문葬制或問》을 썼다.

풍운의 애국지사였던 황종희가 상당한 지식과 학문적 깊이를 쌓을 수 있었던 것은 풍부한 독서 덕분이었다. 당시 손기봉孫奇逢, 이옹李顒과 함께 3대 유학자로 일컬어졌던 그는 책을 모으는 걸 좋아했는데, 베껴 쓰거나 빌리기도 했다. 그가 수집한 역사자료들은 이후 전조망全祖望, 여악厲鶚 등의 청나라 학자들에게 영향을 주었다.

황종희는 평생 동안 역사학, 경학, 지리, 율력律曆, 수학, 시문 등 50여 분야를 다루며 약 300여 권의 책을 썼다. 황종희의《명유학안》은 중국에서 최초로 이루어진 철학사 전문도서이다. 총 62권으로 구성된 이 책은 2백여 명의 학자를 체계적이고 전문적으로 다루고 있다.

철학과 정치 사상에서 황종희는 '백성이 근본'이라는 입장에서 군주 전제제도를 공격했다. 유학의 통일성 관점을 계승한 그는 우주 만물이 모두 기로 인해 이루어지므로 천지만물은 하나라고 보았다.

이에 그는 "하늘과 땅을 관통하고 예부터 지금까지 계속되는 것은 일기一氣뿐이다."라고 말했다. 이렇듯 그는 천지만물을 최종적으로 구성하는 것은 '한 덩어리의 조화로운 기[一團和氣]'라고 보았지만, 그렇다고 해서 우주만물의 다양성을 부인한 것은 아니다. 그는 "일기의 변화는 쉴 새 없이 일어난다."고 하며, 천지만물의 끊임없는 변화, 그리고 사라짐과 충만함의 근본 원인이라고 보았다.

이렇듯 황종희는 생성론을 기반으로 우주만물의 통일성뿐만 아니라 기와 리, 마음과 본성, 정情과 성性의 관계를 설명했다. 또 자연물의 통일성을 다루었을 뿐만 아니라, 자연물과 인간정신 사이의 통일성을 다루었다. 그는 "인간과 천지만물은 하나이다. 그러

므로 천지만물의 이치를 탐구하려면 나의 마음 가운데를 들여다

봐야 한다."라고 말했다.

세계를 좀 더 다양하게 바라보려면?

명말청초 사이에 활동한 황종희는 이와 기, 마음과 본성, 성(性)과 정(情)의 관계를 치밀하게 탐구함으로써 그 시대에 매우 깊은 학문적 업적을 남겼다. 그리고 '운동의 관점'을 통해 매우 뛰어나고 혁신적인 결론을 도출해냈다.

습관적으로 우리는 '이것이 아니면 저것'이라고 단순히 이분법적인 생각을 하는 경우가 있는데, 이러한 생각은 세상을 경직되게 만든다. 우리가 세계를 좀 더 다양하게 바라본다면, 철학을 통해 우리는 더 많은 깨달음을 얻을 수 있다. 왜냐하면 세계는 항상 다양하게 변화하고 있기 때문이다.

그렇기에 이러한 '운동의 관점'의 전파와 발전이야말로 우리 사회에 매우 긍정적인 역할을 할 것이라고 생각한다.

흥망의 원인을 찾아서

고염무顧炎武
— 천하의 흥성과 패망은 필부에게도 책임이 있다

경세치용의 실학 사상가가 말하는 민중의 역할.
국가의 위기 원인과 민생대책을 밝힌 계몽사상가의 고언!

　　고염무顧炎武의 《일지록日知錄》에는 "만 권의 책을 읽고, 만 리 길
을 다녀라."라는 유명한 구절이 나온다. 사실 이 구절은 그의 인생
을 고스란히 담고 있다.

　　망국의 신하로 태어난 고염무는 청나라의 관직을 받지 않은 채
평생 유랑하며, 방랑자로 삶을 마감했다. 여러 차례 명나라 태조의
무덤을 참배할 만큼 강직한 충신이었던 그는 중국 전역을 떠돌며,
지식인들과 교류하고 학문연구에만 매진했다. 그는 민생을 직접
체험하면서 현실생활에 유용한 실학의 중요성을 주장했으며, 고증

연구에도 힘썼다.

그러니 "만 권의 책을 읽고, 만 리 길을 다녀라."는 구절은 견문을 두루 넓혀야 한다는 의미도 담고 있지만, 한편으로 고염무 자신이 평생 추구했던 삶의 지향점을 나타낸다고도 할 수 있다. 그리고 이러한 그의 학문 사상은 이후 청나라 고증학이 발전하는 데 지대한 영향을 주었다.

경세치용經世致用의 실학 사상과 고증학으로 청나라 학자들에게 지대한 영향을 끼쳤던 고염무는 저명한 사상가이자 역사가, 언어학자로서 명말청초를 대표하는 인물이다.

고염부(1613~1682)의 본명은 계곤繼坤이며, 이후 강絳으로 개명했다. 자는 충청忠淸이다. 이후 남도南都가 패배한 뒤 이름을 염무로 자는 영인寧人, 호는 정림亭林으로 고쳤고, 서명은 장산용蔣山傭을 사용했다. 황종희, 왕부지와 함께 명말청초의 3대 유학자로 불린다.

명나라 만력제 41년(1613) 곤산 천등진千燈鎭에서 태어난 고염무는 원래 고동응顧同應의 아들이었으나, 세상을 떠난 당백堂伯 고동길顧同吉의 대를 잇기 위해 양자로 입양되었다. 고염무는 14세 때 유생 자격을 취득한 이후, 친구인 귀장歸莊과 함께 복사에 참여한다. 재능이 뛰어나고 강직했던 두 사람은 '귀기고괴歸奇顧怪'라고 불렸다.

여러 차례 과거시험에 응시했음에도 급제하지 못하자 고염무는 "팔고문의 폐해가 진시황의 분서와 같고, 인재를 망치는 것이 진시황의 갱유보다도 심하다."고 일갈했다. 27세 때부터는 과거시험 공부를 그만두고, 여러 책들과 문집 그리고 각 군현의 지서志書와 장주章奏 등을 두루 읽기 시작한다. 그리고 농토, 수리水利, 광산, 교통 등의 자료를 정리하고 지리 변천과정을 연구해《천하군국리병서天下郡國利病書》와《조성지肇城志》를 저술했다.

이후 청나라가 들어서면서 고염무는 인생의 전환점을 맞이하게 된다. 그는 남명南明 조정에 군정이 문란한 점과 명나라 말기의 여러 폐단을 지적하며 군사전략, 병력 공급, 재정 정비 등 여러 방면에서 건의를 올렸다. 또 귀장 등과 함께 반청운동에 참여했다. 이 반청운동은 실패했지만, 그는 굴복하지 않고 줄곧 청나라를 몰아내고 명나라를 복원할 계획을 세웠고, 결국 체포되어 감옥에 갇히기도 했다. 감옥에서 나온 그는 화를 피하기 위해 곤산을 떠나, 이름을 장산용으로 바꾸고 상인 행세를 하며 살았다. 그러면서 귀장 등과 함께 경은시사驚隱詩社를 결성하고 비밀 반청활동을 진행했다.

그는 생전에 열 차례나 명 왕조의 무덤을 참배했으며, 청 왕조의 관직은 받지 않았다. 그렇게 평생 동안 나라 잃은 유민遺民으로 살던 그는 1682년 산서성 곡옥현曲沃縣에서 병으로 세상을 떠났다.

저명한 경학자, 역사지리학자, 음운학자인 고염무는 청나라의 '개국 유학자', '학문의 시조'로 일컬어진다. 그는 경학, 역사학, 음운학, 소학, 고고학, 지리학, 시문학 등 여러 학문을 두루 섭렵하며 상당한 연구 성과를 남겼다. 여기서는 그중에서도 철학 사상에 관해서만 간략하게 다뤄보고자 한다.

고염무는 경세치용經世致用의 실학 사상 및 고증에 치중한 소박한 학풍을 새롭게 개척함으로써, 청나라 학자들에게 상당한 영향을 주었다. 그는 나라를 이롭게 하고 백성을 부유하게 하는 것이 무엇보다도 중요하다고 보고, "나라를 잘 다스리는 사람은 백성 속에 숨어 있다."고 말했다. 이처럼 군주의 권력에 과감히 의문을 제기하며 민중의 책임을 강조하는 그의 주장에는 맹아적 민주주의의 색채가 보인다. 그는 《일지록日知錄》에서 "천하를 지키는 것은 비천한 필부에게도 책임이 있다."고 말했는데, 이는 이후 "천하의 흥성과 패망은 필부에게도 책임이 있다."는 말로 널리 알려지면서 중국 근대 학자들에게 깊은 영향을 주었다.

당시 암담한 사회현실 속에서 고염무는 국가가 어려워진 원인을 찾고, 민생을 위한 계책을 세우는 것이 급선무라고 보았다. 이에 〈군제론軍制論〉, 〈형세론形勢論〉, 〈전공론田功論〉, 〈전법론錢法論〉, 〈군현론郡縣論〉 등을 저술하며, 폐단이 생긴 원인을 찾고 사회개혁을 요구하는 바람을 드러냈다.

반면 '도를 밝히고 세상을 구제한다明道救世'는 그의 경세사상보다 더욱 중요시되는 것은 "천하의 흥성과 패망은 필부에게도 책임이 있다."는 주장이다. 여기서 고염무가 말하는 '천하의 흥성과 패망'이란 한 왕조의 흥성과 패망을 가리키는 것이 아니라, 모든 백성의 생존 및 민족문화의 계승을 가리키는 것이다. 그렇기에 "천하의 흥성과 패망은 필부에게도 책임이 있다."는 말은 많은 지식인들의 공감을 불러일으켰으며, 중국의 근대적 발전에 원동력이 되었다.

명나라 말기부터 사상계에서는 이학을 비판하고 실학을 중시하는 풍조가 생겨났다. 고염무도 이러한 풍조 속에서 송명 이학을 비판하며, 경학이 곧 이학이라는 자신만의 학술 사상을 개척했다.

이 밖에도 고염무는 "구경九經을 읽는 것은 문자 고증에서부터 시작하며, 문자 고증은 음을 아는 것부터 시작한다."는 학습방법을 주장했다. 그는 몸소 체험하고 깊이 연구하며 고증으로 분별하는 것을 매우 중시했다. 그리고 이러한 실천을 통해 《일지록》, 《음학오서音學五書》와 같은 상당한 학술적 가치를 지닌 명저들이 탄생했다. 고염무의 학습방법은 당시 학술계에 지대한 영향을 미치면서 학술 풍토가 변화하는 데 일정 정도 역할을 했고, 청나라 초기 학술계는 점차 고증학이 발전하는 방향으로 나아가게 되었다.

이처럼 고염무의 사상은 청나라 초기의 지식인들에게 많은 영향을 주었고, 한학이 발전하는 계기가 되었다.

난세의 위기에서 나라를 구하는 사람은?

"천하의 흥성과 패망은 필부에게도 책임이 있다."

이 짧지만 간단하지 않은 말을 실천하기 위해, 난세 때마다 많은 위인들이 자신을 희생해 왔다.

고염무가 볼 때, 나라 자체가 흔들리는 일은 단순한 정치적 사건에 의해서라기보다는 그런 사건이 일어날 수밖에 없도록 이미 조성되어 있는 나라 전체의 문화에 이유가 있다. 정치적인 개별 사건에 의해서는 겨우 정권이 바뀔 뿐이다. 그런데 어떤 사건이 나라의 틀을 흔들 정도라면 이는 이미 전체적인 문화적 행태에 뿌리를 두고 있는 것이다. 문제가 엄중한 이유는 필부들이 살고 있는 사회 도처 어디서나 이런 유형의 일들이 언제나 목도될 수 있다는 점이다. 그래서 고염무는 나라가 흔들리는 일에 대해서 필부들에게 책임을 묻는 것이다.

필부들에게 책임을 묻는 것은 문화에 책임을 묻는 것과 같다. 문화를 구성하는 필부가 심재하는 것은 또 폐쇄적인 생각에 갇히지 않게 된다는 것과 같다. 심재한 필부는 폐쇄적 생각을 벗어났기 때문에 다른 폐쇄적 생각과 싸움을 벌이는 대신에 개방된 태도로 시대의 흐름과 접촉할 수 있다. 비로소 우리는 과거와 벌이는 투쟁을 통해 시대의식을 포착하여 미래를 기약할 수 있게 될 것이다.

철학자의 자세

왕부지王夫之
— 이가 기를 따른다

중국 고대 유물론을 최고 단계로 발전시킨 이기론의 핵심명제.
유물론적 도기론(道器論)를 대표하는 핵심명제.

상서초당湘西草堂은 형양현衡陽縣 취란향曲蘭鄉 샹시촌湘西村 차이탕
완茶塘彎에 위치해 있다. 샹시촌 서쪽에 위치해 있어 상서초당이라
불리게 되었다. 청나라 강희제 14년(1675) 가을에 세워졌으며 총
면적은 2,100㎡, 건축면적은 180㎡에 달한다.

상서초당 입구에는 자오푸추趙朴初가 쓴 '상서초당'이란 편액이
가로로 걸려 있고, 안쪽의 양쪽 벽면에는 청대의 저명한 인물들이
쓴 대련對聯이 걸려 있다. 입구를 지나 초당 안쪽으로 들어가면, 무
성하게 자란 나무와 대나무들로 녹음이 우거져 있다. 초당에는 유

명한 고목들이 많은데, 그중에서도 굵은 가지들이 구불구불 뻗어 있는 모습이 마치 명마가 고개를 높이 들고 내달리는 것 같다고 해서 '풍마楓馬'라 불리는 단풍나무, 그리고 굵고 단단한 가지들이 위로 구불구불 뻗어 있는 모습이 마치 승천하는 용 같다고 해서 '등룡藤龍'이라 불리는 오래된 등나무가 유명하다. 지금도 풍마와 등룡은 기이한 자태를 뽐내며 많은 사람들의 시선을 끌고 있다.

그곳 석회암 층계를 올라가면 '위대한 사상가 왕이농王而農 선생의 묘'라고 새겨진 하얀 대리석과 무덤이 나타난다. 그리고 그 옆의 묘지명에는 다음과 같은 글귀가 새겨져 있다.

"유월석劉越石의 분개를 품었으나 사명을 이루지 못했으며, 장횡거張橫渠의 정학正學을 희망했으나 역량이 부족했다. 다행히도 이 언덕에 돌아왔으니, 진실로 안타까움을 안고 머무른다."

위에 소개한 '왕이농 선생'이 바로 왕부지王夫之이다. 그는 중국의 소박한 유물론 사상을 집대성했으며 황종희, 고염무와 함께 명말청초의 3대 사상가 중 한 명으로 불린다.

왕부지(1619~1692)의 자는 이농而農이고, 호는 강재薑齋이다. 말년에는 형양 금란향金蘭鄕 석선산石船山 부근에 은거했기에, 학자들에게 선산선생船山先生이라 불렸다.

아버지와 형의 영향 아래서 어린 시절부터 유가 경전을 공부하고 연구한 그는 항상 현실을 중시하며 시국에 관심을 가졌다. 명나라 숭정제 시기에 악록서원에 들어간 그는 숭정제 11년(1638)까지 오도행吳道行 밑에서 공부하고, 숭정제 15년(1642)에 형과 함께 향시에 응시해 합격한다.

이후 청나라 군사들에 의해 명나라가 위태로워지자 청나라 순치제 5년(1648) 형양에서 의병을 일으켜, 청나라 군대의 남하를 저지하려 했다. 전투에서 패배하고 조경肇慶으로 후퇴한 뒤로도 그는 계속 반청활동을 이어갔고, 남명 계왕桂王 정권에서 행인사행인行人司行人으로 임명된다. 하지만 왕화징王化澄에 반대하다가 도리어 벌을 받고 감옥에 갇힐 위기에 처하는 등 관직생활은 순탄치 못했다. 그리고 얼마 뒤 계왕이 의지하고 있던 구식사瞿式耜가 전사하고 계림桂林이 함락되면서, 왕부지는 더 이상 희망이 없음을 알고 은거를 결심한다.

그 뒤부터 왕부지는 상서, 침주郴州 등 여러 곳을 전전하며 유랑생활을 한다. 순치제 17년(1660) 봄에는 온 가족이 형양 금란향 고절리高節里로 이주해 수유당茱萸塘에서 '패엽려敗葉廬'라는 이름의 초가집을 짓고, 강희제 3년(1664) 그곳에서 강학을 시작했다. 그리고 강희제 14년(1675) 가을에는 형산 석선산 산기슭에 앞에 소개한 '상서초당'을 짓고 살면서 저술에 힘썼다. 이곳에서 그는 온종일 게으름 피우지 않고 스스로를 독려하며 저술에 힘썼다. 과거 그는 51세인 강희제 8년(1669)에 "육경은 나를 통해 새로운 면이 열리고, 몸은 하늘에 의해 살고 죽는다."라는 당련堂聯을 지은 적이 있는데, 그가 평생 추구했던 바가 무엇인지 알 수 있다.

말년에 왕부지는 가난과 병마에 시달리며 힘겨운 삶을 살았다. 종이 살 돈이 없을 만큼 너무 가난해서 친구들에게 도움을 받아야 할 정도였다. 이렇게 궁핍한 생활을 하던 중 청나라 관원이 찾아 와 음식과 생필품을 주려 했다. 하지만 그는 병마의 고통 속에서 도 '명 왕조의 유신遺臣이기 때문에 청나라 관원이 주는 건 받을 수 없다.'며 거절했다. 그리고 1692년 74세의 나이로 세상을 떠났다.

왕부지는 40여 년 동안 저술활동에 매진했다. 다룬 분야만 하더라도 철학, 정치, 법률, 군사, 역사, 문학, 교육, 윤리, 문자, 천문, 역산曆算 그리고 불교에 이르기까지 다양하다. 그중에서도 그는 특히 철학 연구에서 탁월한 성과를 거두었다. 청나라 말기에 그의 자료들을 모아 《선산유서船山遺書》로 판각했는데, 총 70종 324권에 달했다. 이러한 왕부지의 철학은 두 가지 대립되는 면을 가지고 있다. 하나는 《주역》을 연구해 이룩한 소박한 변증법 사상이고, 또 하나는 왕충에서부터 장재에까지 연결되는 '기氣 일원론'의 유물론 사상이다. 동시에 그의 철학에는 투철한 비판정신도 담겨 있다. 그는 각종 종교 신학과 관념론을 '이단'으로 치부하고 맹렬히 비판했다. 그러면서도 노장철학, 불교이론에 대해 깊이 연구해 그중에서 합리적인 내용을 받아들였고, 대량의 자료들을 축적해 역사를 총괄하는 방대한 철학체계를 이루어냈다.

본체론의 방면에서 왕부지는 이理와 기氣의 관계, 도道와 기器의 관계에 대해 유물론의 관점에서 해석했다. 그는 우주는 '기氣'를 제외하곤 그 어떠한 것도 없다고 보았다. 그리고 기는 취산(聚散, 왕래하기만 할 뿐 증감하거나 생멸하지 않는다)하며, 유무有無, 허실虛實 등은 모두 '기'가 취산, 왕래, 굴신屈伸하는 운동 형태라고 주장했다. 또 이와 기의 관계에 대해서 '리가 기를 따른다.'는 기본론氣本論을 주장하며, 이가 근본이라는 정주 이학의 관점을 배척했다. 그는 '기'는 음양 변화의 실체이며, 이는 변화과정에서 나타나는 규율성이라고 보았다.

왕부지는 "그 기물이 없으면 그 도도 없다.", "기물을 파고들면 도가 그 속에 있게 된다."는 유물론적 도기론道器論을 주장하며, 도道와 기器의 관계를 분리하는 관념론 사상을 체계적으로 반박했다. 그는 기존의 도와 기의 범주를 새롭게 해석해, '형이상'의 도와 '형이하'의 기는 일반과 개별을 상징하는데, 궁극적으로는 '하나의 사물로 통일'된 두 가지 방면이므로 분리될 수 없다고 보았다.

그는 생전에 자신의 저서를 간행하지 않았다. 왕부지가 세상을 떠난 뒤 그의 아들이 저서들 중 10개를 추려 판각하면서 세상에 전해지게 되었다. 아편전쟁이 발생한 이후 왕부지의 저서들은 대단히 주목받기 시작했고, 《선산유서》로 정리되어 간행되었다. 이후에는 일본, 소련, 유럽, 미국 등 여러 나라에 번역되어 출판되었고, 오늘날 왕부지의 학술은 인류 공동의 유산으로 높이 평가받고 있다.

논쟁하는 두 철학은 융합할 수 있을까?

철학의 역사에서 매우 흥미로운 현상이 있다. 바로 두 가지 관점에 대한 논쟁이 최고조로 극심해질 때면 꼭 두 관점을 모두 종합시키는 집대성자가 나타난다는 점이다.

집대성자는 종합적인 시각을 통해 팽팽하게 맞서는 두 가지 관점을 자신의 사상체계 안에서 융합시킨다. 칸트가 근대 합리론과 경험론의 논쟁을 해결한 것처럼 말이다. 이러한 융합을 통해, 논쟁의 정점에까지 치달은 사상의 궤적은 방향을 틀고 새로운 여정을 시작한다.

왕부지는 바로 이러한 집대성자라 할 수 있다. 고대의 소박한 유물론 사상을 받아들인 그는 이를 가장 높은 단계로까지 발전시켰다.

이러한 '집대성'을 이루기 위해서는 폭넓게 바라보는 시각 및 다양하고 풍부한 학식이 필요하다. 그리고 무엇보다도 끊임없이 노력하는 태도와 실천정신이 필요하다.

철학적으로 이익을 정의한다면

안원 顔元

— 옳음을 바로 하려면 이익을 모색할 수 있어야 하고, 도를 밝히려면 공을 계산할 수 있어야 한다

안이학파(顔李學派) 대표 사상가의 정의론.
이익이 의의 기초임을 설파한 애국교육자의 핵심명제.

청나라 때 하북 여현蠡縣에는 가진賈珍이라는 선생이 있었다. 그는 의리를 중시하고 돈에 집착하지 않아, 배우는 제자들에게도 대가를 요구하지 않았다.

그러던 중 새로운 제자가 들어왔다. 그런데 새로 들어온 제자는 옷차림도 단정하지 않고 행동도 제멋대로였다. 학당에 와서도 그저 매일 시끄럽게 떠들며 놀기만 할 뿐이었다. 가 선생은 이런 제자가 마음에 들지 않았다. 하지만 그는 직접 질책을 하지 않았으며, 아무 말 없이 담담하게 큰 글씨로 두 폭의 대련을 쓴 뒤 제자더

러 전당에 걸게 했다. 대련에는 다음과 같이 쓰여 있었다.

"외모에 신경 쓰지 않으니 고아한 군자로서 부끄러워할 만하고, 행하면 반드시 성과가 있어야 하건만 배울 때에 지름길로 가려 하는 것은 소인이다."

"안으로 자신을 기만하지 않고, 밖으로 남을 속이지 않으며, 배울 때에 군자를 속여선 안 된다. 말은 솔직하게 하고, 행동은 진실하게 하며, 성실하게 일해야 한다."

이와 같은 가 선생의 가르침에 부끄러움을 느낀 제자는 기존의 나쁜 습관들을 고쳐, 마침내 뛰어난 학자로 거듭날 수 있었다.

여기서 스승의 가르침에 뛰어난 학자로 거듭난 제자는 바로 청나라 초기의 사상가이자 교육가이며 안이학파顏李學派의 창시자인 안원顏元이다.

안원(1635~1704)의 자는 이직易直, 혼연渾然이고 호는 습재習齋이다. 직예直隸 박야현博野縣 북양촌(北楊村: 지금의 허베이성에 속함) 사람으로, 평생 의술과 교육에 종사했다. 공자의 교육 사상을 계승 발전시켜 '습동習動', '실학', '습행習行', '치용致用' 등 학문 수양에 특별히 이 네 가지 방면을 함께 중시할 것을 주장했다. 즉 인성교육, 지식교육, 체육교육을 겸용해 문무를 겸비한 인재를 길러야 한다고 주장했던 것이다. 주요 저서로는 《사존편四存編》, 《습재기여習齋記餘》 등이 있다.

안원은 8세 때 오지명吳持明의 밑에서 배웠는데, 오지명은 말 타기, 활 쏘기, 검술, 병법, 의술, 술법 등 여러 방면에 능통했다. 이에 안원은 어려서부터 여러 기술과 지식을 습득할 수 있었다. 이후 19세 때부터는 앞에 소개한 것처럼 가진을 스승으로 모셨다. 가진은 '실용'을 생활 준칙으로 삼고, "솔직하게 말하고 진실하게 행동해야 한다."고 주장했다. 이와 같은 가진의 실학 사상은 안원에게 많은 영향을 주었다. 같은 해에 안원은 수재秀才에 합격했으나, 곧 가세가 기울어지는 바람에 과거시험을 포기해야 했다.

이후 그는 20세 때 천문, 지리와 책략을 연구했고, 21세 때는 "밥 먹고 잠자는 걸 잊을 정도로 《통감》을 읽는 데 열중했다." 그리고 22세 때는 의술을 배웠고, 23세 때는 밤을 지새우며 병법을 배우고 전술을 연구했다. 24세 때는 사숙私塾을 열어 제자들을 가르쳤고, 이후에는 약방을 열어 의술로 생계를 유지했다.

이러한 안원의 학술 사상은 여러 차례 변화하는 과정을 거쳤다. 그는 24세 때 육구연과 왕수인의 학설에 빠져들었고, 26세 때는 정주 이학의 학설을 굳게 믿었다. 그러다가 34세 때 "주공의 육덕六德, 육행六行, 육예六藝와 공자의 사교四敎"가 학문의 바른 길임을 발견하면서 "정주와 육왕의 학술은 선학禪學, 속학俗學에 물들어 바른 길이 아님을 깨닫게 되었다." 이를 계기로 그는 '요·순임금, 주공·공자의 도'를 회복할 것을 강력히 주장하며, 정주와 육왕의 학설을 맹렬히 비판했다. 이처럼 이학의 추종자에서부터 대표적인 비판자로 입장을 전환함으로써 그의 사상 또한 근본적으로 변화한다.

안원은 현학, 불교, 도교 및 송명 이학을 포함해 한나라시대부터 이어져 온 실용을 경시하는 풍토를 강력히 비판했다. 그러면서 송나라 이학의 교육과 달리 요·순, 주·공은 실학교육을 대표한다고 보았다. 그는 송나라 이학은 인재를 망치고, 성현의 학문을 무너뜨리며, 세상을 어지럽히는 학문이므로 한나라 유학과 송나라 유학이 학술과 사회풍토를 무너뜨린다고 주장했다.

또 안원은 전통교육의 다른 폐단으로 의義와 이익[利], 이理와 욕欲을 대립시키는 윤리도덕교육을 뽑았다. 그는 이러한 편견을 지적하며, 남송시대 사공학파의 사상을 계승 발전시켜 "옳음을 바로 하려면 이익을 모색할 수 있어야 하고, 도를 밝히려면 공을 계산할 수 있어야 한다."고 말했다. 그는 의와 이익의 통일에서 이익이 의의 기초라고 보았다. 그렇기에 '옳음을 바로 하고', '도를 밝히는' 목적은 '이익을 모색하고', '공을 계산하기' 위해서이다.

안원은 또 '인재는 정치의 근본'이라고 보고, 국가를 다스리는 데서 인재의 역할을 매우 중시했다. 이에 그는 천하를 안정시키는 첫 번째 방침으로 인재 등용을 꼽으면서, 다음과 같이 말했다.

"만약 하늘이 나를 버리지 않는다면 일곱 글자로 천하를 부유하게 할 것이니, 황무지 개간[墾荒], 균전均田, 수리시설 융성[興水利]이 그것이다. 또 여섯 글자로 천하를 강성하게 할 것이니, 백성을 모두 병사로 만들고[人皆兵] 관리들을 모두 장수로 만드는 것[官皆將]이 그것이다. 그리고 아홉 글자로 천하를 안정시킬 것이니, 인재 등용[擧人才], 대경을 바로잡음[正大經], 예악을 일으키는 것[興禮樂]이 그것이다."

안원은 정말 유용한 지식은 '습행習行'을 통해 객관적인 실제 사물에서 구해야 한다고 보았다. 여기서 '습행'이란 교육과정이 현실적인 부분을 다루어야 하며, 공부와 실천을 병행해야 한다는 점을 강조한 것이다. 그는 오직 지식과 실천을 병행해야만 유용한 지식을 배울 수 있으며, 실천과 결합되지 않는 지식은 불필요할 뿐이라고 말했다.

교육 내용에서 안원은 '진학眞學'과 '실학'을 주장했다. '실용'을 숭상하고 '공담'을 경시하는 그의 관점은 전통교육, 특히 정주 이학의 교육 관점과 첨예하게 대립했다. 이에 그는 "전통교육은 허虛로 이루어진 것이고, 나의 교육은 실實로 이루어진 것이다."라고 말하며, '실용'이 '공담'을 대신하고 유용함으로써 무용함을 대신해야 한다고 보았다.

안원은 요·순, 주·공시대의 학술이 바로 '진학'과 '실학'이라고 보고 '육부六府', '삼사三事', '삼물三物'을 강력히 주장했다. 여기서 '육부'와 '삼사'는 《상서》〈대우모大禹謨〉에서 "수, 화, 금, 목, 토, 곡谷"과 "덕을 바로 하고[正德], 쓰임을 이롭게 하고[利用], 생활을 풍요롭게 한다[厚生]"는 말을 인용한 것이다. 그리고 '삼물'은《주례》,〈지관

地官〉에 나오는 '육덕[知, 仁, 聖, 義, 忠, 和]', '육행[孝, 友, 睦, 姻, 任, 恤]', '육예[禮, 樂, 射, 御, 書, 數]'를 가리킨다.

안원은 배우는 학생들에게 몸소 경험하고 체험할 것을 요구했다. 그는 무예가 출중해서 57세의 나이에 상수商水의 협객인 이자청李子青과 무예를 겨룰 만큼 노년에도 상당한 실력을 유지했다고 한다.

안원이 철학에 남긴 공헌에 대해 첸무錢穆는 다음과 같이 평가했다. "근 3백년의 학술 사상에서 습재는 권위자라 할 수 있다. 어찌 겨우 3백년만 해당되겠는가! 위로는 송나라, 원나라, 명나라로 이어져 온 심성의리心性義理 학문이 습재에 의해 모두 뒤집어졌고, 아래로는 청나라시대 훈고학의 고증이 무너졌다." 이처럼 근원으로 돌아갈 것을 명분으로 삼고, 참신함을 핵심으로 했던 안원의 사상은 역사에 특별하고 선명한 한 획을 그었다.

행동을 통해 깨우친다는 것은 어떤 의미인가?

가만히 앉아서 생각하는 것보다 직접 행동하는 것이 더 효율적이라는 사실은 누구나 알고 있다. 하지만 대부분의 경우, 진심으로 이 사실을 깨닫기 위해선 갖가지 시행착오가 필요하다. 왜냐하면 보기에는 간단해 보이지만, 사실은 그렇지 않기 때문이다.

'행동'한다는 것은 사실 쉬운 일이 아니다. 더욱이 '행동'을 통해 깨우친다는 것은 매우 어렵다. 그렇기에 우리는 어려움을 무릅쓰고 행동을 통해 어느 경지에 오른 사람을 높이 평가하는 것이며, 안원은 그런 점에서 분명 높이 평가받을 만하다.

한편 안원의 사상이 발전한 과정도 주목해볼 필요가 있다. 처음 심학에 심취했던 그는 나중에 이학으로 넘어갔고, 마지막에는 이학의 비판자로 돌아섰다. 주관을 가지지 못하고 이리저리 흔들렸다고 볼 수도 있겠지만, 사실은 평생 동안 진리를 쫓아오며 인식이 변화해 간 과정이라고 할 수 있다.

과연 지금까지 배워온 것들을 과감히 비판하고 부정할 수 있는 사람이 얼마나 있을까? 이것은 누구나 할 수 있는 일이 아니다. 그렇기에 안원의 이러한 변화는 학문하는 사람의 진정한 자세라고 할 수 있을 것이다.

욕망에 충실하고 싶을 때

대진戴震
— 이는 욕망에 존재한다

고증 색채가 짙은 인성설(人性說)을 건립한 사상가의 욕망론.
이(理)와 의(義)를 부정한 현실철학자의 핵심명제.

청나라시대에 어느 사숙에서 스승이 《대학장구大學章句》의 '경문의 1장[右經一章]'에 대해 설명하려 하자, 앉아 있던 제자 중 한 명이 벌떡 일어나 말했다. "스승님, 저로서는 도무지 이해가 되지 않는 것이 있습니다. 책 속에 기록된 말들이 '공자의 말을 그의 제자인 증자가 기록한 것'인지, 아니면 '증자의 뜻을 그의 제자들이 기록한 것'인지 어떻게 알 수 있습니까?"

제자의 질문에 한참 동안 고민하던 스승이 대답했다. "이것은 송나라시대의 주자가 한 말이다."

그러자 제자는 더욱더 이해할 수 없다는 표정으로 물었다. "주자는 송나라 사람이고, 송나라는 주나라와 2천 년이 넘는 세월의 간격이 있는데, 어떻게 주자가 이 일에 대해 알 수가 있습니까?"

순간 제자의 날카로운 질문에 말문이 막힌 스승은 아무런 말도 하지 못한 채 마음속으로 탄복할 수밖에 없었다.

이 이야기에서 스승의 말문을 막히게 한 제자는 량치차오가 "청나라 학자 중에서 제1인자"라고 평가한 대진戴震이다. 대진은 청나라의 저명한 언어문자학자이자 자연과학자, 철학자, 사상가이다.

대진(1723~1777)의 자는 동원東原, 신수愼修이고 호는 고계杲溪이며, 휴녕休寧 융부(隆阜: 지금의 안후이성 황산시(黃山市) 툰시구(屯溪區)) 사람이다.

대진의 집안은 당나라 때 고위 관직을 지낸 적이 있었으나, 그의 증조부와 할아버지, 아버지 모두 관직에 오르지 못했다. 이에 부친인 대변戴弁은 소상인으로 장사를 하며 겨우 생계를 이어갔다.

대진은 1723년 1월 19일에 태어났는데, 그날 하늘에서 매우 큰 천둥소리가 울려 이름을 진震이라고 지었다고 한다. 대진은 18세 때 부친을 따라 강서 남풍南豊으로 이사를 한 뒤, 다시 복건 소무昭武에서 공부를 한다. 그러던 중 20세 때 우연히 육순을 넘긴 음운학자 강영江永을 만났다. 강영은 삼례三禮에 정통했고 천문, 지리, 수학, 성음 등도 광범위하게 알고 있었다. 이에 강영의 밑에서 대진의 학문은 상당히 발전할 수 있었다.

22세 때 대진은《주산籌算》2권을 저술했으며, 24세 때는《고공기도주考工記圖注》를 썼다. 그리고 30세부터 33세까지《구고할환기勾股割圜記》,《주비북극선기사유해周髀北極璇璣四游解》등 자연과학 저서들을 썼다. 또 33세 이전에《육서론六書論》3권과《이아문자고爾雅文字考》10권,《굴원부주屈原賦注》등을 저술했다.

건륭제 20년(1755), 33세인 대진은 인생에서 큰 전환점을 맞는다.《청사고清史稿》〈대진전戴震傳〉에는 그가 "박해를 피해 수도로 도망쳤다."고 기록되어 있다. 그렇게 수도로 간 대진은 같은 해 여름 기윤紀昀, 전대흔錢大昕 등과 친분을 쌓는다. 그곳에서 당시 뛰어난 학자들이 대진의 저서를 보고 깊이 감탄하면서, 대진은 명성을 떨치게 되었다.

건륭제 21년(1756) 대진은 이부상서吏部尙書 왕안국王安國의 집에 머무르면서, 그의 아들 왕념손王念孫을 가르쳤다. 그 후 왕념손은 단옥재段玉裁와 함께 대진의 가장 뛰어난 제자가 된다. 이듬해에 왕안국이 세상을 떠나자, 대진은 수도를 떠나 남쪽으로 내려온다.

대진은 여러 차례 과거에 낙방했음에도 포기하지 않고, 41세부터 55세 때까지 계속 남북을 왔다 갔다 하며 과거를 치렀다. 대진이 6번이나 과거시험에서 낙방했다는 걸 알게 된 건륭제는 전시殿試에 참여할 수 있도록 해주었고, 진사 출신에게 주는 한림원서길사翰林院庶吉士도 수여했다.

사고전서관에서 대진은 소장된 자료들을 이용해 천문, 수학, 지리, 음운 등 각 분야의 책들을 연구해 고증하는 데 힘을 쏟았다. 그리고 55세 때인 1777년에 사망했다.

대진의 저서 중《맹자자의소증孟子字義疏證》,《원선原善》,《답팽진사윤초서答彭進士允初書》 등은 송명 이후 정주·육왕의 학설에 대한 비판 및 그의 철학 관점이 담긴 저서들로, 청대 철학사에 중요한 의미를 지니고 있다. 그는 도道에 대해서 그 자신의 규율의 변화로 끊임없이 변화하고 발전하는 것이라고 보았다. 즉 도는 우주만물이 끊임없이 생겨나고 변화 빈성하는 것이다.

대진은 사물에 대해서도 사물 밖의 이理와 의義의 존재를 부정하며, '이가 기를 주재한다.'는 정주학파의 학설은 성인을 속이고 경전을 어지럽히는 학문이라고 비판했다. 또 '천리를 보존해 인욕을 없애야 한다.'는 송명 이학가들의 주장을 "사람 잡는 잔인한 도구"라고 배척하며, 송나라 유학자들이 '이로써 사람을 죽이게 되었다.'라고 질책했다.

그는 "욕망은 하나의 사물이며, 이는 사물의 법칙이다."라는 명제를 제시하며, 모든 일에는 반드시 그 욕망이 있으며, 욕망이 없다면 행동도 없다고 보았다. 그는 욕망이 있고 난 뒤에 행동이 있으며, 행동이 욕망으로 귀결되는 법칙이 바로 이라고 본 것이다. 이에 그는 "욕망이 없으면 행동도 없으니, 어찌 이가 있겠는가."라고 말하며, 고증 색채가 짙은 인성설人性說을 건립했다.

또 그는 《맹자》를 다시 해석해 이, 천도天道, 성性, 재才, 도, 인仁, 의, 예禮, 지智, 성誠 등의 철학범주를 다시 분석했다. (《맹자》에 대한 그의 해석은 주로 대표저서인 《맹자자의소증》에 담겨 있다.) 그는 이를 통해 정주 이학을 날카롭게 비판하는 한편, 자신의 철학 사상을 드러냈다. 그는 '기화氣化가 곧 도'라는 우주관을 주장하며, "음양오행은 도의 실체."라고 말했다. 음양오행의 끊임없는 운동이 도의 진실한 내용을 구성한다는 것이다.

또 대진은 우주의 생명 및 변화의 근원을 인仁으로 보았다. 즉 인은 '부단히 낳고 낳는 것'이며, '변화하는 흐름'은 '낳고 낳는 것의 조리'인 즉 이이다. 바꿔 말하자면 인도人道가 곧 본성의 본질이며, 인성人性은 천도에서 근원한다. 이에 천도는 선하므로 인도, 인성도 자연히 선할 수밖에 없으며, 인간 생명의 가치와 우주 생명의 의미는 '천인합일'의 경계로 융합된다.

이처럼 계몽사상의 요소를 포함하고 있는 그의 사상은 당시 평등에 대한 시민계층의 요구를 반영하며, 중국이 현대로 넘어가는 발단이 되었다.

대진이 세상을 떠난 뒤, 그의 철학은 몇 개의 분파로 나뉘어 계승되었다. "소학은 고우高郵 왕념손, 금단金壇 단옥재에 의해 계승되었다. 수학은 곡부의 공광삼孔廣森에게 계승되었으며, 곡장曲章은 흥화興化 임대춘任大椿이 계승했다."

이처럼 많은 제자들에 의해 대진의 학문은 그가 사망한 뒤에도 곳곳에 전파되어 많은 업적을 일궈냈다.

철학자가 새로운 길을 개척한다는 의미는?

대진은 '이와 욕망은 물과 기름처럼 함께할 수 없다.'는 과거의 견해를 버리고, 이와 욕망의 관계를 새롭게 해석해 냈다. 물론 이러한 그의 관점에 대해서는 여러 가지 의견이 제시될 수 있겠지만, 그가 새로운 관점을 제시했다는 점은 높이 평가할 만하다.

새로운 길을 개척하는 건 대부분 철학의 역할이다. 철학은 모순되는 두 가지 관점을 하나로 합쳐 새로운 관점을 제시하곤 한다.

여기서 짚고 넘어가야 할 부분은 대진이 활동했던 당시에 이미 '천리를 보존해 인욕을 없애야 한다.'는 이학의 관점에서부터 사회적 폐단이 발생하고 있었다는 점이다. 대진의 '이욕 일원론'은 바로 이러한 시대배경 속에서 '이로써 사람을 죽이는' 잘못된 오류를 바로잡기 위해 제시된 것이다.

만약 이처럼 특수한 사회적 배경이 없었더라면, 욕망을 이로 간주한 그의 주장은 어쩌면 '욕망은 만족시킬 수 없다.'는 보편적 인식에 의해 반박되었을지도 모른다.

진보적 계몽사상가의 꿈

위원 魏源
— 서양 오랑캐의 기술력을 배워 오랑캐를 제압하자

진보적 계몽사상가가 설파한 애국계몽운동의 핵심명제.
자산계급의 변법자강(變法自疆)운동 행동철학.

"더위가 극에 다다라야 추위가 생기고, 추위가 극에 다다라야 더위가 생긴다. 굽힐 줄 아는 사람은 반드시 굳건한 믿음이 있으며, 오랫동안 엎드려 있는 사람은 반드시 나는 법을 안다. 그러므로 뜻대로 안 되는 일은 잘 되는 일 속에 엎드려 있고, 즐거운 일은 싫은 일 속에 있다. 쇠락과 번성은 하나의 문에 모여 있고, 재앙과 복은 같은 뿌리를 두고 있다. 세상의 모든 이치가 이렇지 않은가? 그러므로 학문의 도를 쉽게 얻은 사람은 반드시 쉽게 잊어버리며, 어렵게 얻은 사람만이 성실하게 지키는 법이다."

위의 인용문은 《묵고默觚》〈학편칠學篇七〉에 나오는데, 청나라의 계몽사상가이자 정치가, 문학가인 위원魏源이 쓴 글이다.

위원(1794~1857)의 본래 이름은 원달遠達이다. 자는 묵심默深, 묵생墨生, 한사漢士이며 호는 양도良圖이다. 호남성 소양현邵陽縣 출신으로, 근대 중국에 '세계를 보는 눈'을 제시한 인물 중 한 명이다.

1794년 위원은 호남성 소양현 금담(金潭: 지금의 사오양시 룽후이현(隆回縣) 스먼첸진(司門前鎭))에서 태어났다. 그는 7세 때 유지강劉之綱과 위보방魏輔邦에게 경전과 역사를 배운 뒤, 9세 때 현성縣城으로 건너가 동자시童子試에 응시했다. 시험관이 '태극도'가 그려진 찻잔을 가리키며 "잔이 태극을 품고 있다."고 말하고는 그 뒤의 말을 잇게 하자, 위원은 가슴속에 품고 있던 두 개의 보리떡을 꺼내고는 "건과 곤을 뱃속에 품고 있다."고 말해 시험관을 놀라게 했다고 한다. 이렇듯 어렸을 때부터 남달랐던 위원은 1810년 수재에 합격하고, 1822년 거인擧人에 2등으로 합격한다.

하지만 1829년 예부禮部 회시會試에서는 공자진龔自珍과 함께 나란히 떨어진다. 위원과 공자진은 유봉록劉逢祿 밑에서 함께 배운 사이로, 이후 '공위龔魏'라 함께 일컬어졌다. 매우 극심한 사회 혼란 속에서 그는 직접 강화 요족瑤族의 반란, 청나라의 부패를 보게 되었다. 그리고 1840년에 아편전쟁이 발생하자 외세의 침략에 분개하며, 나라를 위한 일을 하겠다고 결심한다.

1832년 남경으로 간 위원은 청량산淸凉山 밑에 위치한 오룡담烏

龍潭 근처에 초당을 구입해 '호자초당湖子草堂'이라 이름 지었는데, 이후 '소권아小卷阿'로 명칭이 바뀌었다.

1841년 위원은 양강총독兩江總督 유겸裕謙의 참모로 들어가, 영국군과의 전쟁에 직접 참여하며 전선에서 포로들을 심문하기도 했다. 하지만 이후 화친이 어려워진 청나라 조정이 영국에 투항하자 분노한 그는 고향에 내려가 저술에 힘쓴다. 그리고 1844년 다시 회시에 응시해 진사에 합격한 뒤, 강소의 동대東台와 흥화興化에 지현知縣으로 부임했다. 이 기간 동안 그는 소금 정책을 개혁하고, 제방을 쌓아 물길을 다스렸다. 1842년 위원은 임칙서가 번역해 엮은 《사주지四洲志》를 토대로 50권으로 구성된 《해국도지海國圖志》 초판을 썼다. 그리고 1847년 더 보충해 60권으로 늘렸고, 다음해 서계여徐繼畬의 《영환지략瀛環志略》이 출간되자 이 책과 다른 자료들을 취합해 1852년 100권으로 완성했다. 《해국도지》와 같은 시기에 출간된 《영환지략》의 경우 중국에서 가장 이른 시기에 쓰인 세계지리 저서이다.

《해국도지》는 세계지리, 역사, 정책, 경제, 종교, 역법, 문화, 생산품에 이르기까지 다양한 내용을 포함하고 있다. 그는 강국의 침략에 저항하고 시대의 폐단을 바로잡음으로써 위험에 빠진 국가의 운명을 바꿀 방법을 모색하고자 했다. 이에 량치차오는 《중국근 삼백년 학술사中國近三百年學術史》에서 다음과 같이 말했다. "《해국도지》는 백 년 동안 사람들의 마음을 지배했으며, 지금까지도 여전히 그 영향력에서 완전히 벗어나지 못하고 있다. 그러니 중국 역사에서 《해국도지》가 미친 영향은 상세하게 언급할 수 없을 정도이다."

위원은 진보적인 사상가이자 역사가, 애국주의자였다. 그는 적극적으로 개혁을 요구하면서, 백년이 경과하면 법률에 폐단이 생기기 마련이고, 발전이 최고조에 이르면 법률을 개혁해야 하는 것이 마땅하다고 주장했다. 그러면서 폐단을 개혁해 발전된 법률을 만들지 않은 채 임시방편으로 해결하려 해서는 안 된다고 강조했다. 그는 경제 개혁을 중시하며 아편전쟁 전후로 수리, 조운, 소금 정책에 관한 개혁방안을 제시했다. 그의 진보적인 주장은 이후 자산계급의 변법자강變法自疆운동이 적극적으로 추진되는 계기가 되었다.

위원은 외세의 침략에 결연히 저항하는 동시에, 침략에 대항하기 위해서는 서양의 과학기술을 배워야 한다고 강조했다. 그는 《해국도지》에서 "서양 오랑캐의 기술력을 배워 오랑캐를 제압하자."는 관점을 제시하면서, "오랑캐를 본받는다면 오랑캐를 제압할 수 있지만, 오랑캐를 본받지 않는다면 오랑캐에게 제압당한다."고 말했다. 그는 서양의 기술력을 배워 국가의 안위를 지키는 데 사용해야 한다고 주장함으로써, 당시 사람들을 계몽시키고자 했다.

1851년 고우지주高郵知州로 부임한 위원은 여가 시간을 이용해,

1853년 《원사신편元史新編》을 완성했다. 하지만 '일을 지연시켜 그르쳤다'는 이유로 파면을 당했다. 이후 얼마 안 가 복직되었지만, 이미 육순을 넘긴데다가 혼란스런 시국 속에서 여러 좌절을 겪으면서 관직에서 물러난다. 이후 말년에는 불교에 심취했다.

평생 동안 저술활동에 많은 시간을 투자한 위원은 숱한 저서들을 남겼으며, 중국 사상계몽운동의 선각자로 자리매김했다.

위원의
철학적 사색거리

타인의 장점을 어떻게 받아들일 것인가?

지혜로운 사람은 타인의 장점을 통해서 자신의 단점을 보완한다. 그만큼 남을 알고 나를 안다는 것은 동서고금을 막론하고 현자(賢者)의 중요한 자질 중의 하나였다. 무엇보다 타인의 장점을 보기 위해서는 허심탄회하게 열린 마음으로 상대를 대하는 자세가 우선시되어야 한다. 그러기 위해서는 나만의 아집을 버리고 상대의 말이나 태도에서 하나라도 뭔가를 배우려는 겸허한 마음가짐을 갖고 있어야 한다. 사실 말이 쉽지 서로 대립하는 관계에서 남의 장점을 인정하고 본받는다는 것이 평범한 사람으로서는 결코 쉽지 않은 태도이다. 그렇기에 자기의 장점은 그대로 취하고 상대의 장점까지 자기 것으로 만들어 진정한 승자의 자질을 키워나갔던 위원의 유연한 삶의 태도와 지혜, 식견 그리고 포용력은 '관계의 중요성'이 점점 더 부각되는 현대인에게 꼭 필요한 자질이 아닐 수 없다.

자신만이 옳다는 독선적인 생각을 가지고는 상대방의 장점을 배울 수 없다. 그렇기에 적에게 장점을 배워 자신의 발전의 밑돌로 삼기 위해서는 더 많은 지혜와 용기가 필요하다. 그리고 우리가 존경하는 뛰어난 위인들 중에는 이 점을 활용해 역사에 남을 위대한 업적을 남긴 사람들이 많다. 난세의 시대를 현명하게 뛰어넘으려 했던 위원의 진정한 용기가 더욱 더 빛을 발하는 시대에 우리는 살고 있다.

세계를 보는 눈을 얻고 싶다면

옌푸 嚴復
— 실체가 있으면서도 차지하는 곳이 없는 것이 우(宇)이며, 길이가 있으면서도 시작과 끝이 없는 것이 주(宙)이다

철학의 최고 질문에 유물론 관점으로 대답한 명제.
자유를 기본으로 민주주의로 화합해야 한다는 혁신명제.

"내가 강의하고자 하는 것은 정치의 학문[學]이며, 정치의 기술[術]이 아니다."

옌푸는 강연 내내 정치의 학문이라는 것은 대상을 파악하는 것으로써 격물궁리格物窮理의 탐구과정이었다고 말한다. 그러면서 "정치의 기술이란 어떤 일에 대하여 그 대처 방안을 묻는 것으로써 어떻게 할 것인가를 묻는 과정이었으며 정치학이라는 분야는 서양에서 이미 과학이 되어 있다."라고 강의의 서두에서 분명히 밝히고 있다. 여기서 그가 제기한 '과학'은 과학적 연구방법론이었다.

그는 두 번째 강의에서 "진화론적 방법, 역사적 방법, 비교적 방법, 귀납적 방법에 의거하여 정치학을 과학적으로 연구해야 한다."고 역설했다. 서양의 생물학적 진화론뿐만 아니라 사회진화론을 수용한 그는 정치와 사회를 다루는 학문 또한 과학적 방법론에 입각해야 한다고 주장하면서 중국에서 처음으로 정치학의 과학화를 제창했다. 그는 자신이 번역한 서양의 학문 자체가 과학에 뿌리를 두고 있다고 믿었다. 또한 이러한 과학적 방법과 태도에 의거한 탐구야말로 진정한 학문이라고 생각했다.

위의 강연은 옌푸가 상하이 YMCA에서 강의한 〈정치학이란 무엇인가〉란 주제의 강연 내용 중 일부이다. 옌푸가 청중을 대상으로 강연을 하던 이 시기는 청나라 조정에서 입헌국가의 실현을 대체할 새로운 중국을 구상하면서 치열한 정치적 논쟁을 펼치며 혁명의 방법에 대해 백가쟁명식 주장이 난무하던 시기였다. 이러한 시대적 배경 속에서 옌푸는 입헌군주제인가 아니면 혁명인가 하는 정치적 선택에서 한 걸음 물러나 중국의 현실을 관조하는 견지에서 정치학의 원론을 강의하고자 한 것이다.

옌푸(1854~1921)의 원래 이름은 종광宗光이며, 자는 우링又陵이다. 이후 이름은 푸復로, 자는 기도幾道로 바뀠다. 복건 후관侯官 사람이다. 1854년 지금의 푸젠성 푸저우시福州市 창산구倉山區 가이산진蓋山鎭 양치촌陽岐村의 대대로 의약에 종사하는 집안에서 태어났다.

1866년 옌푸는 고향의 선정학당船政學堂에 들어가, 5년 동안 항해술을 배우고 우수한 성적으로 졸업한 뒤 군함에서 일한다. 그리고 1877년부터 1879년까지 국비 유학생으로 영국에 건너가, 왕립 그리니치 해군대학에서 공부를 했다. 유학기간 동안 그는 자산계급의 정치학이론을 광범위하게 섭렵하면서, 다윈의 진화론에 매우 깊은 감명을 받았다.

1879년 유학을 마치고 중국으로 돌아온 그는 복주福州 선정학당에서 1년 정도 교편을 잡은 뒤, 이듬해 천진天津 북양수사학당北洋水師學堂에서 교편을 잡는다. 그는 이후 이곳에서 부교장을 거쳐 교장을 역임한다. 이후 1905년 환강중학당(皖江中學堂: 지금의 우후제일중학(蕪湖第一中學))의 감독(監督, 즉 교장)으로 부임한 그는 적극적으로 서양 계몽교육에 앞장섰다. 또 이 시기에 그는 《천연론天演論》번역 작업을 완료했으며, 《국문보國聞報》와 《국문회편國聞匯編》을 창간했다. 《국문보》는 무술변법 시기에 유신파의 화북지역 중요 여론기지가 되었다.

그는 많은 번역가들을 초빙해 서양의 정치경제학과 자연과학 지식을 번역하는데 돈을 아끼지 않았다. 또 자신 역시 헉슬리Thomas Henry Huxley의 《진화와 윤리Evolution and Ethics》를 번역, 설명한 《천연론》을 《국문회편》에 발표해 많은 반향을 일으켰다. 그가 번역한 저서로는 애덤 스미스의 《국부론》을 번역한 《원부》, 스펜서Herbert Spencer의 《사회학 연구The Study of Sociology》를 번역한 《군학이언君學

卮言》, 몽테스키외Charles De Montesquieu의 《법의 정신De l'esprit des lois》
을 번역한 《법의法意》 등이 있다. 이처럼 그는 서양의 고전 경제학,
정치학 및 자연과학과 철학을 비교적 체계적으로 소개함으로써 중
국 국민들의 계몽에 앞장섰던 대표적인 선각자이다.

　신해혁명 이후 경사대학당京師大學堂은 베이징 대학北京大學으로
명칭이 변경된다. 1912년 옌푸는 위안 스카이袁世凱의 명령으로 베
이징 대학교 교장직을 맡았다. 이 시기에 서양과 중국의 문화를
비교하던 옌푸의 관점은 점차 자기반성 단계로 들어가면서, 전통
문화로의 회귀로 나아가고 있었다. 이에 그는 베이징 대학의 문과
와 경학을 합일시켜, 옛 학문이 가진 병폐를 치료하려 했다. 옌푸
는 과거 다양하고 화려한 교육자로서의 성과로 중국인들로부터
존경받으며 상당한 경륜을 인정받고 있었다. 하지만 이후 황제에
오르려는 위안 스카이에게 협력하면서, 그동안 쌓아올린 명성이
순식간에 무너진다. 그리고 1920년 복건성에서 겨울을 보낸 뒤,
이듬해인 1921년 그곳에서 향년 68세로 세상을 떠났다.

　철학에서 옌푸가 이룩한 공헌은 지대하다. 그는 철학의 최고 질
문에 대해 유물론의 관점에서 대답했다. 마음과 사물의 관계에서
옌푸는 "마음의 움직임은 모두 사물의 변화이다. 그러므로 사물이
다하면 마음도 다한다."고 말했는데, 이는 물질이 가장 근원적인
것이며 그렇기에 정신(마음)은 물질에서 파생된 것이라는 유물론
적 관점이라 할 수 있다.

우주에 대한 인식에서도 옌푸는 이러한 특징을 보인다. 그는 〈구망결론救亡決論〉에서 《장자》〈경상초庚桑楚〉의 "실체가 있으면서도 차지하는 곳이 없는 것이 우宇이며, 길이가 있으면서도 시작과 끝이 없는 것이 주宙이다."라는 구절을 인용해 우주를 정의했다. "실체가 있으면서도 차지하는 곳이 없는 것"에서 실체[實]는 실재를 가리키며, '곳[處]'은 장소 즉 공간을 가리킨다.

그는 자산계급을 체體, 지智, 덕德의 세 가지 방면으로 교육해 국가를 더욱 강하게 발전시킬 수 있다는 환상을 품고 있었다. 이에 옌푸는 유신변법을 요구하면서도, 교육을 통해 점진적으로 개선할 필요가 있다고 주장했다. 즉 당시의 중국 상황에서 입헌군주제를 실현하려면 반드시 국민을 먼저 깨우치게 해야 한다는 것이다.

옌푸는 서양 학문을 제창했고, '중국의 학문을 바탕으로 삼고 서양의 학문을 수용한다.'는 양무파洋務派의 주장에 반대했다. 그는 중국의 학문과 서양의 학문을 여러 차례 비교하면서 다음과 같이 주장했다.

"중국인들은 삼강오륜과 같은 계급 질서를 가장 강조하는 반면, 서양인들은 평등을 가장 강조한다. 가족을 중요시하는 중국인들은 혈육 간의 정을 중시하는 반면, 현인을 숭상하는 서양인들은 능력을 중시한다. 중국인들은 효를 이용해 세상을 다스리는 반면, 서양인들은 공평함을 통해 세상을 다스린다. 중국인들은 군주를 중시하는 반면, 서양인들은 국민을 중시한다. …… 중국인들은 박학다식한 사람을 우대하는 반면, 서양인들은 개인의 능력을 중시한다."

이어서 그는 "중국인들은 옛것을 좋아해 오늘날의 것을 소홀히 하는 반면, 서양인들은 오늘날의 것에 힘써 옛것을 넘어선다.", "옛것은 낡은 것이다."라고 말하며 만약 요, 순, 공자가 지금 살아 있었더라면 서양 학문을 배우라고 했을 것이라고 주장했다. 그러면서 그는 이에 "자유를 바탕으로 삼고 민주주의로 화합해야 한다."는 자산계급의 교육방법을 제시했다.

옌푸의
철학적 사색거리

급변하는 시대에 철학의 역할은 무엇인가?

옌푸는 1902년에 쓴 〈주인과 손님의 논쟁[主客評議]〉에서, 의화단 운동을 "요망한 인민과 도적 같은 병사의 준동"이라며 날선 공격을 퍼부었다. 아울러, 위 글에서 구파와 신파 모두를 질타하였다.

"……봉건제도, 문물, 풍속은 장기간 점진적으로 개혁해야 한다. ……어찌 한두 명의 불분명한 주장과 거사로써 유혈을 불러 자유의 나무에 피를 뿌리고자 하는가! 그대들의 계획이 좋지 못한 것이요, 또한 나라에 큰 해를 끼치는 것이니 이중으로 슬픈 일이다.(위의 책, 214)."

옌푸는 주인의 입장에서 구파와 신파 두 손님의, 수구적 태도와 급진적 혁명 노선을 모두 비판하였다. 점진적인 개혁을 주장한 이 글은 많은 관심을 끌었다.

'세계를 보는 눈'을 제시해 준 옌푸는 동양철학사에서 많은 성과를 남겼다. 그의 몇몇 관점들은 오늘날 활용하기에 부족한 면이 있겠지만, 그 당시의 상황에 비춰 봤을 때는 상당한 성과라 할 수 있다. 이처럼 과거의 과정들을 살펴보면, 오늘날에 이룩한 철학의 발전은 더욱 소중하게 느껴진다.

한편 옌푸가 보인 정치적 입장 때문에 그가 이룩한 이론적 성과를 과소평가해서도 안 된다. 이런 점을 보면, 어느 한 시대의 사건이나 인물에 대해 제대로 평가하는 건 무척이나 어려운 일인 것 같다.

변화하는 시대를 읽는 눈

캉유웨이 康有爲
— 변화는 하늘의 이치이다

근대 중국을 대표하는 대사상가의 계몽 사상의 핵심명제.
진화관과 대동세계관으로 대표되는 변화철학.

1895년 청일전쟁에서 패한 이후 청나라가 치욕적인 〈시모노세키 조약下關條約〉을 체결하려 하자, 수백 명의 거인擧人들이 이에 반대해 광서황제光緖皇帝에게 상소를 올렸다. 1894년 발생한 청일전쟁에서 청나라는 일본에 패하였고, 1895년 봄 베이징에서 회시를 치른 뒤 결과를 기다리던 거인들에게 굴욕적인 소식이 들려왔다. 〈시모노세키 조약〉에 따라 청나라는 타이완, 랴오둥반도遼東半島를 일본에 할양하고, 배상금으로 은 2억 냥을 지불한다는 내용이었다. 베이징에서 시험에 응시한 거인들은 이 소식을 듣고 격분했다.

이에 5월 2일 18개 성의 거인들과 수천 명의 시민들이 모여, 〈시모노세키 조약〉에 반대하는 사람들의 서명이 담긴 상소를 도찰원都察院에 올렸다.

상소문에는 ①조서를 내려 천하의 기세를 북돋아주고, ②천도해 천하의 근본을 안정시키며, ③군사를 훈련해 천하의 기세를 강성하게 하고, ④변법을 실시해 천하를 안정되게 다스려야 한다는 네 가지 해결방안이 담겨 있었다. 이 상소문은 청나라 정부에 의해 거절당했지만, 큰 파장을 불러왔다. 그리고 유신사상維新思想은 기울어져 가는 시대 상황을 자각할 수 있도록 많은 중국인들을 일깨워주었다.

'공거상서公車上書'로 불리는 이 사건은 이후 유신파가 역사에 등장하는 계기를 마련해 주었으며, 또 중국 전역에서 정치운동이 일어나는 발단이 되었다.

공거상서를 일으킨 장본인은 근대 중국을 대표하는 학자 캉유웨이康有爲이다. 저명한 정치가인 그는 사상가, 사회개혁자, 서예가로도 활동했다.

캉유웨이(1858~1927)의 또 다른 이름은 조이祖詒이다. 자는 광하廣夏이고 호는 장소長素, 명이明夷, 갱신更甡 등이며 말년에는 서명으로 천유화인天游化人과 광동남해인廣東南海人을 썼다.

캉유웨이는 함풍제咸豐帝 8년(1858) 광동성 남해현南海縣 단조진丹

^{竈嶺} 소촌^{蘇村}에서 태어났는데, 이에 사람들에게 '강남해^{康南海}'라고 불렸다. 이후 청나라 광서제 시기에 진사에 합격해, 공부주사^{工部主事}로 등용되었다.

맨 처음 할아버지인 강찬수^{康贊修}에게 학문을 배운 캉유웨이는 18세 때 남해현 구강^{九江}의 저명한 학자인 주차기^{朱次琦}의 밑에서 학문을 배웠다. 강찬수나 주차기 모두 송명 이학을 숭상하는 학자들이었기에, 자연히 캉유웨이는 한학자들의 번거로운 고증을 꺼리게 되었고 새로운 학문의 길을 개척하려고 시도했다. 22세 때 주차기의 밑에서 나와 서초산^{西樵山} 백운동^{白雲洞}에서 독학한 뒤, 1882년 북경에서 회시에 응시했다. 그런데 이후 돌아오는 길에 그는 상해를 거치면서, 각 나라의 자본주의 통치 제도와 자연과학을 다룬 여러 책들을 접하게 되었다. 이로써 캉유웨이는 서양의 학문을 배워 망해 가는 조국을 구하겠다는 뜻을 세운다.

1888년 캉유웨이는 북경에서 순천향시^{順天鄕試}에 응시했지만 합격하지는 못했다. 같은 해 9월, 광서제에게 현재 국가가 위험한 상태에 있음을 알리는 상소를 올린다. 그는 여기서 옛것을 버리고 변법을 실행할 것을 요구하며, "변법을 실행해 민생을 돌보고 좌우를 살펴야 한다."고 말했다. 1891년 광동성으로 돌아간 그는 만목초당^{萬木草堂}을 세워 강의하면서, 변법운동을 하기 위한 이론을 만들었다. 1895년부터 1898년까지 캉유웨이는 변법운동에 적극적으로 나섰는데, '공거상서'도 이 시기에 일어났다.

유신파의 힘을 모으기 위해 1895년 8월 캉유웨이는 북경에서 강학회强學會를 조직한다. 그리고 1897년 11월 독일이 교주만膠州灣을 점령하자 전국에서 격렬한 공분이 일어났다. 이에 1898년 3월 캉유웨이가 북경에서 보국회保國會를 조직하자 회원으로 수백여 명이 몰렸으며, 또 개량파改良派는 신문을 간행해 여론선전을 진행했다. 1898년 강학회가 세워졌을 때, 캉유웨이는 북경에서 〈중외기문中外紀聞〉을 창간해 조정 안팎으로 많은 영향을 미쳤다. 같은 해 캉유웨이는 또 상해에서 〈강학보强學報〉를 창간했다. 이렇게 개량파는 신문을 통해 힘을 동원하고 자신들의 세력을 확장해 나갔다.

캉유웨이는 이와 같은 일련의 정치활동을 통해 많은 명성을 떨치게 되었고, 마침내 1898년 6월 11일 광서황제는 〈명정국시조明定國是詔〉를 반포해 새로운 정책을 통해 '변법자강'을 이루겠다고 선포했다. 이로써 캉유웨이는 '총리아문장경상행주總理衙門章京上行走'라는 관직에 임명되어, 유신변법운동에 참여한다. 하지만 캉유웨이 등이 자신감에 차 유신변법운동을 활발히 진행할 무렵, 반대파들에 의해 무술정변戊戌政變이 일어났다. 이 일로 광서황제는 궁안에 감금되었고, 담사동譚嗣同 등 유신을 이끌던 사람들은 죽음을 맞았으며, 캉유웨이와 량치차오는 해외로 망명해야 했다. 이로써 130일 만에 유신변법운동은 막을 내렸고, 이후 백일유신百日維新이라 불리게 되었다.

프랑스로 망명한 캉유웨이는 보황회保皇會를 조직해, 계몽절대주의를 주장하며 혁명에 반대했다. 국제적 지지를 얻은 뒤에는 여러 나라를 돌아다니면서, 유럽 각국의 군주들과 만났다. 이후 신해혁명으로 청 왕조가 무너지면서, 1912년 캉유웨이는 다시 중국으로 돌아온다. 하지만 그는 과거의 모습과는 많이 달라져 있었다. 보황당保皇黨 영수가 된 그는 공자를 숭상하며, 청 왕조를 다시 복원해야 한다고 주장했다. 그러면서 공화제를 반대하며, 퇴위한 푸이溥儀를 다시 황위에 세우려 계획했다. 1917년 캉유웨이와 청 왕조에 충성하는 북양군벌北洋軍閥 장쉰張勳은 복벽운동覆壁運動을 통해 푸이를 다시 황제로 옹립하려 했지만 실패했다.

하지만 그럼에도 그는 청 왕조를 다시 복원시켜야 한다는 주장을 굽히지 않았다. 이에 펑위상馮玉祥에 의해 푸이가 자금성에서 쫓겨나 천진 정원靜園에 머무르자, 직접 찾아가기도 했다. 1923년에는 청도青島 회천만匯泉灣에서 집을 구입해 '천유원天游園'이라 이름 지었다. 그리고 청도의 아름다운 풍경을 감상하며 여러 편의 시를 썼다. 1927년 3월 8일 상해에서 70세 생일을 보낸 캉유웨이는 21일 청도로 돌아왔다. 그리고 30일 광동의 고향 사람들과 함께 식사를 하던 중 갑자기 복통을 느낀 뒤, 다음날 세상을 떠났다.

이처럼 굴곡진 인생을 살다 간 캉유웨이의 철학은 진화관과 대동세계관으로 나누어 볼 수 있다. 먼저 진화관에서 그는 "변화는 하늘의 이치이다."라는 사상을 제시했다. 그는 하늘이 오래도록 한결

같을 수 있는 것은 매일 낮과 밤으로 변하고, 계절마다 겨울과 여름으로 변하기 때문이며, 땅이 오래도록 한결같을 수 있는 것은 화산이 분출되고, 바다가 땅으로 변하고, 높았던 고지가 호수로 변하기 때문이라고 보았다. 또 인간 역시 어린 아이에서 성인으로 그리고 노인으로 변화하는 과정을 거치면서 형체, 피부 등이 변하지 않는 곳이 없다고 말했다. 이처럼 변화를 하늘의 이치로 본 관점이 그가 유신변법운동을 적극적으로 주장한 배경이라 할 수 있다.

또 그는 이러한 인식에서 대동세계관을 제시했다. 대표저서인 《대동서大同書》에서 그는 이전의 '삼세설三世說'을 인용해, 세계를 자신만의 관점으로 구분했다. 이 점은 《대동서》 10부의 내용 중 맨 처음 보이는 구절에서 볼 수 있다. (대동서는 다음과 같이 10부로 구성되어 있다. 1. 세계 속에 들어가 군중의 고통을 살핀다. 2. 국가의 경계를 없애 세계를 하나로 통일한다. 3. 계급의 경계를 없애 민족을 평등하게 한다. 4. 인종 차별의 경계를 없애 인류 평등을 이룬다. 5. 남녀 차별의 경계를 없애 독립을 보존한다. 6. 가정의 경계를 없애 하늘의 백성[天民]이 되게 한다. 7. 산업의 경계를 없애 생업을 공공화한다. 8. 혼란의 경계를 없애 태평한 사회를 이룬다. 9. 인간과 동물의 경계를 없애 모든 생명을 사랑한다. 10. 고통의 경계를 제거해 극락에 이른다) 또 인간이 받는 38종의 고통을 나열하며 "모든 고통의 원인이 바로 이 아홉 가지 경계 때문"이라고 말했다. 이에 백성들을 고통에서 벗어나게 하기 위해선 아홉 가지 경계를 제거해 대동을 실현해야 한다고 말했다.

 캉유웨이는 청나라 말기와 중화민국 초기에 가장 영향력 있는 사상가였다. 19세기 마지막 몇 년 동안 그는 중국 지식계의 계몽운동을 이끌었다. 그는 유가의 전통과 군주제를 유지한다는 전제하에서 점진적으로 서양의 입헌군주제를 받아들여야 한다고 보았다. 이처럼 캉유웨이가 주장한 입헌군주제는 상당히 보수적이었다. 하지만 처음으로 입헌군주제를 통해 해결책을 모색하려 했던 모습은 높이 평가할 만하다.

우리는 일상의 모순 속에서 무엇을 선택해야 하나?

캉유웨이는 매우 모순적인 인물이다. 언뜻 보기에는 이러한 모습이 황당무계하게 느껴지지만, 그와 같이 서로 대립하는 관점들을 하나로 통합시키려 노력하는 철학가들은 많다. 이 점은 철학이 가진 특별하고도 매력적인 모습이다.

사실 곰곰이 생각해 보면 철학은 인간에 대한 학문이다. 그리고 인간은 매우 많은 모순을 한데 가지고 있다. 또 그가 평생 동안 거친 고난들은 그가 이러한 모순성을 가지는 배경이 되었다.

돌이켜 보면 모든 사람들은 여러 모순들을 한데 가지고 있다. 우리는 이런 모순 속에서 무엇을 선택해야 할까? 아마도 우리는 캉유웨이의 삶을 참고로 미래를 향해 나아갈 수 있을 것이다.

개혁사상가의 진면목

량치차오 梁啓超
― 상황은 마음에 따라 이루어진다

중국 근대화를 이끈 대사상가의 운동철학.
정치·사회·문예대변혁 운동을 주도한 혁명가의 핵심명제.

소년이 지혜로우면 국가도 지혜롭고, 소년이 부유하면 국가도 부유하며, 소년이 강하면 국가도 강하고, 소년이 독립하면 국가도 독립한다. 소년이 자유로우면 국가도 자유롭고, 소년이 진보하면 국가도 진보한다. 소년이 유럽을 이기면 국가도 유럽을 이기고, 소년이 세계에 당당히 나서면 국가도 세계에 당당해진다.

붉은 해 떠올라 눈부신 빛을 내뿜고, 강물은 지하에서 흘러나와 저 멀리 바다까지 힘차게 흘러간다. 잠룡이 깨어나 연못에서 비늘과 발톱을 흩날리며 솟아오르고, 새끼 호랑이가 계곡에서 힘차게 울부짖으니 온갖 짐승들이 놀라 두려워한다. 새끼 매의 날개짓에 온 사방에서 먼지가 흩날리고, 진귀한 꽃이 피어나 온 사방에 꽃구름을 이룬다. 명검의 칼날은 막 숫돌에 갈려 날카롭게 번뜩인다. 하늘은 그 푸름을 떠받치고, 땅은 그 누르스름함을 뒤엎는다. 가로로는 천고의 세월이 있고, 세로로는 온 세상이 뒤엉켜 있다. 앞으로 도래할 시간은 바다와 같아서 모든 가능성을 품은 채 끝없이 펼쳐져 있다.

아름답구나, 우리 소년 중국이여! 하늘과 함께 늙지 않는다. 장엄하구나, 우리 중국의 소년이여! 조국과 함께 무한한 가능성을 가지고 있다.

위의 글은 량치차오梁啓超가 쓴《소년중국설少年中國說》에 나오는 문장이다. 중국 근대의 저명한 정치활동가인 량치차오는 계몽사상가이자 자산계급 대변자, 교육자, 역사학자, 문학가, 학자로 무술변법(백일유신)에 참여한 인물 중 한 명이다.

량치차오(1873~1929)의 자는 탁여卓如, 임보任甫이고, 호는 임공任公 또는 음빙실주인飮冰室主人, 음빙자飮冰子, 애시객哀時客 등이다. 광동성 신회현新會縣 사람으로, 광서제 시기에 향시에 합격해 거인이 되었다.

캉유웨이와 함께 유신변법을 주장해, '캉량康梁'이라고 일컬어진다. 또 그는 민국 초기 칭화대학교清華大學校 국학원國學院 4대 교수

중 한 명이자 신문 발간에 힘쓴 언론인이다. 량치차오는 철학, 문학, 역사학, 경제학, 법학, 윤리학, 종교학 등 다양한 분야의 학문을 연구했으며, 특히 역사학연구에 탁월한 성과를 거두었다.

이렇듯 평생 동안 연구에 힘쓴 그는 정치활동을 활발히 하면서도 매년 평균 39만여 자를 썼고, 총 1,400만여 자에 달하는 저서를 남겼다. 이러한 그의 저서들은 이후 1936년 9월 11일 《음빙실합집飮冰室合集》으로 정리되었는데, 그 권수는 총 148권이며 자수도 1천만여 자에 달한다.

어려서부터 총명했던 량치차오는 8세 때부터 완성도 높은 문장을 쓰기 시작했으며, 17세 때 향시에 합격해 거인이 되었다. 이후 캉유웨이에게 학문을 배우면서, 자산계급의 개혁운동에 함께 참여한다. 그는 캉유웨이와 함께 각 성의 거인들을 동원해 '공거상서' 운동을 벌였고, 북경과 상해에서 강학회를 주도했으며, 황쭌셴黃遵憲과 같이 〈시무보時務報〉를 창간하는 등 다양한 활동에 참여했다. 또 장사長沙 시무학당時務學堂에서 변법을 강의했으며, 〈변법통의變法通議〉라는 글을 연재해 변법의 중요성을 알리려 노력했다.

한편 그는 근대 문학혁명운동의 이론을 이끌었던 인물이기도 하다. 유신변법운동이 일어나기 1,2년 전에 그는 샤쩡유夏曾佑, 탄쓰퉁譚嗣同과 함께 '시계혁명詩界革命'을 주장하며 새로운 시 형식을 시도해, 중국 근대의 시가 발전에 지도 역할을 했다. 1896년 〈시무보〉에서부터 1906년 〈신민총보新民叢報〉까지 10년 동안 산문을 발표하며, 산문영역에서 신문체(新文體, 또는 신민체(新民體)라 불림)라는 새로운 문체를 확립했다. 또 그는 중국에서 처음으로 '중화민족中華民族'이라는 단어를 사용했으며, 일본 한자에서 '정치', '경제', '과학기술', '조직', '간부' 등 새로운 단어를 받아들여 사용했다.

량치차오는 목록학 방면에서도 큰 업적을 남겼다. 대표저서인 《서학서목표西學書目表》를 통해 그는 서양의 도서분류법을 채용해, 중국의 새로운 분류법을 만들기 위해 노력했다. 중국의 도서관학圖書館學을 확립해야 한다고 생각한 그는 적극적으로 도서관 사업에 앞장섰고, 1922년에는 송파도서관松坡圖書館을 건립하고 관장을 맡았다. 이후 중화도서관협회中華圖書館協會 동사부董事部, 경사도서관京師圖書館, 베이징도서관北京圖書館 관장 등을 역임했다.

이처럼 도서관 사업에 앞장선 그는 많은 책을 소장한 장서가였다. 그의 서고인 해당서옥海棠書屋과 음빙실飮冰室에는 2,830여 종, 4만 4,470여 권의 책이 보관되어 있었으며, 또 미발표 원고, 개인 서찰과 필기 등이 있었다고 한다. 이러한 자료들은 1929년 전부 베이징도서관에 기증되어, 현재는 량치차오기념실梁啓超記念室에서 보관하고 있다.

철학 방면에서 량치차오의 사상은 '삼계유심三界唯心'의 자연관, '변화를 따라야 한다.'는 사회관, '영웅이 세상을 만든다.'는 역사관, '혜관慧觀을 통해 깨닫는다.'는 인식론으로 대략 나누어 살펴볼 수 있다. 그는 '내 것만이……'는 모두 진리가 아니라고 보고, 물경物境은 모두 환상이며, 마음으로 만들어낸[唯心] 상황만이 진실하다고 보았다. 그리고 사회의 변동에 대해서 "천지에 변하지 않는 건 없다.", "법法은 천하의 공기公器이고, 변變은 천하의 공리公理이다."라고 말했다.

그러므로 세상의 모든 상황은 즐거워하거나 근심하거나 두려워하거나 기뻐할 것도, 하지 않을 것도 없다. 소위 즐거움, 근심, 두려움, 기쁨은 모두 사람의 마음에서 비롯되는 것이기 때문이다.

1926년 초에 혈뇨를 본 량치차오는 베이징협화의원北京協和醫院에서 신장병이란 진단을 받는다. 이후 병원에서 며칠간 정밀 검진을 받은 결과 오른쪽 신장에 종양이 있음이 발견되어 3월 16일 오른쪽 신장을 제거하는 수술을 받았다. 이후 치료를 받고 점차 건강을 회복해 갔다. 건강을 서서히 회복해 가던 그는 1928년 스승인 캉유웨이와 애제자인 판징성范靜生의 죽음, 그리고 왕궈웨이王國維의 투신자살 등의 잇따른 부고에 충격을 받았다. 그리고 그 충격의 여파로 1929년 1월 19일 베이징협화의원에서 세상을 떠났다.

마지막으로, 량치차오에 대한 짧은 평가를 인용하고자 한다. 이 짧은 글을 통해서도 그가 남긴 영향을 충분히 이해할 수 있기 때문이다. 황쭌셴은 그에 대해 다음과 같이 평가했다.

"마음을 놀라게 하고 영혼을 흔드니, 한 글자가 천금과 같다. 일반 사람들은 쓸 수 없는 글이건만, 일반 사람들이 마음속에 품고 있는 말을 담고 있다. 이에 쇠나 돌처럼 냉정한 사람도 감동하지 않을 수 없으니, 예전부터 지금까지 문자의 힘이 이렇게 거대했던 적은 없었을 것이다."

상황은 마음에 따라 어떻게 달라지는가?

상황은 마음에 따라 이루어진다는 말은 불교에서 자주 등장한다.

"사물은 마음에 따라 변하고, 상황은 마음에 의해 이루어지니, 번뇌는 모두 마음에서 생기는 것이다."

"상(相)은 마음에 따라 생겨나고, 상황은 마음에 따라 변한다."

"상황은 마음에 따라 즐거워지고, 마음은 상황에 따라 괴로워진다."

이 말들의 뉘앙스는 조금씩 다르지만, 모두 상황이 마음에 따라 좌우된다는 의미를 담고 있다.

같은 비를 보면서도 '오랜 가뭄 끝에 내리는 단비'라고 생각하고 즐거워하는 사람이 있는가 하면, '이전의 아픈 추억을 떠올리며' 슬퍼하는 사람도 있다. 하지만 빗속에는 어떤 감정도 들어 있지 않다. 다만 보는 사람마다 자신의 감정에 따라 다르게 느낄 뿐이다.

감정이 바뀌면 상황도 다르게 느껴진다. "그때 그 사람은 어디 갔는지 모르겠는데, 복숭아꽃은 여전히 봄바람에 웃고 있구나."라는 유명한 시 구절에서 화자 역시도 과거의 그리운 마음에 따라 복숭아꽃이 핀 광경을 묘사하고 있지 않은가?

그러므로 세차게 비바람이 몰아쳐도 스스로 즐거워질 수 있는 이유를 찾는다면, 언제든 행복할 수 있다!

철학이 있는 저녁(동양철학 50인)

초판 1쇄 인쇄 | 2018년 10월 20일
초판 1쇄 발행 | 2018년 10월 25일

지은이 · 리샤오둥
옮긴이 · 이서연
감　수 · 신창호
펴낸이 · 박경준
펴낸곳 · 미래타임즈
기획경영 · 정서윤
편집주간 · 맹한승
디자인 · 디자인오투 이종헌
마케팅 · PAGE ONE 강용구
영　업 · 최문섭
홍　보 · 김범식
물류지원 · 오경수

주　소 · 서울특별시 마포구 동교로 12길 12
전　화 · (02)332-4337 | 팩　스 · (02)3141-4347
이메일 · itembooks@nate.com
출판등록 · 2011년 7월 2일(제01-00321호)

ISBN 978-89-6578-134-9 (03150)
값 15,000원

이 도서의 국립중앙도서관 출판예정도서목록(CIP)은 서지정보유통지원시스템 홈페이지(http://seoji.
nl.go.kr)와 국가자료공동목록시스템(http://www.nl.go.kr/kolisnet)에서 이용하실 수 있습니다.
(CIP제어번호: CIP2018027034)